"十二五"职业教育国家规划教材
经全国职业教育教材审定委员会审定

智慧商业创新型人才培养系列教材

U0683850

公共关系实务

**微课版
第3版**

人民邮电出版社

北 京

图书在版编目（CIP）数据

公共关系实务：微课版 / 赵轶主编. -- 3版. --
北京：人民邮电出版社，2022.2
智慧商业创新型人才培养系列教材
ISBN 978-7-115-57991-1

Ⅰ．①公… Ⅱ．①赵… Ⅲ．①公共关系学－教材
Ⅳ．①C912.31

中国版本图书馆CIP数据核字(2021)第239144号

内 容 提 要

本书是"十二五"职业教育国家规划教材。全书贯彻《国家职业教育改革实施方案》《教育部 财政部关于实施中国特色高水平高职院校和专业建设计划的意见》等文件的精神，以公共关系职业工作活动顺序为主线进行内容设计，借鉴德国"学习领域"课程开发思想，力争搭建起具有"工作过程导向""理实一体化"特征的模块化教学内容体系。

全书共设计了10项学习任务，包括公共关系活动认知、公共关系活动准备、公共关系调研、公共关系策划、公共关系实施、公共关系评估、公共关系专题、组织形象塑造、公共关系危机管理和公共关系活动技巧。

本书完整阐述了公共关系的相关知识，适用于职业本科、高职经管类专业及其他相关专业的公共课教学，也可作为在职人员培训或工作实践的参考书。

◆ 主　　编　赵　轶
　　副 主 编　毛德成
　　责任编辑　刘　尉
　　责任印制　王　郁
◆ 人民邮电出版社出版发行　　北京市丰台区成寿寺路11号
　　邮编　100164　电子邮件　315@ptpress.com.cn
　　网址　https://www.ptpress.com.cn
　　固安县铭成印刷有限公司印刷
◆ 开本：787×1092　1/16
　　印张：15　　　　　　　　　2022年2月第3版
　　字数：309千字　　　　　　 2025年8月河北第8次印刷

定价：49.80元

读者服务热线：(010)81055256　印装质量热线：(010)81055316
反盗版热线：(010)81055315

FOREWORD　　　　前　言

　　本书是"十二五"职业教育国家规划教材，也是全国首批 56 所"双高"立项建设院校的阶段性成果。本书第 1 版于 2013 年 9 月出版，先后印刷多次，现已修订到第 3 版。与传统教材相比，本书有以下创新之处。

　　（1）学习任务驱动教学过程。以任务驱动教学过程，诱发了学生学习的自主性、积极性，将过去单一的教师讲、学生听的被动行为部分转变为学生的主动探索行为（完成某项实训活动），使学生通过课程学习逐步养成所需的职业能力；形成了"从实践到理论、从具体到抽象、从个别到一般"和"提出问题、解决问题、归纳总结"的教学程序。

　　（2）学习内容衔接职业技能。行业、企业技术专家参与了本书的编写，使教学目标具体、明确、系统，教学内容先进、取舍合理，理论的基础地位变为了服务地位。此外，本书结构清晰、层次分明，信息传递高效，在引导学生归纳知识的同时，还能帮助学生高效掌握职业技能。

　　（3）体例创新，趣味性增强。本书一方面吸纳了国外教学参考书的优点，另一方面则考虑到我国职业院校学生的文化背景和学习知识的习惯，对体例进行了创新，以增强趣味性。在心理结构构建、兴趣动机发展等方面也做了有益的尝试，形成了包括学习目标、任务解析、公关故事、正文、任务小结、自我学习总结等完整的体系。

　　（4）思政资源催化育人功能。党的二十大报告指出，育人的根本在于立德。本书切实贯彻"课程思政"理念，以发挥专业课程的育人功能，辅助专业课教师承担在教学活动中的育人责任。本书设置了课程思政园地，该版块致力于挖掘公共关系职业活动中的课程思政资源，使公共课程与专业课程形成育人合力。

　　（5）配套资源辅助教学实践。为了方便教学，本书配备数字化教学资源，包括电子课件、教案、同步实训及实践项目所需案例素材、教学视频素材等，读者可登录人邮教育社区（www.ryjiaoyu.com）下载。

　　本书由中国特色高水平高职学校建设项目组组长赵轶担任主编，毛德成任副主编，辛宇、韩建东、王雪花参与了课程开发、教材框架研讨及内容的确定。编写中，我们参阅了国内外一些专家学者的研究成果及相关文献，多家管理咨询公司为课程开发、横向课题的研发提供了实践的便利。在此表示衷心的感谢。

职业教育改革如火如荼，人民邮电出版社积极搭建平台，中国职业教育教材建设迈出了新的步伐。尽管编者力求完美，本书在对公共关系职业活动的认识、理解和分析方面难免存在不足之处，敬请读者不吝赐教。

编 者

2023 年 4 月

本书架构

任务命名 以"任务"命名，按照公共关系职业工作活动顺序划分工作环节。试图先入为主，使学生建立起"学习就是完成任务"的概念。

学习目标 说明在这一任务中，要达成的目标，分为知识目标、技能目标、思政目标，为任务完成后的评价与检测提供依据。

任务解析 依照"能力分担原则"，划分"子任务"，帮助学生实现"完成分解任务就完成了整项任务"的目标，也为这项任务提供了较为精准的逻辑线索。

公关故事 学生尚未确立清晰的职业目标，首先要避免"科技的疏远和生硬"，服务于学生人文素质和职业倾向的培养。同时，也为学习任务的导入做好铺垫。

任务实训 根据工作任务要求，依照职业成长规律，对应每一个子任务，设计了"任务实训"。实施中，教师可以根据附赠教学资源或结合实际情况自行设计具体活动内容。

思政园地 挖掘课程所含思政元素，并将其有机融入教学，引导学生把国家、社会、个人层面的价值要求融为一体，提高个人的爱国、敬业、诚信、友善修养，自觉把小我融入大我，为实现国家的富强、民主、文明、和谐和社会的自由、平等、公正、法治贡献力量。

任务中，相关模块的说明如下。

重要术语 说明这项任务中涉及的重要术语，体现对理论知识的重组。

重要信息 说明这项任务中涉及的相关知识或操作的技巧与要领。

公关实务 列举一些公共关系管理活动实例，通过分析，学生可从中汲取一些经验和教训，为课后案例分析题提供借鉴。

CONTENTS
目 录

任务 1
公共关系活动认知 ·················· 1

1.1 公共关系基础认知 ·············· 2
　　1.1.1 认识公共关系 ·············· 3
　　1.1.2 认识公共关系要素 ·········· 4
1.2 公共关系工作认知 ·············· 8
　　1.2.1 认识公共关系职能 ·········· 8
　　1.2.2 认识公共关系工作 ········· 11
　　1.2.3 认识公共关系工作目标 ······ 12
1.3 公共关系职业认知 ············· 13
　　1.3.1 认识公共关系职业 ········· 14
　　1.3.2 认识公共关系职业岗位 ······ 14
　　1.3.3 认识公共关系机构的工作 ···· 16
任务 1 小结 ···················· 17
知识与技能检测 ·················· 18
课程思政园地 ···················· 20
自我学习总结 ···················· 21

任务 2
公共关系活动准备 ················ 23

2.1 公共关系机构认知 ············· 25
　　2.1.1 公共关系部认知 ··········· 25

　　2.1.2 公共关系公司认知 ·········· 28
2.2 公共关系人员认知 ············· 31
　　2.2.1 公共关系人员能力要求 ······ 31
　　2.2.2 公共关系人员角色 ·········· 33
2.3 公共关系活动方向认知 ········· 35
　　2.3.1 确定公共关系活动方向 ······ 36
　　2.3.2 确定公共关系传播方式 ······ 40
任务 2 小结 ···················· 43
知识与技能检测 ·················· 43
课程思政园地 ···················· 46
自我学习总结 ···················· 47

任务 3
公共关系调研 ···················· 48

3.1 确立公共关系调研目标 ········· 50
　　3.1.1 分析公共关系调研内容 ······ 50
　　3.1.2 确定公共关系调研目标 ······ 52
3.2 制定公共关系调研方案 ········· 53
　　3.2.1 确定公共关系调研方案
　　　　　内容 ···················· 54
　　3.2.2 编写公共关系调研方案 ······ 54
3.3 开展公共关系调研 ············· 57

3.3.1 选择公共关系调研方法 ……… 58

3.3.2 组织实施公共关系调研 ……… 59

任务 3 小结 …………………………… 64

知识与技能检测 ……………………… 64

课程思政园地 ………………………… 67

自我学习总结 ………………………… 69

任务 4
公共关系策划 ……………………… 70

4.1 公共关系策划准备 ……………… 72

4.1.1 公共关系策划人员组成 ……… 72

4.1.2 公共关系策划构思 …………… 73

4.1.3 公共关系策划组织 …………… 75

4.2 公共关系策划方案的编写 …… 76

4.2.1 公共关系策划方案认知 ……… 76

4.2.2 公共关系策划方案设计 ……… 78

4.3 公共关系策划方案的审定 …… 83

4.3.1 确定公共关系策划方案评价

标准 ………………………… 84

4.3.2 论证与审定公共关系策划

方案 ………………………… 84

任务 4 小结 …………………………… 87

知识与技能检测 ……………………… 87

课程思政园地 ………………………… 90

自我学习总结 ………………………… 92

任务 5
公共关系实施 ……………………… 93

5.1 公共关系实施准备 ……………… 95

5.1.1 制定公共关系实施方案 ……… 95

5.1.2 公共关系实施人员准备 ……… 97

5.1.3 公共关系实施财物准备 ……… 98

5.2 公共关系实施操作 ……………… 99

5.2.1 公共关系媒体联络 …………… 100

5.2.2 公共关系实施试验 …………… 101

5.2.3 公共关系预算分配 …………… 101

5.3 公共关系实施管理 ……………… 104

5.3.1 公共关系活动人员管理 ……… 104

5.3.2 公共关系活动项目管理 ……… 105

任务 5 小结 …………………………… 108

知识与技能检测 ……………………… 108

课程思政园地 ………………………… 111

自我学习总结 ………………………… 113

任务 6
公共关系评估 ……………………… 115

6.1 公共关系评估准备 ……………… 117

6.1.1 确定公共关系评估目标 ……… 117

6.1.2 确定公共关系评估内容 ……… 118

6.1.3 确定公共关系评估标准 ……… 121

6.2 公共关系评估计划制订 ……… 124

6.2.1 确定公共关系评估人员 ……… 124

6.2.2 选择公共关系评估方法 ……… 124

6.2.3 制订公共关系评估计划 ……… 126

6.3 公共关系评估报告编写 ……… 127

6.3.1 公共关系评估报告编写

准备 ………………………… 127

6.3.2 公共关系评估报告内容

确定 ………………………… 129

6.3.3 公共关系评估报告编写

过程 ·····························130

任务 6 小结 ·····························132

知识与技能检测 ·····················132

课程思政园地 ·························136

自我学习总结 ·························138

任务 7
公共关系专题 ·····················139

7.1 庆典与社会赞助 ···········141

7.1.1 庆典活动策划 ·············141

7.1.2 社会赞助活动策划 ·····144

7.2 展会与新闻发布会 ·······147

7.2.1 组织展会 ·····················147

7.2.2 组织新闻发布会 ·········149

7.3 联谊与参观活动 ···········151

7.3.1 组织联谊活动 ·············151

7.3.2 组织参观活动 ·············153

任务 7 小结 ·····························156

知识与技能检测 ·····················157

课程思政园地 ·························160

自我学习总结 ·························161

任务 8
组织形象塑造 ·····················163

8.1 组织形象的定位与设计 ···165

8.1.1 组织形象定位 ·············165

8.1.2 组织形象设计 ·············168

8.2 组织形象的建立与推广 ·······171

8.2.1 组织形象建立 ·············171

8.2.2 组织形象推广 ·············173

8.3 组织形象的更新与矫正 ·······175

8.3.1 组织形象更新 ·············175

8.3.2 组织形象矫正 ·············176

任务 8 小结 ·····························179

知识与技能检测 ·····················179

课程思政园地 ·························182

自我学习总结 ·························183

任务 9
公共关系危机管理 ···········185

9.1 公共关系危机预防 ···········187

9.1.1 公共关系危机原因分析 ···187

9.1.2 公共关系危机预防的方法 ···189

9.2 公共关系危机处理 ···········192

9.2.1 公共关系危机处理的准备 ···192

9.2.2 公共关系危机处理的方法 ···194

9.2.3 公共关系危机处理的善后 ···196

9.3 互联网舆情管理 ···········198

9.3.1 互联网舆情原因分析 ·······198

9.3.2 互联网舆情监测 ·············200

9.3.3 互联网舆情处置 ·············200

任务 9 小结 ·····························202

知识与技能检测 ·····················202

课程思政园地 ·························205

自我学习总结 ·························206

任务 10
公共关系活动技巧 ·············208

10.1 公共关系人际交往 ·········210

10.1.1 公共关系人际交往
解读 ············210

10.1.2 公共关系人际交往
艺术 ············211

10.1.3 公共关系人际交往
技巧 ············212

10.2 公共关系活动礼仪 ·········214

10.2.1 公共关系活动礼仪认知···215

10.2.2 公共关系活动礼仪分类
与要求 ············216

10.3 公共关系文书写作 ·········219

10.3.1 公共关系事务文书写作····219

10.3.2 公共关系礼仪文书写作····222

任务 10 小结 ·············226

知识与技能检测 ·············226

课程思政园地 ·············229

自我学习总结 ·············229

任务 1
公共关系活动认知

学习目标

1. 知识目标

能认识公共关系的含义。

能认识公共关系的基本要素。

能认识公共关系的工作内容。

2. 技能目标

能说明公共关系的现实意义。

能认识公共关系工作。

能对公共关系职业的工作过程有整体认识。

3. 思政目标

能够理解国家形象外宣的意义。

增强民族自豪感。

激发爱国热情。

任务解析

根据公共关系职业工作活动顺序和职业教育学习规律，"公共关系活动认知"任务可以分解为以下子任务。

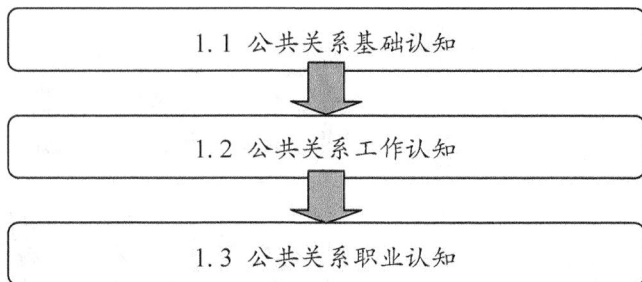

```
1.1 公共关系基础认知
        ↓
1.2 公共关系工作认知
        ↓
1.3 公共关系职业认知
```

公关故事

我们的第一个故事要从"五菱汽车"讲起。对于"五菱"这个汽车品牌，可能大部分人都停留在"秋名山车神"这个"网络梗"上。上汽通用五菱汽车股份有限公司（以下简称"上汽通用五菱"）定位的就是廉价车，此前该品牌的汽车便深受四五线城市人群的欢迎，本身非常"接地气"。2020年，"五菱"凭实力再次"出圈"。

2020年年初口罩一时间成为紧缺物资。于是，上汽通用五菱于2月开始改造生产线转产医用口罩，并且打出了"人民需要什么，五菱就造什么"的口号。上汽通用五菱生产口罩一事，瞬间在社交媒体发酵，并登上微博热搜榜。

2月15日，央视新闻点赞上汽通用五菱仅用了3天时间就完成了10万级无尘车间改造、设备安装调试等一系列工作。上汽通用五菱取得了民用防护口罩的研发、生产、销售资质。

读后问题：

1. 上汽通用五菱为什么会"不务正业"地生产医用口罩？
2. 上述做法对于上汽通用五菱品牌宣传有什么意义？

公共关系活动认知
课前阅读

1.1　公共关系基础认知

任务提示：这是公共关系初学者认知公共关系活动的第一步。认识关系的含义，认识公共关系的含义及其活动要素，在此基础上，准确把握公共关系的含义，初步认识公共关系活动，为后续的学习做准备。

公共关系一词源自国外，是英文Public Relations的意译，英文缩写为PR，中文表述是"公共关系"，又称"公众关系"。在我国习惯称之为"公共关系"，简称"公关"。

1.1.1 认识公共关系

在社会生活中，人与人之间会发生各种各样的联系和交往，进而出现了各种各样的社会组织。为了促进组织发展，这些社会组织会巧妙利用各种时机，充分展示自己的良好形象，以建立、维护与公众之间的互利互惠关系。

讲解公共关系之前，首先介绍关系的含义。

1. 关系

从小到大，我们在很多时候需要填写各种有关自己信息的表格，其中有一栏就是"社会关系"。那么，什么是关系呢？简单来讲，关系是指事物之间相互作用、相互影响的状态。人与人或事物之间互相联系，即产生关系。

人类从远古进化到近现代的历史，也是一个由单打独斗的自然人生活状态向团体合作的社会人生活状态发展的过程。在由自然人到社会人的转变过程中，每个人必须经过社会化才能使外在于自己的社会行为规范、准则内化为自己的行为标准，这是社会交往的基础，并且社会化是人类特有的行为，是只有在人类社会中才能实现的。在共同的社会化活动过程中，人与人彼此之间结成的关系就可以称为社会关系。

可以讲，正是因为有了人类，人与人之间便产生了各种复杂的关系，这些关系就统称为社会关系。

2. 公共关系

从关系的双方来讲，社会关系不仅包括个人之间的关系、个人与群体之间的关系、个人与国家之间的关系；一般还包括群体与群体之间的关系、群体与国家之间的关系。这里群体的范畴，小到民间组织，大到国家政党。

简单来讲，在社会交往中，人与人之间、人与组织之间的关系至少包括两种。其一为个人关系，即狭义的人际关系，如血缘关系、地缘关系、学缘关系；其二为公共关系，即社会组织与相应公众结成的关系。由此可见，公共关系是社会关系中的一部分。

在社会化的生活中，人与人之间需要相互的认识与适应，组织与人之间也需要相互的理解与支持。社会组织、集体或个人必须与其周围的各种内部、外部公众建立起良好的关系，才能逐步树立起良好的外部形象，取得大多数公众的信任，从而为自身目标的实现创造良好的环境。这也是一个组织进行公共活动的意义所在。在市场营销领域，有的企业已经将公共关系视作重要的用来建立公众信任度的工具。

重要术语 1-1

公共关系

公共关系是社会组织运用有效的传播手段，通过关系协调、沟通管理、形象塑造等方式，同利益相关的公众结成社会关系的一种思想、政策与管理职能。其目的是实现与社会公众的良好合作与和谐发展。

从静态角度看，公共关系是一种社会状态，即一个组织所处的公众关系状态和社会舆论状态。这种状态是无形的，但又是客观存在的。从动态角度看，公共关系是一种活动或工作，即一个组织通过自己的努力来改善自身的公共关系状态，这就是在开展公共关系活动或从事公共关系工作。

从组织角度看，公共关系是一种特殊的管理职能，这种职能的发挥主要是通过艺术性地传播大量有说服力的资讯，帮助组织塑造形象，从而达成目标。所以，对于公共关系的含义，我们可以从以下几个类别进一步理解，如表 1-1 所示。

表 1-1　公共关系的含义

类别	释义
管理活动	公共关系是一种独特的管理活动，促进社会组织与公众之间建立交流、合作关系
传播活动	公共关系是为了使组织与公众相互了解，有意识进行的一切沟通与传播活动
社会活动	公共关系是一种公众性、社会性的活动，是社会活动的一部分
塑造形象活动	公共关系的目的是帮助组织塑造形象，获得公众支持，为组织的生存发展创造和谐环境
艺术性活动	公共关系是一种有计划的社会活动，具有一定的艺术性与科学性

此外，公共关系也是一种意识、观念，它是现代组织及其成员对公共关系客观状态的自觉认识和理解，是对公共关系活动经验的能动反映和概括。

1.1.2　认识公共关系要素

按照习惯说法，公共关系有三个基本构成要素，即社会组织、公众与传播。其中，社会组织是这一活动中的主体要素，公众是客体要素，传播是中介要素。三者的关系如图 1-1 所示。从公共关系工作的角度出发，社会组织是公共关系工作活动的策划者、发起者；公众是公共关系工作的对象和接受者；传播是连接主体与客体的纽带，也是开展公共关系工作的主要手段。

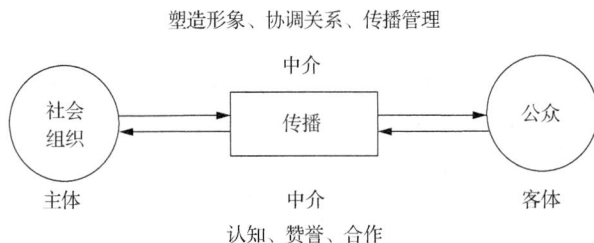

图 1-1　公共关系构成要素的关系

1. 公共关系的主体——社会组织

一个组织的生存和发展与很多因素有关，如自身实力、管理水平、发展环境等。公共关系作为一种管理职能，是从如何建立和维护组织与公众之间的互利互惠关系、树立组织良好形象的角度来促进组织发展的。因此，组织是公共关系活动的主体，是公共关系的实施者、承担者。为了使公共关系活动的针对性更强，在公共关系学中，我们一般把组织分成四种类型：①营利性组织，如各类工商企业；②非营利组织，如学校、医院等；③公益性组织，如政府、军队等；④互利性组织，如政党、职业团体（学会、协会、研究会等）。

作为公共关系的主体，社会组织具有特定的构成要素，如表 1-2 所示。

表 1-2　公共关系主体构成要素

要素	解释
公共关系意识	公共关系意识又称公共关系观念。只有具备公共关系意识的主体才是合格的公共关系主体
公共关系人员	专职公共关系人员和事实上担负或兼任公共关系工作的人员
公共关系管理	公共关系管理包括公共关系活动的领导管理、目标管理和机构管理

显然，公共关系的主体是人，因而必须具备一定数量的公共关系人员；只有人员，没有"脑袋"也不行，因而公共关系人员应该具备公共关系意识；公共关系的主体是团体，不是个人，因而需要公共关系管理。一般来说，社会组织团体在成为合格的公共关系主体的过程中，要先养成公共关系意识，然后组织公共关系人员，最后进行公共关系管理。当然，公共关系管理会推动公共关系意识的普及，会使公共关系人员更称职、工作更有序。

2. 公共关系的客体——公众

公众是指与社会组织相关的有共同利益需求的个人、群体、组织集合而成的整体。社会组织的员工、消费者、社区居民等都是重要的公众。公众构成了社会组织生存和发展的社会环境。简单地说，公众就是公共关系的对象、客体。

尽管公众是客体，但这并不意味着公众是完全被动的、受摆布的，公众随时都可以表达自己的意志和要求，从而对公共关系的主体形成舆论压力和外部动力。这也是公共关系活动的重要原因和起点。活动进行过程中，公众对组织的态度一般有三种：赞成、反对、中立。相应地，我们可以把公众分为三类：顺意公众、逆意公众和中间公众。公共关系活动的重要任务就是将逆意公众和中间公众转变为顺意公众，在转变过程中，沟通传播发挥了巨大作用。此外，根据工作需要，公众还有其他划分标准。公众类型的主要划分如表 1-3 所示。

表 1-3　公众类型的主要划分

划分标准	类型
根据身处组织内外划分	内部公众：组织内部沟通、传播的对象，包括组织内部的全体成员
	外部公众：除内部公众以外，各种与组织有联系的公众

划分标准	类型
根据与组织的关系划分	首要公众：与组织关系最密切、关系组织发展存亡的公众，如企业的股东、顾客
	次要公众：对组织生存发展有重要影响的公众，如对企业来讲，次要公众有政府、媒体等
	边缘公众：与组织关系最不密切的公众，如一般社会团体
根据公众的稳定性划分	临时公众：因某一突发事件或原因而形成的公众，如因飞机晚点滞留机场的旅客
	周期性公众：按照一定周期出现的公众，如国庆长假出现的游客
	稳定公众：与组织有稳定关系的公众，是最基本的公众，如企业的老顾客
根据公众发展进程划分	非公众：当前既不对组织产生影响，又不受组织影响的组织或个人
	潜在公众：将要对组织产生影响或将受组织影响，自身却没有意识到的组织和个人
	知晓公众：已经受到组织影响或已经对组织产生影响，但暂时还未付诸行动的公众
	行动公众：已经采取实际行动或已与组织产生相互作用的公众，如已购买商品的顾客
根据公众对组织的态度划分	顺意公众：对组织的政策、行为和产品赞赏、支持和认同的公众
	逆意公众：对社会组织奉行的政策、采取的行为持反感、反对、不合作态度的公众
	中间公众：介于顺意公众与逆意公众之间，对组织政策既不赞同，也不反对的公众

重要信息 1-1

公众的特征

（1）整体性。公众不是单一的群体，而是与某一组织运行有关的整体环境。以酒店为例，其公众包括内部的员工、股东，外部的社会公众、顾客、销售商（旅行社、旅游接待部门），还包括社区、政府、新闻界等有关的团体、组织和个人。开展公共关系工作不能只注意其中某一类公众，而忽略其他公众。

（2）共同性。公众不是一盘散沙，而是具有某种内在共同性的群体。公众总是和某一特定的共同点联系在一起，共同点的性质决定着公众的性质。例如，因航班延误滞留机场的一群素不相识的人组成维权的团体。

（3）相关性。公众的共同点不是抽象的，而是具体的，是与特定的组织相关的。这种相关性是组织与公众形成公众关系的关键。寻找公众、确定公众很重要的就是寻找和确定这种相关性，并分析清楚，从而确定工作目标、选择相应的对策和行动方案。

（4）多样性。公众不是单一的，而是复杂多样的。日常的公共关系工作对象包括各种各样的个人关系、群体关系、团体关系、组织关系等。即便是同一类的公众，也可以有不同的存在形式。公众形式的多样性，决定了沟通方式和传播媒介的多样性。

（5）变化性。公众不是一成不变的，而是处于不断变化发展的过程之中的。公众环境的变化，必将导致公共关系工作目标、方针、策略、手段的变化。组织必须以发展的、动态的眼光来认识和把握公众。

3．公共关系的媒介——传播

公共关系中的传播是指组织借助传播媒介向公众进行信息或观点的传递和交流。这是一个观念、知识或信息的共享过程，其目的是通过双向的交流和沟通，促进公共关系的主体和客体（组织和公众）之间相互了解、达成共识、产生好感甚至合作。其手段主要有人际传播、组织传播和大众传播等。公共关系的传播过程如图 1-2 所示。

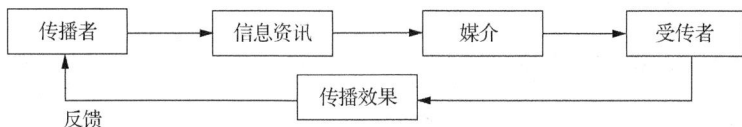

图 1-2 | 公共关系传播过程

公共关系传播媒介种类繁多，如表 1-4 所示。

表 1-4　公共关系传播媒介

种类	详情
语言与非语言媒体	语言媒体有记者会、座谈、会议、谈判、演讲等；非语言媒体有动作、表情、服饰等
传统媒体	报纸、杂志、广播、电视等
实物媒体	产品及劳务、公共关系礼品、象征物或模型等
图像标示媒体	照片与图画、标志等
人体媒体	人员形象等
印刷品媒体	小报、刊物、书籍、小册子、宣传单等
数字化新媒体	互联网、手机客户端、户外移动电子传媒、视频传媒、微博、微信等

重要信息 1-2

公共关系的基本原则

（1）真实性原则。真实性原则是指社会组织的公共关系工作，要以事实为基础，据实、客观、公正、全面地传递信息，反映情况。在调查研究的基础上，客观地反映现实，不以主观想象代替客观事实，对事实采取公众可接受的立场，不袒护、不推诿。

（2）互利性原则。公共关系强调主体与客体的平等权利和义务，尊重双方的共同利益和各自的独立利益，信守组织与公众平等互利、共同发展的信念。

（3）双向沟通原则。组织与公众之间建立良好的公共关系的过程，其实质是组织与公众之间相互适应的过程，亦即信息交流和信息反馈、修正的过程。

（4）整体一致原则。社会组织要保证自己的长远利益，稳定发展，就必须取得社会公众和其他社会组织的支持与合作，顾及社会整体利益。

（5）全员公关原则。组织的全体成员都要树立公关意识，共同关注并参与公共关系工作。每位成员都必须注意自己的形象，从而维护组织形象。

（6）长期坚持原则。开展公共关系工作是长期的、持久的任务，任何组织的良好形象的形成都是建立在长期努力的基础上的。

任务实训 1.1

公共关系要素讨论

实训目的：

加深学生对公共关系的认识。

实训安排：

1. 学生收集并讲解一些公共关系活动故事或案例；

2. 分析其中公共关系要素所起的作用，讨论公共关系观念的重要性；

3. 将分析讨论结果做成 PPT，分小组演示分享。

教师注意事项：

1. 由生活事例、企业经营事例导入对公共关系的介绍；

2. 提供一些简单的公共关系案例，引导学生讨论；

3. 分小组点评，并将学生的表现计入平时成绩。

评价标准

表现要求	是否适用	已达要求	未达要求
小组活动中，外在表现（参与度、讨论发言积极程度）			
小组活动中，对概念的认识与把握的准确程度			
小组活动中，角色扮演的精准度			
小组活动中，PPT、文案制作的完整与适用程度			

1.2 公共关系工作认知

任务提示：这是公共关系初学者认知公共关系活动的第二步。认识公共关系工作，特别是认识公共关系职能，在此基础上，能够对公共关系工作活动的内容、步骤、目的有一个初步的了解。

1.2.1 认识公共关系职能

公共关系职能是指公共关系在组织中应发挥的作用和应承担的职责。组织的公共关系职能是多种多样的，其中主要的职能可概括为信息管理、咨询建议、沟通协调、塑造形象、提供服务和处理危机，如图 1-3 所示。

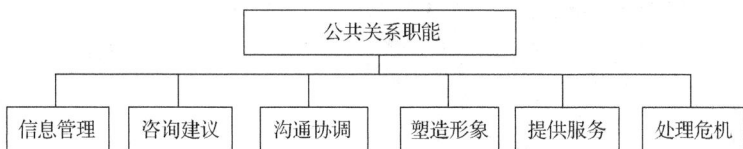

图 1-3 | 公共关系主要职能

重要术语 1-2

公共关系职能

公共关系职能是指以优化公众环境，树立组织形象为任务的一种传播、沟通职能。即运用各种传播、沟通的手段影响公众的观点、态度和行为，争取公众的理解和支持，为组织的生存和发展创造良好的社会环境。简而言之，公共关系的职能是公共关系在组织中应发挥的作用和应承担的职责。

1. 信息管理

信息管理是公共关系的一个主要职能，它包括信息收集与信息沟通。信息收集是开展公共关系活动的必要前提。公共关系的信息主要是有关组织信誉和形象方面的，包括以下几类。①产品形象信息。②组织形象信息。③组织运行状态与发展信息等。组织将采集到的信息进行加工、整理和分析后，可以推断出影响组织目标实现的公众情况和各种社会环境情况，进而对环境变化与发展保持清醒的头脑和灵敏的反应，及时发现环境中潜在的问题和危机，从而塑造良好的形象，实现目标。

2. 咨询建议

现代社会中，组织的经营决策关系到组织的生死存亡。公共关系咨询建议，指公共关系专业人员向组织领导提供有关公众方面的可靠情况说明和意见。公共关系人员应从社会公众和整体环境的角度评价决策可能产生的社会影响和后果，使决策更加有效，更加科学。在组织的决策过程中，公众部门以提供咨询建议的方式，成为决策者的"智慧机构"，起到参谋作用。

3. 沟通协调

公共关系活动的过程，主要就是组织与公众之间进行传播与沟通的过程。通常社会活动中所讲的"沟通"是指信息的往来传递；协调是在沟通的基础上，经过调整达到"彼"与"此"的和谐平衡与共同发展。公共关系中讲的沟通协调是组织与公众在信息传递的基础上相互认识，并据此调整其中的不合理因素，对内以提高组织的向心力、凝聚力；对外以争取公众的好感与支持，为组织的生存和发展奠定"人和"的基础。

4. 塑造形象

公共关系中的组织形象，就是指公众对社会组织的整体印象和评价，是社会组织的表现和特征在公众心目中的反映。良好的组织形象对于社会组织来说是一笔无形的财富。良好的组织形象可以使社会组织获得更好的发展条件和发展环境；它可以为社会组织的各种服务和产品创造出优良的营销环境；可以为社会组织吸引人才、集中人才提供优越的条件；也有助于社会组织寻求可靠的合作伙伴，增加投资者的信心，增进外部对组织的了解。

公关实务 1-1

2020 我国"两会"向世界传递什么

2020 年 5 月，我国"两会"再一次吸引了世界的目光。这次"两会"昭示一个铭刻光荣与梦想的时刻即将来临——全面建成小康社会。

"两会"话题展现了人民向往美好生活的愿景：从智能制造、数字经济、5G 应用，到养老、家政、中医药、少数民族文化遗产保护等。这也都是代表委员和亿万民众的关注热点。这些迹象表明，今天的"两会"已经不仅仅是为中国人而开的，它同时也是一场为世界和谐谋福的政治盛会。"两会"的召开，对我国的老百姓来说，是参政、议政的重要日子；对世界来说，则是了解、认识中国的时机。

评析：两会的空前透明，是一种自信、一种谋略、一种能力，是有容乃大的包容性、有为乃大的坚定感，更凸显了民主政治气氛的空前活跃，以及一个负责任大国在综合国力增加、国际地位提高后应有的胸襟。从公共关系的角度来看，这为我国塑造了一个自信大国的新形象。

5．提供服务

社会组织向公众提供各种优质服务，以实际行动获取公众的理解和好感，建立组织良好形象的公共关系活动，就是公共关系提供服务这一职能的体现。对于一个组织来说，要想获得良好的社会形象，宣传固然重要，但更重要的还在于自身的工作，在于自身为公众服务的程度和水平。一般来说，从服务过程看，有售前服务、售中服务和售后服务；从服务形式看，有预约服务、上门服务和走访用户；从服务内容看，有信息服务、咨询服务、技术服务等。各类组织向公众提供的服务，其质量直接影响组织在公众心目中的形象。因此，提供优质服务是各类组织的一项重要的公共关系工作。

6．处理危机

组织危机是指组织与公众发生冲突，或出现冲突事件使公众反应激烈，组织形象受到严重损害而使组织陷入困境的状况。危机处理包括常见的公共关系纠纷处理、恶性突发事件处理和网络负面舆情处理。无论是一般纠纷、恶性突发事件，还是网络负面舆情都会影响组织的形象和信誉，甚至危及组织的生存。因此，处理危机事件是公共关系的一项很重要的职能。

公关实务 1-2

一分钱布局公益

在今天，一分钱已经买不了什么了。可是，一分钱真的就没有价值了吗？

2012 年，娃哈哈集团携手中国扶贫基金会举行一瓶一分"筑巢行动"启动仪式，为了让孩子们尽快住上温暖的校舍，娃哈哈集团郑重承诺每卖一瓶营养快线，就向中国扶贫基金会"筑巢行动"捐赠一分钱。2015 年，支付宝上线"收益捐"项目，即用户开通"收益捐"后，系统将每天从用户的余额宝收益中代扣 0.01 元作为公益捐款，无收益则不扣款。余额宝用户每天捐出的 1 分钱，将用于资助中国扶贫基金会的爱心包裹项目。

评析：上述企业通过开展这些活动，呼吁公众奉献爱心的同时，也服务了社会、推广了产品，并提升了企业形象，这就是公共关系的魅力。

1.2.2 认识公共关系工作

为了使公共关系活动顺利地开展，公共关系工作应该遵循一定的程序有条不紊地进行，其基本程序可分为公共关系调查、公共关系策划、公共关系实施和公共关系评估四个步骤，这也是公共关系活动的四项基本工作内容，如图 1-4 所示。

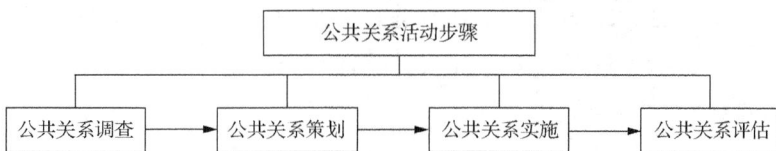

图 1-4 | 公共关系活动步骤

1. 公共关系调查

公共关系调查是运用科学的方法，有计划、有步骤地搜集相关信息，了解组织面临的公共关系方面的实际问题，从而为公共关系活动的策划提供依据。公共关系调查是公共关系工作的基础，它在整个公共关系活动中起到举足轻重的作用。

2. 公共关系策划

通过公共关系调查，组织了解了自身在公共关系方面存在的主要问题，并依此确定公共关系活动目标，制定公共关系活动方案，寻求解决问题的方法和途径。这时，需要开展公共关系策划工作。公共关系策划就是指公共关系人员根据组织形象的现状和目标要求，分析现有条件，设计最佳活动方案的过程。

3. 公共关系实施

正确地制定具有创意的公共关系活动方案固然重要，但更重要的是将公共关系活动方案付诸实践，这样方案才可能真正产生效用。公共关系实施是在公共关系活动方案确定后，将方案所确定的内容变为现实的过程，它是整个公共关系工作的中心环节。

4. 公共关系评估

公共关系评估是对公共关系策划实施工作的总结和最终效果的评价。它是公共关系活动的最后的一个程序，也是下一轮公共关系活动的开始。通过公共关系评估，可以总结成功的经验，分析失败的教训，进一步提高公共关系活动的质量与水平；同时可以发现公共关系活动的不足之处，为组织今后制定公共关系具体目标、政策和调整行为提供依据。

1.2.3 认识公共关系工作目标

公共关系工作目标是指社会组织通过一系列工作，所欲达到的树立组织形象、与公众关系和谐的状态。通俗地讲，公共关系工作的目标是赢得公众的信赖、好感与支持，以及与公众达成合作，树立良好的整体形象。其可以简单概括为提升认知度、美誉度、和谐度。

1. 提升认知度

认知度是一个社会组织被社会公众认识、知晓的程度。它包含被认识的深度和被知晓的广度两个方面。认知度与我们常说的知名度相比内涵更丰富。它不仅指组织在多大范围内被公众知晓，而且指组织有多少信息被公众了解。公众对组织的了解越多、越深，对组织的意义或作用就越大。

2. 提升美誉度

美誉度是指一个社会组织获得公众赞美、称誉的程度，是公众对组织形象的评价，是一种对组织的道德价值评判。如企业美誉度体现在产品评价、服务评价、贡献评价、文化评价等方面。

3. 提升和谐度

和谐度是一个社会组织在发展过程中，获得目标公众态度认可、情感亲和、言语宣传、团结合作的程度。和谐度与美誉度一样，也属对组织道德价值评判的范畴。和谐度是在认知度、美誉度基础上的必然延伸，是组织最关心的一个目标。

重要信息 1-3

公共关系工作的特征

（1）客观性。公共关系是不以人的意志为转移的客观存在，普遍地存在于社会组织的环境中。任何社会组织的生存与发展，都离不开公共关系的影响和制约，也都在毫无例外地有意或无意地开展公共关系工作，以维护和改善现有的公共关系状态，塑造良好的社会组织形象。

（2）公开性。公共关系主张社会组织与社会公众的双向沟通，即通过提高社会组织的透明度，来增进社会公众对组织的了解、理解、支持与合作。同时，公共关系活动是在法律和政策允许的范围内进行的，以公开的手段、方式和渠道阐扬组织的方针、政策和行为，以实现公共关系目标。

（3）艺术性。社会组织面临的社会公众复杂多变，拘泥于一种公共关系模式，无法适应复杂多变的公众需求，同一公众在不同的时期，其需求也有区别。因此，有效的公共关系方案必须具备创造性的思维、针对性的模式、技巧性的方式方法。简而言之，我们应该在科学的理论和原则指导下，讲究具体方式方法和策略性、技巧性，以艺术的形式和手段达到最佳的客观效果。

（4）情感性。公共关系从本质上说是社会组织与社会公众之间关系的综合表现，但又在一定程度上表现为人与人之间的关系与交往。由此，情感因素渗透于公共关系的全过程，甚至左右着公共关系活动的进程与成果。公共关系强调信任他人、关心他人，在活动中重视情感上的沟通、联结、融洽，以创造良好的组织氛围。从这一点来看，有人把公共关系活动比作感情投资是不无道理的。

（5）战略性。公共关系的基本方针是着眼于长期打算，着手于平时努力。任何一个组织要建立和巩固良好的社会形象，都不是一朝一夕、一蹴而就的，必须付诸系统、全面、有计划、连贯、坚持不懈的艰苦努力和扎实的公共关系工作。试图开展一次活动就能立竿见影，是不符合客观实际的。同时，公共关系要求组织理顺长远利益与眼前利益，整体利益与局部利益，大利益与小利益的关系，依据组织的长远利益、整体利益、大利益开展公共关系活动，以达到公共关系工作的目的。

任务实训 1.2

公共关系工作内容讨论

实训目的：
加深学生对公共关系工作的认识。

实训安排：
1. 学生收集并讲解一些公共关系活动故事或案例；
2. 分析其中公共关系工作的内容，讨论其目标的实现程度；
3. 将分析讨论结果做成PPT，分小组演示分享。

教师注意事项：
1. 由生活事例、企业经营事例导入对公共关系工作的介绍；
2. 提供一些简单的公共关系案例，供学生讨论；
3. 分小组点评，并将学生的表现计入平时成绩。

评价标准

表现要求	是否适用	已达要求	未达要求
小组活动中，外在表现（参与度、讨论发言积极程度）			
小组活动中，对概念的认识与把握的准确程度			
小组活动中，角色扮演的精准度			
小组活动中，PPT、文案制作的完整与适用程度			

1.3 公共关系职业认知

任务提示：这是公共关系初学者认知公共关系活动的第三步。认识公共关系职业，特别是认识公共关系工作的主要机构，在此基础上，能够对公共关系职业发展方向有一个初步的了解。

我国公共关系因改革开放而产生，随市场经济发展而发展。公共关系在我国经过曲折发展，从无到有，由小到大，在一批公共关系先驱的执着追求和推动下，20 世纪末成为一种职业，并逐步成为一个行业。

1.3.1　认识公共关系职业

现代公共关系作为一种新的经营理念和思想，于 1904 年诞生在美国，于 20 世纪80 年代初被引入我国。经历了多年的发展，逐步成为一个专门的职业门类。

1. 公共关系职业起源

公共关系职业产生于 1904 年，人们通常把美国新闻记者艾维·李尊称为"现代公共关系之父"。事实上，这里的"公共关系"主要指公共关系职业，正是艾维·李在 1904年创办了世界第一家公共事务咨询事务所，并公开对外营业，才使社会上出现了公共关系职业。进入互联网时代，公共关系职业得到了快速发展，网络舆情管理成为公共关系职业的工作内容之一。

2. 我国公共关系职业

1999 年 5 月，中国劳动社会保障出版社出版的《中华人民共和国职业分类大典》将"公关员"作为一门新职业列入该大典的第三类职业，这标志着国家正式承认"公共关系"这一职业。由此，公共关系职业正式确立。我国《公共关系人员国家职业标准》将公共关系职业定义为："公共关系是专门从事组织机构信息传播、关系协调与形象管理事务的调查、咨询、策划和实施的工作。"

随着我国的市场环境越来越开放，国外企业将继续保持在我国市场的高速投资步伐，我国本土企业与国际惯例接轨，一批具有国际眼光的企业家将成为未来我国经济的主导力量，进而带动公共关系职业的发展。特别是在进入互联网时代后，企业网络舆情频发，危机四起，公共关系活动已经成为常态化的管理工作之一。公共关系职业也成了具有较大潜力、发展较快的职业之一。

1.3.2　认识公共关系职业岗位

企业或者其他组织的公共关系活动一般可以委托给专门的公共关系公司，也有一些企业自身就拥有公共关系部门。此类部门与专门的公共关系公司的主要职能、目的基本一致，也是为了维护企业形象、巩固企业公共关系。根据地区经济发展、行业、企业规模的不同，公共关系人员可从事的岗位也有所不同。归纳起来，主流的公共关系职业的岗位主要包括公共关系专员、媒介专员、公共关系主管（经理）、媒介主管（经理）、客户经理、品牌总监、媒介总监、高级客户经理等。

1. 初级公共关系职业岗位

初级公共关系职业岗位主要包括公共关系专员、媒介专员。岗位说明如表 1-5 所示。

表 1-5　初级公共关系职业岗位说明

岗位名称	岗位描述	岗位职责
公共关系专员	公共关系专员是企业专门负责沟通协调、信息收集、文案资料制作、活动协助的岗位	完成规定的日常任务，如协助公共关系活动、部门会议记录等工作，以及客户咨询和答疑，撰稿、文案写作、海报设计等
媒介专员	媒介专员是专门处理媒体关系的岗位	媒体信息监测、搜集信息并进行整理及分析、维护媒体关系、参与客户的创意计划并提出建议，执行公共关系媒介传播、评估传播效果，提出改进意见

2. 中级公共关系职业岗位

中级公共关系职业岗位主要包括公共关系主管（经理）、媒介主管（经理）、客户经理等。岗位说明如表 1-6 所示。

表 1-6　中级公共关系职业岗位说明

岗位名称	岗位描述	岗位职责
公共关系主管（经理）	公共关系主管或经理是公共关系专员的上级主管，是具体公共关系活动执行的负责人	带领公共关系专员制订和执行公共关系传播计划，负责大中型客户的开拓与维护、大中型媒体的开拓及维护、制定品牌/危机公关战略及战术
媒介主管（经理）	媒介主管或者媒介经理，是媒介专员的上级主管	负责媒介开发及维护、媒介议价等事宜
客户经理	客户经理又称销售负责人，这一岗位一般存在于大中型企业公共关系部门或专门的公共关系公司	维护企业客户关系、为客户提供品牌传播或危机处理方案、监督项目进度、做好舆情监控工作及战略规划

3. 高级公共关系职业岗位

高级公共关系职业岗位主要包括品牌总监、媒介总监、高级客户经理等。岗位说明如表 1-7 所示。

表 1-7　高级公共关系职业岗位说明

岗位名称	岗位描述	岗位职责
品牌总监	品牌总监是主持品牌管理部的工作，协助企业总裁完成企业整体品牌运营策略的制定和实施的岗位	负责实施企业品牌的形象设计工作，企业网站建设及品牌推广，企业品牌形象的塑造、升级、维护等具体工作的策划与执行监督

岗位名称	岗位描述	岗位职责
媒介总监	媒介总监是负责企业媒介资源整合与开发，媒介部日常运营策划与管理的岗位	主要负责媒介业务的整体规划、开拓、维护及议价整合
高级客户经理	高级客户经理是负责企业客户的开发、管理的岗位	主要负责联系客户、媒体活动策划与邀约、提案及监控、企业关系维护等

1.3.3 认识公共关系机构的工作

企业或其他组织内部设立的公共关系部和专业的公共关系公司是两类不同的公共关系机构，其工作内容也有区别。

1. 公共关系部的工作

公共关系部的工作主要包括对外关系协调、对内关系协调和专业技术三个方面。①对外关系协调，主要涉及媒介关系、政府关系、社区关系等。②对内关系协调，主要涉及员工关系、部门关系、股东关系、干群关系等。③专业技术方面的具体工作有组织安排庆典活动，以及组织安排开（闭）幕仪式等。

公关实务 1-3

一位乘客的航班

20世纪80年代的一天，某航空公司所属波音747客机008号班机，准备从伦敦飞往日本东京时，因故障推迟20小时起飞。为了使在东京等候此航班回伦敦的乘客不耽误行程，该航空公司及时帮助这些乘客换乘其他公司的飞机。共190名乘客欣然接受了该公司的妥当安排，分别改乘别的班机飞往伦敦。但其中有一位老太太说什么也不肯换乘其他班机，坚决要乘该公司的008号班机。实在无奈，原拟另有飞行安排的008号班机只好照旧到达东京后再飞回伦敦。

一个罕见的情景出现在人们面前：东京到伦敦航程达13 000千米，可是该航空公司的008号班机上只载着一名旅客，就是这位老太太。她一人独享该机的353个飞机座席，以及6位机组人员和15位服务人员的周到服务。有人说，这次只有1名乘客的国际航班使该航空公司至少损失10万美元。

评析：从表面上来看，该航空公司的确损失不少。可是，从深一层来理解，正是由于具备强烈的公关意识，该航空公司一切为顾客服务的行为，在世界各国来去匆匆的旅客心目中留下了一个用金钱也难以买到的良好形象。

2. 专业公共关系公司的工作

专业公共关系公司的工作主要包括：接受客户委托，提供公关业务咨询；全权负责某项目的公关活动，如市场调查、公众调查、舆情监测，大型活动方案的制定和执行，充当客户的引见人和调解人等；受客户的长期聘请，包揽客户的全部公共关系工作或指派公共关系专家做客户的长期公共关系顾问。

任务实训 1.3

公共关系职业的讨论

实训目的：

引领学生认识公共关系职业。

实训安排：

1. 学生收集并讲解一些公共关系职业发展变化的故事或案例；

2. 分析其中公共关系职业工作的内容；

3. 将分析讨论结果做成 PPT，分小组演示分享。

教师注意事项：

1. 由生活事例、企业经营事例导入对公共关系职业的介绍；

2. 提供一些简单的公共关系职业案例，供学生讨论；

3. 分小组点评，并将学生的表现计入平时成绩。

评价标准

表现要求	是否适用	已达要求	未达要求
小组活动中，外在表现（参与度、讨论发言积极程度）			
小组活动中，对概念的认识与把握的准确程度			
小组活动中，角色扮演的精准度			
小组活动中，PPT、文案制作的完整与适用程度			

任务 1 小结

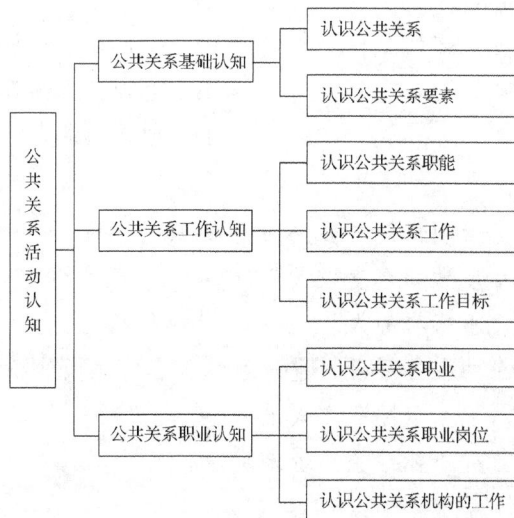

知识与技能检测

一、课堂讨论

（1）公共关系就是"拉关系、走后门"吗？

（2）公共关系与广告有何区别？

（3）公共关系与市场营销有何关系？

（4）公共关系活动就是宣传吗？

（5）公共关系的科学性和艺术性体现在何处？

二、课后自测

1. 选择题

（1）公共关系的职能是公共关系在组织中应发挥的作用和应承担的职责。其具体职能包括（　　　）。

  A. 信息管理 B. 咨询建议   C. 沟通协调   D. 塑造形象

  E. 危机处理

（2）公共关系构成要素包括（　　　）。

  A. 社会组织 B. 公众   C. 传播   D. 领导

（3）公共关系工作应该遵循一定的程序有条不紊地进行，其基本程序可分为（　　　）。

  A. 公共关系调查   B. 公共关系策划

  C. 公共关系实施   D. 公共关系评估

（4）公共关系工作的目标可以概括为（　　　）。

  A. 提升认知度 B. 提升美誉度 C. 提升和谐度 D. 多角度

（5）公共关系职业工作主要是由（　　　）开展的。

  A. 组织内部设立的公共关系部 B. 专门的公共关系公司

  C. 公共关系名人   D. 网络名人

（6）组织内部公共关系部的工作主要包括（　　　）等三个方面。

  A. 对外关系协调   B. 对内关系协调

  C. 专业技术   D. 收集数据

2. 判断题

（1）公共关系主要是营利部门与公众的关系。（　　　）

（2）学校不能用美誉度和知名度来做评价。（　　　）

（3）公众就是指社会上所有的人。（　　　）

（4）传播是公共关系的主要手段，也是主体与客体之间的桥梁。（　　　）

（5）公共关系活动只能采取隐蔽方式进行。（　　　）

（6）良好的组织形象并不能给企业带来财富。（　　　）

3．简答题

（1）什么是公共关系的基本原则？

（2）公共关系工作的特征有哪些？

（3）公共关系职业岗位主要包括哪些？

（4）专业公共关系公司的主要工作有哪些？

4．案例分析题

2020 年 1 月 9 日，胡润研究院发布《2019 胡润中国 500 强民营企业》，海底捞以市值 1 570 亿元位列第 34。有人说，海底捞客户的满意源自员工的满意。那么，海底捞是怎样对待自己的员工的呢？

一、温暖如家的企业文化

不同于以生产为中心的领导方式，海底捞创始人兼董事长张勇更关注"人"。在他的带领下，海底捞致力于融合我国"仁"文化与企业"追求公平、人性管理"的文化，打造如"家"般的文化核心，并实践在员工管理的方方面面，来帮助他们融入城市生活，满足他们希望获得身份认同、他人尊重与工作成就的期望等。这种"家"的价值体系培养了海底捞员工的群体意识，使他们形成亲密的情感联系，产生强大的凝聚力，潜移默化地使他们愿意为顾客提供优质的服务，使海底捞形成了靠服务取胜的独特优势。

二、充分、大胆的授权机制

在海底捞，一线服务人员都有适当的打折和免单权，店长有 3 万元的签字权，小区经理有 30 万元的签字权等。超越流程和制度的差异化服务是海底捞管理的精髓，管理者对一线服务人员给予极大的信任，满足了他们的情感需求，增强了向心力，使他们愿为每个顾客提供优质的服务。

三、开放、独特的员工招募、选拔方式

不同于其他企业亲属规避的原则，海底捞倡导"举贤不避亲"，欢迎员工推荐老乡、朋友、亲戚甚至是家人加入团体，鼓励夫妻共同为海底捞工作。这样不仅解决了企业招工来源的问题，更使能同亲朋好友一同工作的员工有"家"的感觉，传播快乐工作的情绪，满足人对归属与爱的需要。

清晰的选人、用人标准有利于培养勤恳、满意的员工，有利于海底捞打造核心竞争力。

四、专业、公平的人才发展、晋升通道

在海底捞，除工程总监和财务总监外的所有员工，都必须从一线的服务人员做起，员工可以选择适合自己的发展途径。不论学历、工龄，唯看工作表现，不拘一格的人才晋升政策给了所有普通员工通过努力就能改变命运的希望，有了希望便有了动力，再苦再累也能坚持。另外，透明的晋升通道化解了不同层级员工之间的心理隔阂，进一步强化海底捞身份认同的企业文化。这样员工便能齐心协力、勤于付出，竭尽所能为顾客提供细致、周到的服务，以期获得职业上的发展与认同。

阅读以上材料，回答问题：

（1）概括海底捞对外部、内部公众的具体做法。

（2）在海底捞的这些活动中，主体、客体、传播手段分别是什么？

（3）内部公众满意能影响外部公共关系吗？请说明理由。

实践活动：了解企业公共关系活动

活动目的：

使学生理解现实中的企业公共关系活动。

活动安排：

1. 教师与校外基地接洽，带领学生进入企业；

2. 学生分组，分赴公共关系管理岗位，实地了解其工作；

3. 将实践结果做成PPT，分小组演示分享。

教师注意事项：

1. 讲解工作要点；

2. 检查学生分组是否合理；

3. 分小组点评，并将学生的表现计入平时成绩。

评价标准

表现要求	已达要求	未达要求
小组活动中的工作表现（参与度、讨论发言）		
整个工作过程的表现（六步骤）		
对职业整体的认识与把握		
工作过程中知识与经验的运用		

课程思政园地

"感受中国"——中国国家形象片亮相纽约时报广场

新华社纽约2011年1月17日电（记者 荣娇娇） 由国务院新闻办公室筹拍的《中国国家形象片——人物篇》17日在美国纽约时报广场大型电子显示屏上播出，中国各领域杰出代表和普通百姓在片中逐一亮相，让美国观众了解一个更直观、更立体的中国国家新形象。

当天，一抹亮丽的"中国红"在高楼林立的时报广场电子屏上格外显眼，6块电子显示屏同时播放这段60秒的宣传片，显示屏的侧面还有"感受中国"的英文字样。宣传片的开头以醒目的红色为背景，以白色书写中英文"中国"两字。中国各行各业的杰出代表，如谭盾、郎朗、袁隆平、杨利伟、姚明、邓亚萍等在片中依次登场，不断吸引路人驻足观看。

来自纽约的高中生夏洛特·麦古金觉得"整个宣传片的制作非常精良，布局非常巧妙"。她说她在纽约生活了 18 年，还是第一次看到时报广场的大屏幕上播出这么多中国人的画面，而且"每个人都面带笑容，看上去非常幸福"。

她一边看着大屏幕，一边用手指着屏幕对记者说："看！那是姚明，我认识。站在他旁边的是中国乒乓球选手（邓亚萍），我在看奥运会比赛转播时见过她，很厉害的。我们上课的时候也学过中国和美国之间的外交关系就是从打乒乓球开始的。"她笑着说："好想去中国看一看。"

在纽约时报广场执行巡逻任务的保安格雷格说，他一大早来时报广场值班就看到这部片子不断播出。他看了好几遍，觉得"很过瘾"。他对记者说："全世界都知道中国人民勤劳、智慧，这部片子很好地展现了中国人的风貌，他们值得我们尊敬。"

从中国来纽约度假的司亚勤女士和她的儿子伫立在时报广场，目不转睛地看着大屏幕。她对记者说，她第一次来纽约，第一次来时报广场，就看到中国国家形象片的首播，觉得"太幸运了"。她说，能在世界知名的纽约时报广场上有这么大一块电子显示屏播放中国的宣传片，说明中国的国际地位不断提升，自己身为一个中国人觉得非常骄傲。

该宣传片从 1 月 17 日开始在纽约时报广场首播，每小时播放 15 次，从每天上午 6 时至次日凌晨 2 时播放 20 小时共 300 次，并将一直播放至 2 月 14 日。同时美国有线电视新闻网也从 17 日起分时段陆续播放该片。

问题：

1. 国家形象片中哪些地方体现了中国的自信？
2. 国家形象片在美国播放的意义有哪些？
3. 从公共关系角度看，怎样理解国家形象片的作用？

公共关系活动认知
课程思政

自我学习总结

通过完成任务 1，我能够做如下总结。

一、主要知识

概括本任务的主要知识点：

1.

2.

二、主要技能

概括本任务的主要技能：

1.

2.

三、主要原理

你认为，公共关系工作的基本原理是：

1.

2.

四、相关知识与技能

你在完成本任务过程中，学到了：

1. 公共关系出现的原因有：

2. 公共关系观念的变化趋势有：

3. 公共关系职业岗位分布领域主要有：

五、成果检验

你完成本任务的成果：

1. 完成本任务的意义有：

2. 学到的知识或技能有：

3. 自悟的知识或技能有：

4. 你对我国国家形象对外展示的建议是：

任务 2

公共关系活动准备

📖 学习目标

1. 知识目标
能认识公共关系机构。

能认识公共关系人员。

能认识公共关系活动方向。

2. 技能目标
能说明公共关系人员要掌握的能力。

能认识公共关系传播工作。

能对公共关系活动方向有整体认识。

3. 思政目标
树立工匠精神理念。

培养公共关系职业精神素养。

理解大国担当与大国自信。

任务解析

根据公共关系职业工作活动顺序和职业教育学习规律，"公共关系活动准备"任务可以分解为以下子任务。

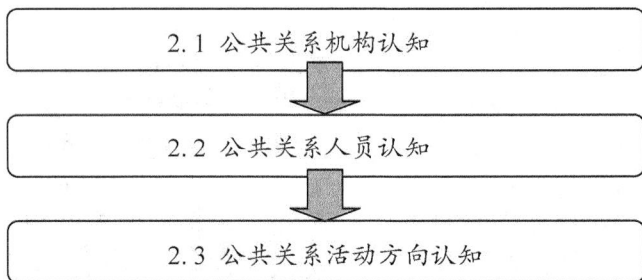

```
┌─────────────────────────────────┐
│   2.1 公共关系机构认知            │
└─────────────────────────────────┘
              ↓
┌─────────────────────────────────┐
│   2.2 公共关系人员认知            │
└─────────────────────────────────┘
              ↓
┌─────────────────────────────────┐
│   2.3 公共关系活动方向认知        │
└─────────────────────────────────┘
```

公关故事

我们的第二个故事要从餐饮企业西贝内部的公共关系讲起。2018年7月31日，由"我们加餐"主办的中国餐饮绿思想大会上，西贝创始人贾国龙进行了以"30年的经营思考"为主题的分享。贾国龙当属餐饮行业的名人，内蒙古人的豪放、果断和仗义在他经营西贝的历程上展现得淋漓尽致。

他曾经在采访中提到："我对互联网似懂非懂，不予评论。"当众多餐饮人都在焦灼如何布局新零售时，这位实干家却依然在投入大部分的精力研究如何让"西贝人"实现他们的梦想。

如何激发员工的积极性，让员工在企业拥有归属感？贾国龙的管理方法论值得我们深思。从最初的一家"黄土坡小吃店"发展成为在全国拥有264家店和2万多名员工的知名餐企，西贝已经走过整整30个年头。

贾国龙曾经说过一句话：员工第一，顾客第二，领导第三。

这一理念贯穿着西贝三十年的发展历程：从2007年建立爱心互助金，到2018年的子女教育基金、普及重疾险；从交流平台《品味报》、早安贴，到亲子活动、组织员工家属旅游……除了"赛场机制"，西贝也在把对员工的关怀渗透进他们生活的方方面面。

"把小西贝办成大西贝，把大西贝办成大家的西贝。大家的西贝就是我们的西贝，就是我的西贝。"不过分讲求狼性文化，甚至不吝付出，就是这样把员工当家人一样维系的信念，让西贝历经30载春秋，成就今天。"稀缺的资源不是客户，而是伟大的员工。因此，如果我们关爱他们，并让他们认识到公司是一家非常适宜工作的公司，他们就会为公司创造价值。"

读后问题：

1. 西贝创始人为什么认为员工第一，顾客第二？

2. 西贝搞好与员工的内部关系的做法有哪些？

3. 请你综合评价西贝内部公共关系的表现。

公共关系活动
准备课前阅读

2.1 公共关系机构认知

任务提示：这是公共关系初学者认知公共关系活动准备的第一步。认识公共关系机构，即了解公共关系活动是由谁来开展的。在此基础上，准确把握公共关系机构选择的要领，为后续的学习做准备。

一般来讲，专门从事公共关系工作的组织机构主要是组织内的公共关系部和专业的公共关系公司。利用好组织内部公共关系部门或聘请专业的公共关系公司，是公共关系工作顺利开展的前提。

2.1.1 公共关系部认知

公共关系部是贯彻组织公共关系思想，实现公共关系目标的专业性机构。在一些规模较大的组织中，公共关系事务繁多，最有效的对策就是将公共关系的职能在机构设置上予以明确。国内外的许多组织设立了公共关系部，有的也称作公共事务部、公共（舆情）信息部、公关广告部、传播部、新闻界关系部等。

公共关系部的工作影响组织的信誉和形象，关系到组织上下、内外的信息交流，关系到组织的近期利益和长远利益，关系到组织的整体利益及其在社会整体中的地位与作用。因此，公共关系部既是组织的管理职能部门，又是组织的决策参谋部门。

1. 公共关系部的职责

公共关系部的职责由于其所处组织的性质不同，或因其所处层级的不同而略有差别。但其主要职责大体相同，可以概括为以下几个方面。

（1）收集和处理情报信息。公共关系部的重要职责之一就是收集和处理情报信息。任何关系到组织生存和发展的内外部情报信息，以及任何环境因素的发展变化，都是公共关系部情报信息收集的对象。为此，公共关系部需要通过民意测验、舆情监测、市场调查、报刊剪辑、上级机构和本单位文件的汇集等手段，集中收集、整理和存储各种与组织密切相关的情报，并在此基础上进行调查、预测工作，以帮助组织了解和监测社会环境。

（2）新闻舆论宣传。公共关系部担负着向公众宣传、解释组织的有关政策和行动，传递有关信息的重要职责。具体包括：组织各类展览、参观、访问、新闻发布会、记者招待会、交流会、联谊会及专题活动等。要完成这些任务，还需撰写新闻稿、网络软文，编制各种刊物、画册等宣传品。

（3）咨询与建议。公共关系部的重要职责还在于对收集到的各种情报信息、资料及时进行整理、分析，分门别类地迅速反馈给组织领导层及各职能部门，为领导层的决策提供咨询与建议。

（4）协调与交往。公共关系部还担负着协调和社会交往的职责。公共关系部主要通过正常的途径，妥善处理各种关系，如内外公众之间的关系、组织之间的关系等。公关系部需要接待来访人员，以及处理来信、电子邮件、投诉等，必要时需要协助组织开展协调各种关系的谈判、洽谈活动。另外，为开展社会交往，公共关系部需要利用或举办各种适宜的社交活动，广泛接触社会各界组织和人士，建立良好的社会关系网络，赢得社会公众的理解与支持。

2．公共关系部的设置原则

组织在设置公共关系部时，一般需要考虑以下几点。

（1）规模适应性。规模适应性是指公共关系部的规模大小应当与组织规模及其发展相适应。大型组织可设立人数较多、门类齐全、分工细致的公共关系部；中型组织可设立人数不多、具有综合性的多职多能的公共关系办公室；小型组织可以不设立公共关系部，而任命专职的公共关系人员或从专业公共关系公司聘请公共关系顾问来开展本组织的公共关系工作。

（2）整体协调性。整体协调性是指在设置公共关系部时，应与组织内部各部门相协调，如果有冲突，应做适当调整，以免制造矛盾。同时，机构内部人员的设置也应考虑整体效应，使部门人员协调一致地工作。

（3）工作针对性。工作针对性是指公共关系部的机构设置要根据不同组织的工作性质和自身所面向的社会公众的特殊性来确定。组织的性质不同，公共关系工作的目标、内容、方法也不同，面对的公众也不同。有的组织以特定的公众为对象，有的组织以整个社会公众为对象。

（4）机构权威性。公共关系部是代表组织开展工作的，其一言一行、一举一动都关系到组织的形象和整个事业的发展。这就要求组织把它放在十分重要的位置上，使它具有一定的权威性。公共关系部作为高层次的管理机构，其负责人应进入组织的最高决策层，至少应有直接向决策层汇报、提建议或参与决策讨论的权利。

3．公共关系部的组织结构类型

一般来讲，公共关系部的组织结构类型有以下划分标准。

（1）按照工作方式分类。按照工作方式分类，公共关系部可以分为公共关系对象型、公共关系手段型和公共关系复合型三种类型，如图 2-1、图 2-2 和图 2-3 所示。

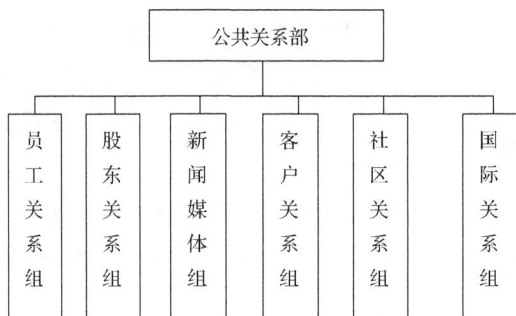

图 2-1 | 公共关系对象型

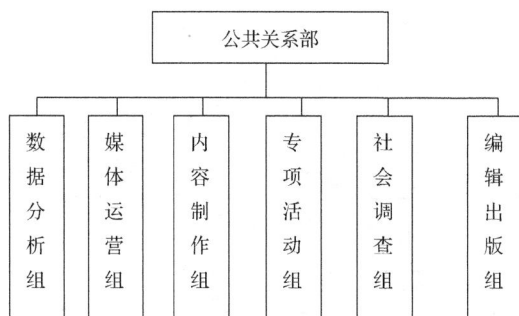

图 2-2 | 公共关系手段型

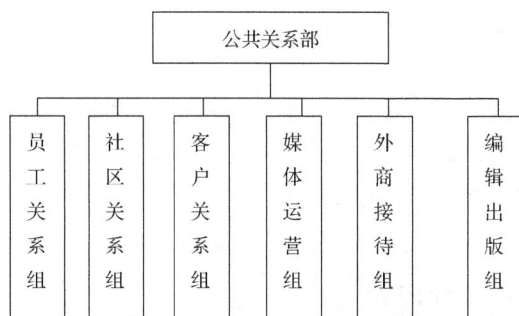

图 2-3 | 公共关系复合型

（2）按照领导方式分类。按照领导方式分类，公共关系部可分为总经理直接负责型、总经理间接负责型和部门所属型，如图 2-4、图 2-5 和图 2-6 所示。

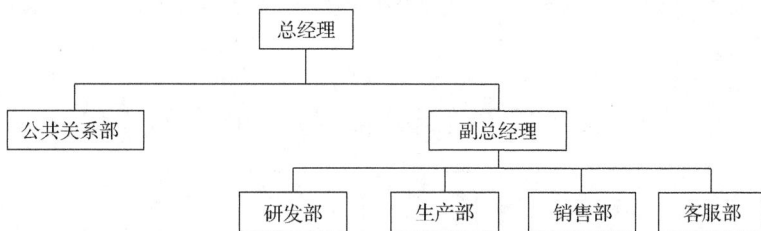

图 2-4 | 总经理直接负责型

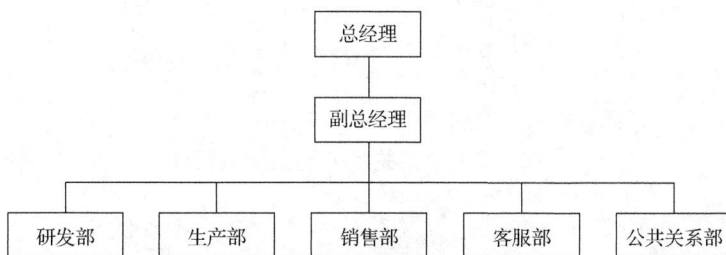

图 2-5 | 总经理间接负责型

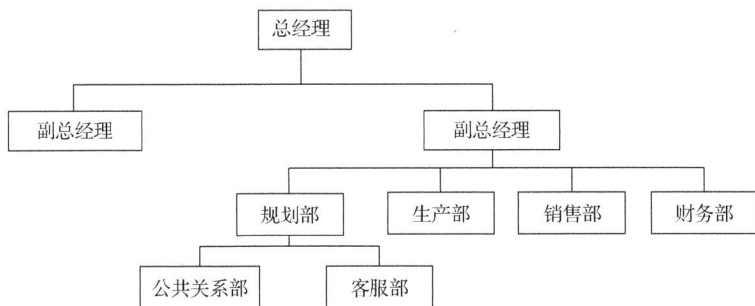

图 2-6 | 部门所属型

2.1.2 公共关系公司认知

公共关系公司又称公共关系顾问公司或公共关系咨询公司。它是由各具专长的公共关系专家和公共关系人员组成，专门从事公共关系方面的有关咨询和公共关系活动，或受具体企事业单位委托，为其开展公共关系工作提供方案、决策参考的社会中介服务机构。

1. 公共关系公司的工作内容

公共关系公司的基本职能是：为委托者（或称客户）提供公共关系的全部或单项服务；对委托者的公共关系工作进行指导、监督并提出建议，以及帮助或代替委托者实施方案；帮助委托者与社会公众交流。其目的在于为委托者建立良好的信誉和形象，以利于委托者的经营和发展。

（1）公共关系公司工作流程。公共关系公司受托为组织提供公共关系服务的基本流程如图 2-7 所示。

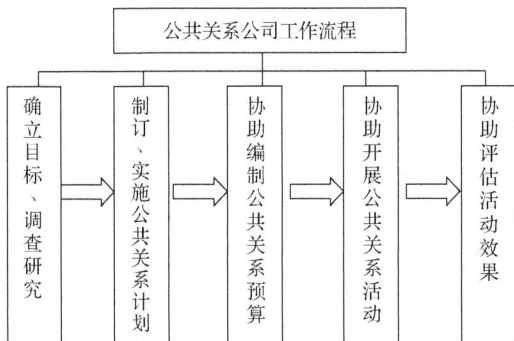

图 2-7 | 公共关系公司工作流程

（2）公共关系公司单项服务。公共关系公司在为委托者提供全部公共关系服务外，还提供以下单项服务。第一，咨询服务。公共关系公司具有经验丰富、专业水平高、对问题的分析比较客观等优势，因此即使设立了公共关系部的组织，也常常请公共关系公司为其提供各种咨询服务，这是公共关系公司的一项重要业务。第二，专门技术服务。

一些组织的公共关系部受财力和物力的限制,往往没有齐备的技术设施和具备各种专长的公共关系人员。所以,当要进行具体的公共关系专项活动时,这些组织总是委托公共关系公司来代理。第三,职业培训服务。组织在开展公共关系工作和建立公共关系部时,常常因缺乏专门人员或其工作人员经验不足、水平不高,而求助于公共关系公司为其培训公共关系人员。

2．公共关系公司的组织结构

从规模来看,公共关系公司可分为小、中、大型。一般来讲,小型公共关系公司的工作人员平均为 6 人以下,中型公共关系公司平均为 7～25 人,拥有 25 人以上的则为大型公共关系公司。从服务项目来看,有综合性的公共关系公司,其业务范围全面,可以承办数项乃至数十项业务;也有专项性的公共关系公司,其经营规模和业务范围较小,主要为特定组织提供一项或几项服务。

公共关系公司的组织结构虽然没有固定的模式,但主要由以下几个部门组成。

（1）行政部门。行政部门是负责行政管理和行政指挥工作的决策机构,包括总部和各个行政分部。人员主要有公司总经理、副总经理和一定数量的业务经理。

（2）专业部门。专业部门是指具体实施公共关系项目的业务部门。专业部门根据公司的业务范围和专业特色来设置,每个部门都配有一定数量的精通本部门业务的公共关系专家。业务部门一般不对外承揽业务,只听从业务经理的安排。

（3）国际业务部门。国际业务部门是指专为其他国家和地区提供公共关系服务的业务部门,如为东南亚、西欧、北美等地区服务的部门。这是大型国际公共关系公司内部应设置的部门。

（4）审计部门。审计部门是指专门对承接的公共关系项目进行审计的部门。这个部门一般由业务经理人员、业务部门的负责人和高级公共关系专家组成。

3．公共关系公司的收费方式

作为社会中介机构,公共关系公司是对外营业的企业单位,在客户要求提供咨询或公共关系业务服务时,以公共关系劳务的形式为客户服务,并向客户收取费用。公共关系公司的收费方式一般有以下几种。

（1）按项目收费。按项目收费是将公共关系业务工作进行分解,分成不同的项目,并根据项目的内容及其开支状况确定费用,然后对各项费用进行汇总,得出总费用。费用项目主要有:咨询服务费、行政管理费、项目支出费、公共关系活动经费等。

（2）计时收费。计时收费即按参加工作的各级各类人员的不同标准,按工作时间收费。一般来说,每小时收取的费用是其本人每小时收入(含工资和奖金)的 2～5 倍,有的公司为了方便,采取每小时收取固定费用的办法。

（3）综合收费。综合收费是指公共关系公司与客户双方根据业务需要,协商确定费用的总金额。这时,费用一般在业务开始时由客户预付。这种收费方式有利于公司根据有限的资金统筹安排,合理使用资金;缺点是客户难以监督业务质量。

（4）按项目需要分次收费。这是综合收费的变通形式。客户若不愿采用综合收费方式，也可按项目实际需要，分次逐项付款。公共关系公司可将此视为按项目收费。客户可以监督公共关系公司代理业务的质量，如果对该公司的服务不满意，其他业务可以考虑选择别的公司。

重要信息 2-1

选择公共关系公司的标准

企业或组织在选择公共关系公司代理业务之前，都要根据一些标准来评价公共关系公司。客户选择公共关系公司的主要标准如下。

（1）公司的信誉。公司成立时间、规模、知名度、美誉度，在公共关系界是否有权威，能提供哪些服务项目，举办过哪些著名的、重大的公共关系活动，有多大影响等，这些都是客户需要考虑的因素。

（2）公司的客户情况。例如，公司接待过哪些客户，现在有哪些客户，客户的社会地位如何，它们对公司的技术业务和服务态度的满意程度如何。

（3）公司人员的业务水平。公共关系人员的业务水平往往决定了公司的服务水准，所以公司从业人员是否受过专门训练、个人专业技术水平如何、能否与客户的要求一致并努力满足客户的需求、能否保证按时完成工作等，这些都是客户关心的问题。

（4）收费标准。一家信誉良好的公司收费可能也较高，但是每一位客户都希望能花较少的钱，同时取得较好的效果。因此，客户选择和评价公司实际上是将其信任度、服务质量等同收费标准进行比较。

任务实训 2.1

公共关系机构任务讨论

实训目的：

加深学生对公共关系机构工作内容的认识。

实训安排：

1. 学生收集并讲解一些企业（工作室）公共关系活动故事或案例；

2. 分析公共关系机构的作用，讨论公共关系机构的重要性；

3. 将分析讨论结果做成 PPT，分小组演示分享。

教师注意事项：

1. 由生活事例、企业经营事例导入对公共关系机构工作内容的介绍；

2. 提供一些简单的公共关系机构的案例，引导学生讨论；

3. 分小组点评，并将学生的表现计入平时成绩。

评价标准

表现要求	是否适用	已达要求	未达要求
小组活动中，外在表现（参与度、讨论发言积极程度）			
小组活动中，对概念的认识与把握的准确程度			
小组活动中，角色扮演的精准度			
小组活动中，PPT、文案制作的完整与适用程度			

2.2 公共关系人员认知

任务提示：这是公共关系初学者认知公共关系活动准备的第二步。认识公共关系人员的基本要求，认识公共关系人员的角色要求，在此基础上，准确把握公共关系人员应具备的基本素质，为后续的学习做准备。

公共关系职业是一种专业化程度较高的职业。除了广博的知识、多方面的修养和能力，公共关系人员还必须具备较强的能力，才能胜任业务活动中的多种角色。

2.2.1 公共关系人员能力要求

基于公共关系工作的复杂性，公共关系人员应该是一专多能的特殊人才，至少应该具备以下能力。

1. 组织能力

为了使公共关系工作有条不紊地开展，公共关系人员必须具有较强的组织能力。所谓组织能力，是指人们有计划、有步骤地开展某项活动，并使其达到预期目标的实际操作能力。公共关系活动是一种目标指向型的活动。公共关系人员不仅要善于周密地设计和筹划公共关系活动的目标和计划，为实现目标和计划制定相应的具体方法和步骤，而且要善于组织活动。公共关系人员经常要组织各种纪念活动、接待工作、庆典、联谊活动、记者招待会、新闻发布会等。

2. 表达能力

表达能力是指个人用语言、文字、动作等方式将自己的知识、观点、意见明确有效地传播给他人的能力。公共关系工作是一种传播活动、一种双向的信息交流过程。信息传播和意见沟通是开展公共关系工作的基础，因此，公共关系人员与公众进行信息交流和沟通是否成功或有效，很大程度上取决其表达能力。表达能力是综合性的能力，既需要表达得简洁、清楚、清晰，又需要注入感情。一次成功的微笑可以使你立足；一句真诚的赞美可以使你获得信赖；一个恰到好处的肢体动作可以使你的态度得到展示；一则趣味盎然的广告可以给组织带来财富；一场激烈的谈判可能会改变组织的历史进程。

表达能力包括演说的能力、解释的能力、说服的能力、谈判的能力、协调的能力、做结论的概括能力、写作的能力和非语言的传播能力等。表达能力主要表现为以下三种形式。

（1）文字表达。语言文字是一种武器，当运用娴熟以后，你能用它来表达自己的感情和见解。对于公共关系人员来说，文字表达能力主要表现为能够拟定各种涉内涉外的公文、拟定新闻稿、公共关系报告、发言稿等。随着公共关系活动的频繁开展，公共关系逐步走向系统化、规范化，这就要求公共关系人员能熟练地写作与公共关系相关的应用文，如演讲稿、调查报告、解说词、说明书、公函件、简报等。这类文体要求行文简洁、合乎规范、内容充实，具有较强的说服力；同时要求公共关系人员利用自己的丰富知识给文章润色、加工，使文章给人以清新、生动、流畅、亲切之感。

（2）口头表达。口头表达和文字表达两者有相通之处，但并非一回事。文笔流畅的人未必就能出口成章，有的人只擅长动笔，却不习惯动口，所以说起话来不仅显得口齿不清楚，甚至结结巴巴，严重的还会神经紧张，面红耳赤，自己不自在，让别人也不舒服。公共关系人员要想具备较强的口头表达能力，首先，要具备一定的素质，如扎实的语言文字功底，较强的分析判断能力，吐字清晰，逻辑缜密等。其次，条理清晰、叙述得当、反应敏捷、对答如流也是口头表达的重要方面。最后，要善于抓住听众的心理，表达中语言应该精练，不拖泥带水，词汇应当丰富，但又不故意卖弄，要让人感到你的语言表达既大方得体、恰到好处，又风趣动人、不失风度。如果能有较好的基础，做到妙语连珠，幽默而又令人有新鲜感则更为上乘。要做到这一点需要较高的文化修养和丰富的临场经验，同时需要经常锻炼自己的口才。

（3）形体表达。形体表达也称动作表达或肢体语言。躯干形态、手势、面部表情、下意识动作等都可以作为传达感情和交流信息的方式。美国的一位学者指出，人的不同姿态会表达出不同的态度，人大约可以做出 1 000 种姿态。例如，一个人歪着头听你讲话可能是欣赏的态度；正着头听你讲话可能是认真的态度；左顾右盼可能是不专心的态度；摇头晃脑可能是心不在焉或不耐烦的态度。每一种姿态都有其内在含义，都在表情达意。因此，公共关系人员应用心研究肢体语言，从中了解对方的态度或某种细微的情绪变化；要善于根据不同的场合和目的，运用肢体语言把一些不便用口头和文字表达的信息传播给受众。在这方面，要想成为一名合格的公共关系人员，必须进行一番学习和训练。

3．推广能力

推广能力是公共关系人员必须具备的一种工作能力。在开展公共关系活动时，要运用各种推广方式引导舆论、促成舆论，从而提升组织声望和信誉。组织要想提升自身在社会公众心目中的信誉，除了做好自身的工作，还要围绕树立形象和保持信誉这两个方面做好宣传工作。公共关系人员需具备的宣传推广能力主要表现为善于周密策划，精心设计组织形象，使组织形象深入社会公众心中，能为社会公众所普遍接受。

4．社交能力

社交能力是衡量一个人能否适应开放社会的标准之一。缺乏社交能力的人往往会在自己与周围的人之间建立起一道无形的心理屏障。公共关系人员是本组织形象的体现者和代言人，肩负着与公众沟通的重任，他们只有具备较强的社交能力，才能大胆、潇洒地走向各种社交场合，施展自己的魅力和才能，树立起本人的良好形象，并帮助组织树立良好的形象。社交能力往往是一个人多方面能力的综合表现，如表达能力、组织领导能力、应变能力、逻辑能力及知识修养等。社交能力涉及的范围很广，主要包括自我推销的能力，介绍他人的能力，与人相处的能力，倾听、赞美、理解他人的能力，影响、改变他人行为的能力等。

公共关系人员应具备的社交能力还应表现为通晓各种社交场合的礼仪规范，如日常生活礼节、对外交往礼仪、各种宴会礼仪及公共场合礼仪等。公共关系人员必须懂得、通晓和遵守一定的社交礼仪，这既是对自己和他人的尊重，也是有知识和教养的体现。

5．创新能力

创新能力是指人创立新的思想、新的事物和新的环境等，以满足自我或适应自我变化的能力。在充满竞争的现代社会中，从事公共关系工作需要相关人员付出相当多的劳动，特别是创造性的劳动。在竞争中只有不断求新、求异，才能技高一筹、领先一步，才能达到扩大影响、树立形象、推销产品、争取公众的目的。这就要求公共关系人员具有突出的创新才能，要敢于想别人所没想的，做别人所没做的；要不断地突破常规，勤于思索，多动脑筋，大胆设想，刻意求新。这样，即使出现突发情况，公共关系人员也能够冷静思考、灵活应变。

2.2.2　公共关系人员角色

公共关系工作需要多人共同完成，这些人由于其工作性质、范围、职能的不同，因此在公共关系工作中充当不同的角色，承担不同的义务，享受不同的权利与待遇。公共关系人员角色大体上可以分为四种类型：专家型、领导型、技术型和事务型。

1．专家型角色

专家型角色是研究和解决公共关系理论与实践问题的权威人士，他们有渊博的知识、丰富的经验、较高的理论水平与较强的宣传推广能力。他们是公共关系队伍中的中坚和精华。专家型角色主要包括以下两类人员。

（1）公共关系顾问。公共关系顾问是公共关系的专职高级工作者，是处理和解决公共关系方面问题的专家，多数为专业的公共关系公司工作。

公共关系顾问的主要任务是：制定与实施公共关系方案，为当事人做决策提供参谋；帮助组织建立与公众的沟通渠道，协调与公众的关系；提供各种业务咨询，传播信息，解决公共关系难题；指导和教育一般公共关系人员，以提高他们的素质与水平。

（2）公共关系学者和教育家。公共关系学者和教育家是公共关系研究与教育方面的专家。他们从事社会调查，进行公共关系理论研究，总结公共关系策略与经验，从事不同层次的正规教育与业余培训。这些人主要包括权威的新闻记者与编辑、专栏评论家、大学教师和研究员等。这些专家的主要任务是：从事公共关系理论研究与探讨，为国家或重要部门提供制定策略的依据；介绍、翻译和传播国内外有关公共关系理论、实践、动态的信息；撰写公共关系论文，编撰公共关系专著与资料，编辑出版有关报纸、杂志，为电台、电视台提供专题或专栏节目；从事公共关系教育工作，在学校开设公共关系课程，编写教材，做学术报告；制定公共关系教育大纲，组织公共关系知识的普及和各项竞赛或专题活动。

2．领导型角色

领导型角色是指在各公共关系组织或相关单位中担任领导职务的人员，包括经理、部长、主任、兼职领导者等。

（1）经理、部长、主任。这些人是公共关系机构的直接领导者，是一个部门开展公共关系工作的总设计师。他们的工作对整个组织来说非常重要。由于公共关系工作牵涉面广，又与国家设置的行政业务机构不可分割，因此公共关系部门的领导通常由组织或企业的行政负责人兼任，一般以副职出任为多。有的公共关系部门规模大、任务重，可以设置专门的领导人员，主持日常公共关系工作。

公共关系领导的主要任务是：制定公共关系工作的目标，策划公共关系方案与程序，为每一阶段或每一时期的公共关系工作确定明确、具体的任务；估算、分配公共关系实务活动所需的人力、物力、时间和费用等，确保公共关系工作的正常运转；参与高层决策活动，将各种意见、情况向决策者反映，从公共关系角度为决策者提供参考意见，使本部门的职能得以充分发挥；处理公共关系部门的各种问题，领导、检查、监督全体人员的工作；总结评估公共关系工作，定期向组织提出报告，回顾与展望公共关系工作；对内协调各部门的工作，对外作为组织的发言人。

（2）兼职领导者。各地区、各部门的公共关系工作的开展，不同程度地得到了各级党政领导人的关怀与支持。他们出于对事业的关心，积极参与各地区、各组织的公共关系活动，并进行宏观指导。他们利用自己的社会地位与工作条件，解决公共关系行业在发展中遇到的难题，把公共关系工作作为一种社会工作予以重视。而公共关系组织可以利用他们的特有条件，争取政府和党团组织的支持与配合。他们虽然不是专职人员，但作为兼职或业余的成员对公共关系的发展起着重要的作用。

3．技术型角色

技术型角色是公共关系部门中从事专项技术业务工作的人员，主要包括一般的记者、编辑、摄影师、广告师、设计师及其他技术人员，他们以各自的技术专长承担某一具体职责。他们可以是专职固定人员，也可以是根据需要聘请的专门人才。技术型角色的主要任务与特点是进行技术沟通，在公共关系程序中承担某一方面的具体任务，并利用自己的特长发挥作用；受过专业化的训练，掌握了从事公共关系工作所需要的某项或几项专门技术；是具体业务的执行者，熟悉技术，在传递信息、沟通媒介关系等公共关系活动中发挥纽带作用。

4. 事务型角色

事务型角色是组织中从事日常公共关系工作的人员，是基层的公共关系人员。这些人员包括秘书、办事员、招待员、翻译、助理员、导游、消费引导员等。

事务型人员从事的工作很杂，大部分是基础工作，包括：筹备或实施公共关系工作计划；接待内外宾客，安排会议；联系客户、客商和消费者，听取他们的意见或建议，为他们排忧解难；接触新闻界的工作人员，筹备新闻发布会，起草有关文件；收集资料、信息，整理档案，处理文秘工作；等等。总之，他们主要按领导者的安排完成各项具体工作，一般不参加有关公共关系事务的决策活动，但又不同于一般的服务人员。他们不仅要为公众提供服务，同时要通过自己的服务实现组织既定的公共关系目标。

任务实训 2.2

公共关系人员角色讨论

实训目的：

加深学生对公共关系人员不同角色的认识。

实训安排：

1. 学生收集并讲解一些企业（工作室）公共关系活动案例；
2. 分析其中公共关系人员所起的作用，讨论公共关系人员角色的重要性；
3. 将分析讨论结果做成PPT，分小组演示分享。

教师注意事项：

1. 由生活事例、企业经营事例导入对公共关系人员角色的介绍；
2. 提供一些公共关系公司的简单案例，引导学生讨论；
3. 分小组点评，并将学生的表现计入平时成绩。

评价标准

表现要求	是否适用	已达要求	未达要求
小组活动中，外在表现（参与度、讨论发言积极程度）			
小组活动中，对概念的认识与把握的准确程度			
小组活动中，角色扮演的精准度			
小组活动中，PPT、文案制作的完整与适用程度			

2.3　公共关系活动方向认知

任务提示：这是公共关系初学者认知公共关系活动准备的第三步。认识内外部公共关系，认识公共关系的传播方式。在此基础上，准确把握公共关系活动的方向，初步认识公共关系传播活动，为后续的学习做准备。

2.3.1 确定公共关系活动方向

一个组织所面临的公众分为内部公众和外部公众，因而组织的公共关系也可以相应划分为内部公共关系和外部公共关系。

1. 内部公共关系

任何一个社会组织要建立良好的形象和声誉，首先得从内部公共关系做起。内部公共关系是各类组织有效开展全方位公共关系工作的基础和出发点。良好的内部公共关系对组织的正常运转十分有利。

内部公共关系的目标是团结内部公众、维护组织利益，激励员工进取、不断创造效益，凝聚内部公众为实现组织目标共同奋斗。

内部公共关系复杂多样，纵横交错，有自然状态和社会状态的关系，有个体之间、群体之间的各类关系，也有个体、群体与组织之间的诸多关系。概括来说，内部公共关系主要包括人际关系、权力关系、信息关系、竞争关系、利益关系五大类别。

重要术语2-1

内部公共关系

内部公共关系是社会组织内部横向与纵向的公众关系的总和。组织内部纵向的公众关系包括组织机构中上下级（即领导与员工）之间的关系，横向则包括组织机构中各个职能部门、科室、班组之间和内部员工之间的关系。

内部公共关系的内容主要如下。①关注和协调员工的物质利益。公共关系工作要为员工劳动所得的合理化提供决策信息，为员工福利待遇的改善提供建议，为改善劳动条件、劳动环境、劳动安全努力。②重视和满足员工的精神需要。通过公共关系活动，提高员工在组织中的地位，增强他们的责任感；发现和开发人才，增强员工的自信心；促进组织内部团结，增强员工的自豪感。③协助和贯彻员工的思想教育。在新的社会变革历史条件下，应将思想教育工作和公共关系活动紧密结合起来，营造组织内部的团结气氛。基本方法可以概括为"灌输、转变、调节、激励"八个字。

公关实务

海底捞的内部公共关系

在管理上，海底捞倡导通过双手改变命运的价值观，为员工创建公平公正的工作环境，实行人性化和亲情化的管理模式，以提升员工价值。如给每个店长的父母发奖金，每月200元、400元、600元、800元不等，子女做得越好，他们父母拿的奖金就越多。优秀员工的一部分奖金，由公司直接寄给他们的父母。此外，在海底捞工作满一年的员工，若一年累计三次或连续三次被评为先进员工，该员工的父母就可探亲一次，往返车票公司全部报销，其子女还有 3 天的陪同假，父母享受在店就餐一次。员工宿舍与门店距离步行不超过 20 分钟，宿舍都是正式小区或公寓中的两居室、三居室。宿舍内配备电视机、洗衣机、空调、计算机、网络，并安排专门的保洁人员打扫房间，工作服、被罩的洗涤外包给干洗店。如若夫妻二人共同在海底捞工作，门店会提供单独房间。所有店员享有每年 12 天的带薪年假，公司提供回家往返的火车票。

评析：海底捞通过这些举措，形成了良好的内部关系，从而成为管理界争相效仿的企业之一。

内部公共关系是塑造组织形象的起点。内部公共关系工作开展得成功与否直接关系到企业的生产经营活动能否正常运行，关系到组织能否实现目标和企业形象的好坏。以现代企业为例，内部公共关系构成要素主要包括员工、股东、团体和领导，其中员工、股东属于首要公众，如表 2-1 所示。

表 2-1　内部公共关系的构成与协调

要素	范围	协调方向
员工	包括胜任各岗位的工作人员	满足员工的期望与要求、承认和尊重员工的个人价值，以创建优秀的组织文化
股东	所有按一定比例出资，享有股东会表决权和利润分配权，并在工商部门备案登记的投资者	加强信息沟通，尊重股东；定期向股东通报企业经营状况，以加强企业同股东的联系，增强股东对企业的信任
团体	包括按职能划分的部门、班组等正式团体，也包括因兴趣爱好、地域文化等形成的非正式团体	了解各正式团体的志趣、特点，明确岗位责权利，加强沟通交流，通过发挥团体作用，增强组织凝聚力，激发团体开拓性和创造力。同时，正确引导非正式团体的群体关系，举办丰富的团体活动
领导	以处理决策性事务为主要职责的组织代表	要求领导者具有强烈的公共关系意识，善于采取有利于公共关系推进的领导方法。在组织内营造一种团结、拼搏、和谐的氛围，使内部公共关系得到凝聚和升华

现代企业机构复杂，员工众多，难免存在着企业（组织）与各职能部门及员工之间的误解或冲突。组织内部公共关系工作的有效开展，有助于加强企业与部门、员工与股东等内部公众之间的信息沟通，协调彼此之间的关系，把部门和员工的具体目标与企业的整体目标统一起来，彼此步调一致，这无疑有利于增强企业的凝聚力和竞争力。因此，建立良好的内部公共关系是组织开展对外公共关系活动的基础和前提。

重要信息 2-2

内部公共关系活动的功能

（1）导向功能。内部公共关系活动反映了广大职员共同的价值观念、共同追求的目标和共同的利益宗旨。一个组织一旦确立了自己的价值观念和行为规范，就为组织自身的建设向全体职工发出一种号召。这种号召一旦得到广大员工的认可，就会产生巨大的导向作用。

（2）规范和约束功能。内部公共关系活动往往是通过一些无形的、非正式的、非强制性和不成文的行为准则起作用的。内部公共关系活动在尊重个人情感的基础上，引导人们为实现组织共同的价值观念进行自我控制、自我约束。

（3）凝聚功能。内部公共关系活动使人们在个人目标与组织目标高度一致的基础上树立一种以组织为中心的群体意识，从而使组织产生强大的向心力，使组织内部"心往一处想，劲往一处使"，成为一个和谐、配合默契的高效集体。

（4）激励功能。激励是指通过外部刺激，使个体、集体产生进取行为。组织需要通过公共关系活动，建立激励机制，让每个员工、每个团体的进步、成绩都能受到肯定和奖赏，以诱导、激发员工努力工作，培养员工热爱集体、争创佳绩的开拓精神。

（5）辐射功能。内部公共关系活动能够使各类企业的人、财、物等要素与产、供、销诸环节得到优化组合和合理配置，发挥组织的整体优势。内部公共关系活动也是一种自我表现活动，它向社会展示组织的形象，包括员工的精神面貌、管理风格和特色、经营思想、价值观念和行为准则，以及产品、服务、标志，不断提升组织在公众心目中的知名度和美誉度。

2．外部公共关系

组织生存在社会大环境中，参与社会活动必然会和外界发生联系。只有对外建立了良好的公共关系，获得外部公众的大力支持，才能促进组织目标顺利实现。

✎ 重要术语 2-2

外部公共关系

外部公共关系是指组织与其运行过程发生一定联系的所有外部关系的总和，外部公共关系具体包括消费者关系、社区关系、媒体关系、竞争关系、政府关系、经销商关系、供应商关系等。

组织参与社会活动一般都带有很强的目的性，具体体现为若干的利益点。公共关系是主体与客体双方在共同利益基础上形成的连带关系，只有找出双方的共同利益点，才具备建立外部公共关系的基础。同时，利益不会从天而降，需要关系双方在社会活动中协同创造。协同创造，需要彼此了解、信任、团结，并心心相印、志趣相投。传播、沟通、协调、引导、协作是建立外部公共关系的主要手段。

外部公共关系活动的目标主要是增进组织与社会各类公众之间的相互了解，协调彼此间的利害关系，消除可能出现的矛盾和冲突，建立良好的社会形象和信誉，为组织的繁荣和发展创造良好的社会环境。具体来讲，可以进一步细化为形象目标、关系目标和利益目标，如表2-2所示。

表 2-2　外部公共关系活动的目标

目标	含义
形象目标	组织形象的树立，必须运用各种传播手段向外部公众广泛地宣传组织各方面的工作成就，让公众全面、深刻地了解组织，形成良好的社会舆论，进而塑造良好的组织形象
关系目标	外部公共关系工作必须争取与社会公众建立广泛的纵横向联系，争取外部公众的支持、帮助与合作，为组织生存和发展创造良好的外部环境
利益目标	外部公共关系活动的目的，并不是直接地宣传介绍某种新产品或服务，它的中心任务是协调各种社会公众关系，塑造良好的组织形象。这样就会使社会公众在了解、认可组织的过程中接受相关的新产品或服务，从而提高组织的经济效益和社会效益

　　外部公共关系的运行需要围绕关系活动的目标，针对外部不同公众的个性、特点、期望、要求及共同利益点，选择恰当的传播、沟通、协调、引导、协作等手段，建立紧密的公共关系，树立良好的公众形象。以现代企业为例，外部公共关系的构成与协调方向如表 2-3 所示。

表 2-3　外部公共关系的构成与协调方向

要素	目标	协调方向
消费者关系	熟知企业的忠诚消费者；强化企业声誉，提高知名度和美誉度；建立相对稳定的消费者或顾客队伍；不断取得消费者的理解和支持	口头联系，如设立消费者来访接待室；分发各类印刷品、宣传小册子；利用广播、电视播放有关本企业的节目等；组织消费者参观、做广告等
社区关系	优化组织与社区的关系，组织与社区政府、其他组织及居民的关系	主动加强与社区的交往；保持与社区的信息沟通；努力使组织成为社区的骄傲；热情为社区建设出力；积极为社区排忧解难；保护社区的利益；参与社区组织的各项活动
媒体关系	要同记者、编辑保持良好的公共关系，经常与他们沟通和交流，要善于借助媒体影响力	组织撰写新闻稿、利用新闻媒体发广告、举办新闻发布会、邀请新闻界人士参加本组织的活动
竞争关系	要注重维护行业的经营秩序，力求同竞争者之间达成利益共识，并可利用双方资源优势实现局部合作，缓解彼此的敌对情绪	企业应该把竞争对手的存在看作一种鞭策力，一种压力，一种企业发展的动力，正确处理竞争关系，在竞争中相互促进、协同发展
政府关系	坚持以国家利益为重，以大局为重；接受政府管理，熟悉政府的政策法令	积极响应政府号召，做到守法经营、足额纳税。应注重生态环境保护，积极参加社会公益活动，主动帮助政府解决就业等社会问题，以赢得政府的好评和支持

要素	目标	协调方向
经销商关系	增强分销渠道的合作信心，充分调动分销渠道的积极性和能动性	注重开发符合市场需求的产品，健全售后服务体系，制定积极的分销政策，加强信息沟通和协作配合，确保及时、准确供货。应注重品牌建设，加强分销渠道管理，大力给予营销支持
供应商关系	在互利互惠的基础上，建立长期的合作关系，协调双方的共同利益	加强信息沟通和意见交流，及时解决合作中的矛盾和问题。并可通过组织交流会或定期拜访，加深彼此感情

重要信息 2-3

外部公共关系活动的特点

（1）广泛性。和内部公共关系活动比较而言，外部公共关系活动面对的公众成员更加复杂，处理的关系类型更加广泛。

（2）目的性。在社会公众中树立良好的组织形象是外部公共关系活动的根本目的。组织通过对外交往活动，让社会组织和相关公众了解组织的团体精神、风格形象，进而与组织结为良好的合作伙伴。

（3）复杂性。外部公共关系活动面临的组织人员、事件多种多样，以及表现方式的差异性，导致了外部公共关系活动的复杂性。

（4）社会性。开展外部公共关系活动，不可忽视社会环境。开展外部公共关系活动受多种因素的共同制约。只有在工作中有效地利用多种外在因素，才能最终产生较好的社会效果。

2.3.2 确定公共关系传播方式

公共关系传播是信息交流的过程，也是社会组织开展公共关系工作的重要手段。离开了传播，公众无从了解组织，组织也无从了解公众。组织与公众的沟通在很大程度上依靠信息传播，组织与公众之间的误解也往往是由信息不畅造成的。因此，组织不但要有明确的公共关系活动方向与目标，还要充分利用传播手段开展公共关系活动，赢得公众的好感和舆论的支持，从而获得良好的经济效益和社会效益。

1. 公共关系传播要素

公共关系传播是组织通过报纸、广播、电视等大众传播媒介，辅之以人际传播的手段，向其内部及外部公众传递组织各方面信息的过程。

这个定义至少包括三个方面的内容：公共关系传播的主体是组织，不是专门的信息传播机构；公共关系传播的客体由两部分组成，一部分是组织内部公众，另一部分是组织外部公众；公共关系传播以大众传播媒介作为主要手段，以人际传播作为辅助手段。

1948 年，美国政治学家哈罗德·拉斯韦尔补充提出了传播五要素，如图 2-8 所示。

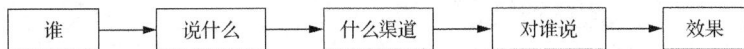

```
┌────┐    ┌──────┐    ┌──────┐    ┌──────┐    ┌────┐
│ 谁 │ ─→ │ 说什么 │ ─→ │ 什么渠道 │ ─→ │ 对谁说 │ ─→ │ 效果 │
└────┘    └──────┘    └──────┘    └──────┘    └────┘
```

图 2-8 | 传播五要素

图 2-8 中，这些要素描述的虽然是单向传播现象，却为我们提供了一个分析传播过程的简易模式。其中包含了构成传播的基本要素：传播者、传播内容、传播渠道、受传者和传播效果。对哈罗德·拉斯韦尔的传播五要素稍加改变，就形成了公共关系传播的基本要素：公共关系传播者、公共关系传播内容、公共关系传播渠道、目标公众及公共关系传播效果，如表 2-4 所示。

表 2-4　公共关系传播要素

要素名称	含义
公共关系传播者	公共关系传播者是公共关系的主体，它是构成传播过程的主导因素。其主要任务是将外部的信息传达给组织内部公众，将有关组织的信息发布出去，传递到目标公众
公共关系传播内容	公共关系传播内容是指传播者发出的有关组织的所有信息。它大体上可以分为以下两类：一类是告知性内容，即向公众介绍有关组织的情况；另一类是劝导性内容，即号召公众响应一项决议，呼吁公众参与一项社会公益活动，或者劝说人们购买某一种商品
公共关系传播渠道	公共关系传播渠道是指信息流通的载体，也称媒介或工具。人们通常把用于传播的工具统称为传播媒介，把在公共关系活动中使用的传播媒介称为公共关系媒介，可供公共关系人员利用的传播媒介有两种：一种是大众传播媒介，另一种是人际传播手段
目标公众	目标公众（即外部公众）是指与组织有着某种利益关系的特定公众，是大众传播受传者的一部分，是组织意欲影响的重点对象。其特点为有一定范围，是具体的、可知的，也是相对稳定的。每个组织都有自己的特定目标公众。同时，目标公众是复杂的、不断变化的群体
公共关系传播效果	公共关系传播效果是指目标公众对信息传播的反应，也是公共关系人员对传播对象的影响程度

2. 公共关系传播模式

公共关系传播是一种综合性的传播行为，一般属于组织传播层次，但又具备各种传播类型的特点。从这个角度上讲，了解传播的不同类型，将有助于公共关系传播活动的开展。传播的类型如表 2-5 所示。

表 2-5　传播的类型

类型	含义
人内传播	又称自传，指传播双方为一体的信息交流、沟通方式，如自我反省、思考等。自传可使人在受到外界的各种冲击时，自行进行心理调节。人内传播是人类一切传播行为的基础

类型	含义
人际传播	指人与人之间直接的信息交流、沟通方式。这种传播方式下，双方参与度高，传播符号多样、手段丰富，信息反馈方便，感情色彩强烈，但是，这种传播范围小、速度慢
组织传播	指组织机构同组织机构之间、同公众之间、同社会环境之间的信息交流，这种传播的主体是社会组织。组织传播具有明确的目的性，即为实现社会组织的目标，其传播手段有人际传播、小组传播、公共传播和大众传播。这是典型的公共关系传播
大众传播	指职业的传播者通过大众传播媒介将信息大量地传递给分散的大众的传播方式。其优点是能够在最短的时间内获得最大的传播面；缺点是信息反馈缓慢、零散，评价传播效果的工作量较大。大众传播量大面广，影响力强，对迅速建立组织形象，扩大组织的知名度有重要的作用，因此是公共关系传播的主要手段
国际传播	指国家与国家之间的信息和观念的传递。国际传播具有多方面的作用：交换各方所需要的情报；宣传自己的主张；建立和加强国与国之间的关系；等等。国际传播对一个国家塑造良好的国际形象，创建良好的国际环境十分重要

重要信息 2-4

公共关系传播的功能

（1）向公众提供组织的有关信息。社会组织要使公众对自己的工作、行为、目标有所理解和支持，在公众中建立起良好的形象，必须借助有效的传播和沟通手段，经常向公众提供及时、准确和有说服力的关于组织的最新信息。

（2）影响和改变公众对组织的态度。社会组织自身形象的好坏体现在公众对组织持有的态度之中。公众态度可以分为正态度和负态度。前者是对组织的肯定性评价，后者则是对组织的否定性评价。公共关系传播就是运用各种传播手段和媒介来促使公众对组织产生好感，将公众对组织的态度由负态度转变为正态度。

（3）引起社会组织所期待的公众行为。公共关系传播除了向公众提供信息，改变公众对组织的态度以外，更重要的是促使公众对组织采取理解和支持的行为，这是因为人们有了一定的态度并非就有一定的行为。

任务实训 2.3

公共关系传播技巧讨论

实训目的：

加深学生对公共关系传播方式的认识。

实训安排：

1. 学生收集并讲解一些公共关系传播活动故事或案例；

2. 分析其中公共关系传播要素所起的作用，讨论公共关系传播的重要性；

3. 将分析讨论结果做成 PPT，分小组演示分享。

教师注意事项：

1. 由生活事例、企业经营事例导入对公共关系传播活动的介绍；

2. 提供一些简单的公共关系传播案例，引导学生讨论；

3. 分小组点评，并将学生的表现计入平时成绩。

评价标准

表现要求	是否适用	已达要求	未达要求
小组活动中，外在表现（参与度、讨论发言积极程度）			
小组活动中，对概念的认识与把握的准确程度			
小组活动中，角色扮演的精准度			
小组活动中，PPT、文案制作的完整与适用程度			

任务 2 小结

```
                    ┌─────────────────┬─── 公共关系部认知
          公共关系机构认知 ┤
                    └─────────────────┴─── 公共关系公司认知

公共关系活动准备 ─── 公共关系人员认知 ┬─── 公共关系人员能力要求
                    └─── 公共关系人员角色

          公共关系活动方向认知 ┬─── 确定公共关系活动方向
                    └─── 确定公共关系传播方式
```

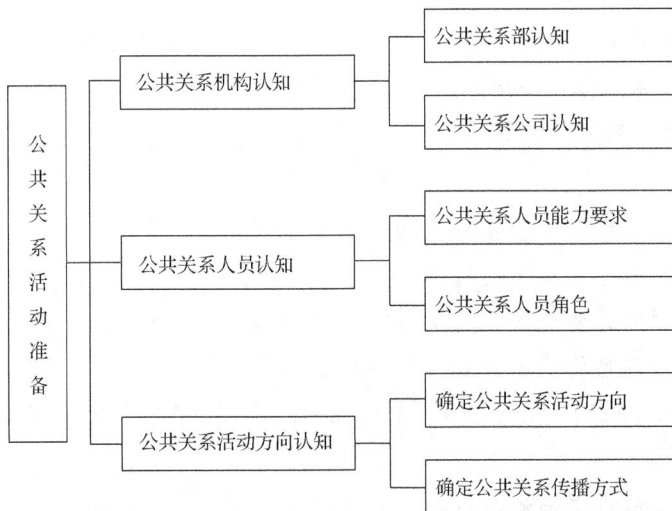

知识与技能检测

一、课堂讨论

（1）公共关系部与公共关系公司有何区别？

（2）讨论公共关系机构的组成要素。

（3）讨论对公共关系人员的能力要求。

（4）讨论公共关系活动方向的特殊性。

（5）公共关系的传播方式有哪些？

二、课后自测

1. 选择题

（1）公共关系部，有的也称作（　　）等。

    A. 公共事务部　　　　　　　　B. 公共（舆情）信息部

    C. 公关广告部　　　　　　　　D. 传播部

    E. 新闻界关系部

（2）按照工作方式分类，公共关系部可以分为（　　）三种类型。

    A. 公共关系对象型　　　　　　B. 公共关系手段型

    C. 公共关系复合型　　　　　　D. 公共关系传播型

（3）内部公共关系主要包括（　　）。

    A. 人际关系　　　　　　　　　B. 权力关系

    C. 信息关系　　　　　　　　　D. 竞争关系

    E. 利益关系

（4）外部公共关系的目标可以进一步细化为（　　）。

    A. 形象目标　　B. 关系目标　　C. 利益目标　　　D. 传播目标

（5）公共关系传播的基本要素包括（　　）。

    A. 公共关系传播者　　　　　　B. 公共关系传播内容

    C. 公共关系传播渠道　　　　　D. 目标公众

    E. 公共关系传播效果

2. 判断题

（1）公共关系公司是社会中介机构。（　　）

（2）公共关系部是组织内设机构。（　　）

（3）外部公共关系主要是和组织外部的权力部门的关系。（　　）

（4）公共关系传播的主体是各种传播机构。（　　）

（5）公共关系传播以大众传播媒介作为主要手段，以人际传播作为辅助手段。（　　）

3. 简答题

（1）公共关系部设置的原则有哪些？

（2）选择公共关系公司的标准有哪些？

（3）内部公共关系活动的功能有哪些？

（4）外部公共关系工作有哪些特征？

4. 案例分析题

2017 年的"双十一"期间，网友的朋友圈都被一组海报刷屏，这是京东发布的第一组海报，没有促销标语，只是讲述京东快递小哥的温情故事，"双十一"的内容营销突然有了人情味，此举堪称一股清流，迅速引起刷屏。

海报画面是京东快递小哥日常工作的场景图，黑白纪实的风格，只留主人公的一抹红。这一系列海报，京东命名为"红色故事"。

拍摄过程中，京东文案团队尝试了无数种方式希望将这种情怀透过文案表达，效果都不够理想。最终决定：要还原故事的真实情景，就采用小哥自己讲述的文字，最淳朴最真实的语言最具感染力；画面部分也是一项极大的挑战，京东甄选出 11 位人文摄影师，去全国实地拍摄小哥送货的场景。小哥工作很忙，在不影响小哥工作的情况下，摄影师在他平时送货的地方等他，拍摄照片，因为受到构图要求，很多故事需要抓拍，错过了，就要再等小哥第二次送货。这是一个在实践中反复调整和完善的过程。

为了更好地将这些幕后英雄推到台前，让"在你身边"这句口号喊得更有底气，京东还采用精准营销的方式在全国十多个城市投放了"身边的小哥"广告，广告画面的主角就是所在管辖区域的快递小哥。消费者可以看到在自己的生活圈里、文化习惯下，每天为自己送货的这位"最熟悉的陌生人"出现在居住区的框架广告里，一张张熟悉又温暖的笑容，让消费者切实地感受到"京东在你身边"。

2018 年 5 月，京东推出由员工代言的系列海报"红色故事"第二季，以国家工程为场景。配货员作为场景中的醒目一点，扮演着配送货物的角色。

这些海报的创意重点并未聚焦在作为主体的京东自身的配送优势，而是将笔墨用于配送的客观环境，这却恰恰能烘托出京东的配送范围、员工形象、服务理念的亮点。

用自家员工代言广告可以一箭双雕：一方面，对外展示员工形象，体现了企业对于员工的关爱；另一方面，员工是企业重要的利益相关者，将企业员工的工作点滴提炼成故事，无疑也增强了企业的凝聚力，增强了员工的归属感。

阅读以上材料，回答问题：

（1）"双十一"期间，京东的公关活动表现如何？

（2）运用自己员工形象进行公关活动，会带来哪些公关效应？

实践活动：了解企业公共关系活动准备

活动目的：

使学生理解现实中的企业公共关系机构设置。

活动安排：

1. 教师与校外基地接洽，带领学生进入企业；

2. 学生分组，分赴公共关系管理岗位，实地了解其机构、人员配备，以及业务活动准备环节的工作，形成讨论成果。

教师注意事项：

1. 讲解工作要点；

2. 检查学生分组是否合理；

3. 分小组点评，并将学生的表现计入平时成绩。

评价标准

表现要求	已达要求	未达要求
小组活动中的工作表现（参与度、讨论发言积极程度）		
整个工作过程的表现（六步骤）		
对职业整体的认识与把握		
工作过程中知识与经验的运用		

课程思政园地

"一带一路"，北京再出发

2017年5月14日至15日，"一带一路"国际合作高峰论坛在北京举行。央视网微视频工作室推出动漫宣传片《"一带一路"，北京再出发》，身着中山装、会打太极的中国先生震撼来袭。

当中国先生将孕育着希望的丝路果实从远古带到今天，当这颗由丝绸之路幻化而来承载着历史文明之光的种子借由"一带一路"之名奔向地球，这条传奇之路就注定了将在世人面前重新开启！

这是一颗种子的奇幻旅程，也是中国先生的一次奇遇挑战，从山谷到大海，从棋盘到魔法阵，从远古到现代，从迷茫到辉煌，丝绸之路和魔法阵石在宇宙时空中纷纷幻化成形，亘古通今，瞬息万变……

这颗种子历经重生、传承与成长，在中国先生倡导的"共商、共建、共享"理念下不断壮大与升华！历经1 300多个昼夜，中国先生带领小伙伴们共克时艰，以"一带一路"之名，为全球经济合作注入新的活力……

正如宣传片所表述的那样，"一带一路"倡议自提出以来，在以和平合作、开放包容、互学互鉴、互利共赢为核心的丝路精神指引下，持续凝聚国际合作共识，在国际社会形成了共建"一带一路"的良好氛围。如今，我们推进"一带一路"建设不会重复地缘博弈的老套路，而将开创合作共赢的新模式；不会形成破坏稳定的小集团，而将建设和谐共存的大家庭。"一带一路"倡议的国际影响力日益提高，与相关国家和国际组织的战略对接工作不断推进，合作范围持续扩大。我国已与100多个国家、地区和国际组织签署了共建"一带一路"合作文件。特别是作为2017年我国最重要的主场外交活动，"一带一路"国际合作高峰论坛的成功召开，标志着"一带一路"建设框架下最高规格的官方国际对话机制建立起来。

问题：

1. "一带一路"动漫宣传片传播了哪些中国元素？

2. "一带一路"动漫宣传片为什么要传播中华文明？

3. 从公共关系角度看，"一带一路"国际合作高峰论坛有哪些作用？

公共关系活动准备
课程思政

自我学习总结

通过完成任务 2, 我能够做如下总结。

一、主要知识

概括本任务的主要知识点:

1.

2.

二、主要技能

概括本任务的主要技能:

1.

2.

三、主要原理

你认为, 公共关系活动准备工作的主要内容是:

1.

2.

四、相关知识与技能

你在完成本任务过程中, 学到了:

1. 公共关系机构主要有:

2. 公共关系人员能力要求有:

3. 公共关系活动方向有:

五、成果检验

你完成本任务的成果:

1. 完成本任务的意义有:

2. 学到的知识或技能有:

3. 自悟的知识或技能有:

4. 你对中华文明在世界传播的看法是:

任务 3
公共关系调研

学习目标

1. **知识目标**

能认识公共关系调研的内涵与作用。

能认识公共关系调研的内容和程序。

能认识公共关系调研的方法与基本要求。

2. **技能目标**

能说明公共关系调研的意义。

能编写公共关系调研方案与报告。

能对公共关系调研工作有整体认识。

3. **课程思政目标**

理解我国新时代国家形象定位。

自觉传承中华优秀文化。

自觉维护、传播国家形象。

任务解析

根据公共关系职业工作活动顺序和职业教育学习规律，"公共关系调研"任务可以分解为以下子任务。

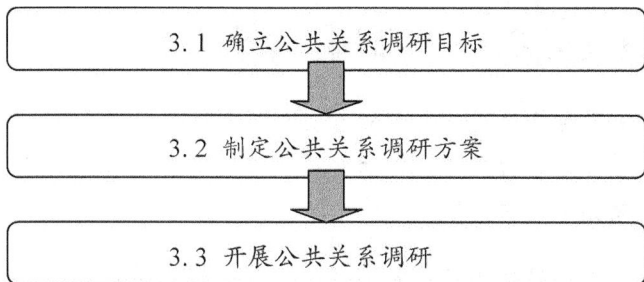

```
┌─────────────────────────────────┐
│   3.1  确立公共关系调研目标      │
└─────────────────────────────────┘
                 ↓
┌─────────────────────────────────┐
│   3.2  制定公共关系调研方案      │
└─────────────────────────────────┘
                 ↓
┌─────────────────────────────────┐
│   3.3  开展公共关系调研          │
└─────────────────────────────────┘
```

公关故事

我们的第三个故事要从日常生活讲起，故事中的你其实也时刻做着调查。你是一名北京在校大学生，在购买笔记本电脑之前，会先在相关网站浏览产品信息；也可能向同学、朋友或家人咨询；可能会到中关村市场，经过现场比较、试用，跟商家谈定合适的价格后购买。心仪的笔记本电脑终于属于你了！

在企业的生产经营中，公共关系调查是企业必做的一项功课。

2019 年 12 月 3 日，由中国报道杂志社联合当代中国与世界研究院、凯度（Kantar China）共同推出的《中国企业海外形象调查报告 2019·拉美版》在 2019·中国企业海外形象高峰论坛上正式发布。

据当代中国与世界研究院院长于运全介绍，此次调查在拉美五国展开，即阿根廷、巴西、智利、墨西哥、秘鲁。调查访问样本共计 2 500 个，每个国家 500 个样本，采用在线问卷填答的调查方式，于 2019 年 6 月至 8 月实施，对中国经济发展和中国企业海外形象进行了国际化、专业化的调查分析。调查结果如下。

拉美五国受访者普遍认可本国同中国双边关系的重要性，赞同中国经济对全球及区域发展带来的积极影响，看好中国经济发展前景。

认可"一带一路"建设使得中国与拉美各国之间的发展空间更为广阔；期待"一带一路"建设未来在推动拉美国家设施联通、政策沟通和贸易畅通方面产生更大作用。

肯定中拉合作带来积极影响，高度评价双方各领域，特别是科技创新领域的合作成果；对中国企业在拉参建项目予以好评。

认同中国企业给本国经济发展带来的积极影响，并期待中国企业未来更多地利用当地人力资源，参加当地公益活动。

拉美五国受访者对中国企业整体形象评价较高；相对而言，对中国企业在成功方面的表现最为认可，对责任维度的表现评价相对较低。

读后问题：

1. 买笔记本电脑之前，为什么要进行市场调查？

2. 中国企业海外形象调查结果怎样？

3. 这样的调查对企业海外业务的拓展有什么帮助？

公关关系调研
课前阅读

3.1 确立公共关系调研目标

任务提示：这是公共关系活动人员实施公共关系调研的第一步。确定公共关系调研的目标，特别是从企业面临的营销问题的角度认识公共关系调研的内容与重点，在此基础上，确定公共关系调研目标。

在业务活动中，公共关系调研的内容范围十分广泛，开展公共关系工作所需的信息繁多。然而，任何一次公共关系调研都不可能包罗万象。调研人员应根据调研任务确定不同的调研内容，在此基础上，确立公共关系调研目标，使市场调研活动能够有的放矢地开展。

3.1.1 分析公共关系调研内容

一般来讲，公共关系调研的内容不仅包括企业内部情况，社会公众对本企业的意见、评价等，还包括公共关系活动的效果、企业所处的社会环境，以及企业可能遇到的问题。

重要术语 3-1

公共关系调研

公共关系调研是指企业（社会组织）通过运用科学方法，搜集公众对组织主体的评价，进而对组织的公共关系状态进行客观分析的一种公共关系实务活动。公共关系调研作为公共关系工作程序的基础步骤和首要环节，对企业（社会组织）的整个公共关系活动具有重要意义。

本任务以社会典型组织——企业为例，说明公共关系调研的主要内容。从企业的角度，公共关系调研内容主要包括企业内部情况调研、企业外部社会公众调研和社会环境调研。从公共关系调研的角度看，企业可以通过内部情况调研，进行自我评价、自我认识；通过社会公众调研，了解自己在社会公众心目中的形象。

1. 企业内部情况调研

无论是专业公共关系机构人员，还是企业内部的公共关系人员，进行公共关系调研时，首先应对企业内部的情况做到十分了解。企业内部情况主要包括以下内容。

（1）企业的基本情况。其主要包括：企业创建的时间和背景、沿革简历、重大事件、固定资产、流动资产、对社会的主要贡献等；企业理念、企业精神、企业价值观、企业使命、经营宗旨、经营方针、发展目标等；企业机构、队伍状况，如机构设置、在职人数、员工基本结构（如员工的年龄结构、文化程度、专业特长、技术水平）、队伍整体素质；员工的基本态度（对本职工作、民主领导、经营思想、决策机制、方针政策、奖惩制度等的看法）。

（2）企业经营状况。其主要包括：主要经营项目、产品种类、产品质量、销售情况、市场占有率、服务范围、生产成本、新产品开发能力；经营特色、目标市场、营销措施、财务状况（资产损益、资产负债、日与月营业额等）；企业形象战略规划、广告传播计划及实施效果。

（3）企业管理水平。其主要包括：管理人员素质、决策层领导素质（工作能力和水平、作风、实绩、形象）；规章制度建设，工作程序、规范设计，实际效果评价。

2．企业外部公众调研

企业是社会经济活动的主体，广大社会公众就是其消费者或潜在消费者，社会公众对企业的整体评价形成企业的社会形象。企业外部公众调研有三个方面的内容：第一，特定企业的公众情况；第二，企业在公众心目中的形象；第三，社会公众对企业的评价。

（1）特定企业的公众情况调研。由于各类企业性质不同，其公众的构成是复杂多样的。企业的主体公众就是消费者和与经营活动有关联的人员，这是对企业生产经营活动和决策产生重要影响的因素，公共关系调研中的公众情况调研就是要调查特定公众的地理分布、民族、性别、年龄、职业、文化程度，消费者的消费倾向、消费心理、购买行为、购买动机等。

（2）企业在公众心目中的形象调研。企业在公众心目中的形象可以用知名度和美誉度两个指标来衡量。知名度是指公众是否了解本企业的名称、标志及经营业务，了解的程度如何；美誉度是指公众对本企业的信任程度如何，公众对本企业有什么样的评价。

知名度调研具体内容有：①熟知企业者的百分比（熟知企业者指了解企业的全面情况的人）；②熟悉企业者的百分比（熟悉企业者指知道企业名称、所在地和大致情况的人）；③知道企业者的百分比（知道企业者指知道企业的名称和经营方向的人）；④听说过企业者的百分比（听说过企业者指听说过企业名称，但不了解进一步的情况，甚至连经营方向是什么都不了解的人）；⑤不知道企业者的百分比（不知道企业者指不知道企业的存在，对企业没有任何印象的人）。

美誉度调研具体内容有：①公众对企业的印象是最好的、好的、较好的，还是差的、较差的、很差的？②公众认为企业是一流的、二流的，还是三流的？③如果公司发行股票，公众是一定买、可以买，还是不买？④如果公司招聘员工，公众是一定去、可以去，还是不去？

（3）社会公众对企业的评价调研。社会公众对企业的评价调研主要包括：公众动机调查，即探明公众印象和评价的主观原因；公共关系效果调查，即公众对企业所开展的有关公共关系专门活动有何评价。

重要信息 3-1

公共关系调研中的组织形象

组织形象是组织内外公众对组织的整体印象和评价，也是组织的表现和特征在公众心目中的反映。因此，公共关系调研的目的就是了解组织的知名度和美誉度。

知名度=知晓人数/调查人数×100%；美誉度=赞美人数/知晓人数×100%

3．社会环境调研

对社会环境进行调研，主要是为了分析、把握与本企业有关的政治、经济、科技、文化等方面的一切动态。社会环境方面的公共关系调研主要包括以下内容。

（1）政策、法律环境调研。其包括国家和地方政府的中长期发展战略规划、宏观政策，与企业有关的政治、经济、科技、文化等发展变化趋势，与企业有关的地方政府机构和法律部门颁行的地方性法律、法规和方针政策，以及国家根据发展需要新出台的行业调整计划、新颁布的法律和法规。

（2）行业发展环境调研。对企业而言，关注本行业的发展趋势是至关重要的。通过行业调研，企业可以及时发现面临的机遇和挑战，明确竞争态势，为制定对策提供参考资料和依据。

（3）社会问题调研。其内容包括对社会热点、重大事件等的调研，如在互联网时代，信息传播对传统公共关系活动的影响。引人关注的社会问题是否可以成为本企业借势的契机，必须经过充分的调查研究才能确定，没有准备容易错过良机，调查研究不到位也可能弄巧成拙。

3.1.2 确定公共关系调研目标

确定公共关系调研目标实质上就是确定公共关系调研方向。对于公共关系人员来讲，在一次调研活动中，限于时间、人力及调研容量等因素，通常只能有针对性地围绕某一方面的内容进行调研。这就需要确定较为明确的公共关系调研目标。

1．确定公共关系调研目标的步骤

（1）了解企业管理层的意图。公共关系调研人员首先要了解企业管理层对所遇到的公共关系问题的看法和判断。为此，应安排调研人员与客户企业管理人员进行充分交流，以便能够从决策者角度判断企业公共关系究竟面临着什么样的问题，从中获得有利于调研人员确定调研目标的信息。

（2）访问行业专家。为了确定调研目标，还应该与对企业和产品制造非常熟悉的行业专家进行沟通交流，以便发现企业面临的公共关系问题。

（3）分析二手资料。一般情况下，开展公共关系调研活动前往往需要收集大量二手资料，之后，才进行原始资料的实地收集。尽管收集二手资料不可能提供特定调研问题

的全部答案，但是，二手资料在确定公共关系调研目标方面也是有用的。

2. 确定公共关系调研目标的要求

公共关系调研人员通过与企业管理层沟通、与行业专家交流，进行了二手资料分析，了解了公共关系问题背景之后，就可以顺利地制定调研目标。制定调研目标有以下要求。

（1）调研目标不宜过大。在公共关系调研活动中，确定调研目标时，有的调查研究人员生怕漏掉什么，常常将目标定义得太宽，太宽泛的目标无法为公共关系调研的后续工作提供明确的方向。

（2）调查目标不宜过小。在公共关系调研活动中，确定调研目标时，有的调查研究人员将目标定义得太窄，这就会使企业决策者根据调查结果做决策时缺乏对市场情况的全盘把握，甚至导致决策的失败。

任务实训 3.1

公共关系调研目标的讨论

实训目的：

加深学生对公共关系调研内容的认识。

实训安排：

1. 学生收集并讲解一些公共关系调研故事或案例；

2. 分析公共关系调研目标对公共关系管理活动的影响，讨论公共关系调研目标的重要性；

3. 将分析讨论结果做成 PPT，分小组演示分享。

教师注意事项：

1. 由生活事例、企业经营事例导入对公共关系调研的介绍；

2. 提供一些简单的公共关系调研案例，引导学生讨论；

3. 分小组点评，并将学生的表现计入平时成绩。

评价标准

表现要求	是否适用	已达要求	未达要求
小组活动中，外在表现（参与度、讨论发言积极程度）			
小组活动中，对概念的认识与把握的准确程度			
小组活动中，角色扮演的精准度			
小组活动中，PPT、文案制作的完整与适用程度			

3.2　制定公共关系调研方案

任务提示：这是公共关系活动人员实施公共关系调研的第二步。从公共关系调研整体活动安排的角度认识公共关系调研方案的内容与重点。在此基础上，制定公共关系调研方案。

3.2.1　确定公共关系调研方案内容

公共关系调研方案也称作公共关系调研计划。不同项目的调研方案格式有所区别，但一般来讲都应该包括以下几部分：前言部分、调研课题的目的和意义、调研的内容和具体项目、调研的对象和范围、调研的方法、调研工作的时间进度安排、经费预算、调研结果的表达、附录等。

重要术语 3-2

公共关系调研方案

公共关系调研方案是根据调查研究的内容要求，在进行实际调研之前，对调研工作总任务的各个方面和各个阶段进行的总体考虑和安排，提出相应的调研实施方案，制定合理的工作程序，以指导调研实践的顺利进行。

调研方案中，公共关系调研工作的各个方面是对调研工作的横向设计，指调研所应涉及的各个具体项目；全部过程则是对调研工作纵向方面的设计，它是指调研工作所需经历的各个阶段和环节等。科学、周密的调研方案是整个调研工作有秩序、有步骤地顺利进行，减少调研误差，提高调研质量的重要保障。

3.2.2　编写公共关系调研方案

1．前言的编写

前言是调研方案的开头部分，简明扼要地介绍整个调研课题的背景。

例 3-1　ABC 公司是我国体育用品市场五巨头之一，2020 年以前很少做慈善，但 2021 年公司慈善支出达到 8 800 万元，主要是投在赈灾、助学、社区服务、环境保护、知识传播、公共福利等方面。为了有针对性地开展 2022 年度的企业形象、产品宣传推介工作，促进产品品牌形象的传播和产品销售量的进一步提高，以便在竞争激烈的体育用品市场中保持较高的竞争力，公司拟进行一次公共关系活动效果调查，以供决策层参考。

2．说明调研课题的目的和意义

这部分内容较前言部分详细，应指出项目的背景、想研究的问题和几种备用决策，指明该项目的调研结果能给企业带来的决策价值、经济效益、社会效益，以及其在理论上的重大价值。

例 3-2　分析现有的各种公共关系活动的传播效果，了解现行的企业产品的知晓度和顾客认同度，了解重点销售区域华南和华东地区市场的消费特征和消费习惯，为 ABC 运动鞋 2022 年度的公共关系计划提供客观的事实依据，并据此提供相应的建设性意见。

简单来讲，调查目的就是说明在调研中要解决哪些问题，通过调研要取得什么样的资料，取得这些资料有什么用途等问题。

3．说明调研的内容和具体项目

调研的主要内容和具体项目是依据我们所要确定的调研内容和目的所必需的信息资料来确定的。

例 3-3 "关于 ABC 体育用品美誉度调查"的内容和项目如表 3-1 所示。

表 3-1　关于 ABC 体育用品美誉度调查

类别	内容
运动鞋 A	售前服务
	售中服务
	售后服务
	总体感受
运动鞋 B	售前服务
	售中服务
	售后服务
	总体感受

4．说明市场调研对象和调研范围

确定调研对象和调研范围，主要是为了解决向谁调研和由谁来具体提供资料的问题。调研对象就是根据调研内容、任务确定的调研范围及所要调研的总体。

例 3-4 本项调查拟在华东、华北两个重点市场开展，调查的范围深入上述地区的中心城市和有代表的市县。调查对象将锁定为 30 岁以上的消费群体。

5．说明调研所采用的方法

调研方法的说明主要是详细说明选择什么方法收集资料，具体的操作步骤是什么。如采取抽样调查方式，那么必须说明抽样调查的步骤，所取样本的大小和要达到的精度。

例 3-5 考虑到此次调查工作涉及面广，因此拟采用多级抽样的方法。即在上述两个地区按月销量的大小分层，从市场调查的效果考虑，主要在 ABC 运动鞋的重点销售地区广东、上海、江苏、浙江的重点城市进行。并拟定每个城市抽取的样本数为 400 人，按年龄层次和性别比例分配名额。年龄层分段：30～40 岁，41～50 岁，51～60 岁，61岁及以上；各层比例采用近似 1∶1，性别比亦采用 1∶1。总样本数为 4 400 人。

在调研中如果要采用观察法或问卷调查法，为使数据、情报在收集、分类、统计、储存时更有效率，调查前要求设计、制作一些格式化的调查表格，如观察表、调研问卷表等。

6．说明资料分析的方法

资料分析方法的说明主要是明确资料分析的方法和分析结果表达的形式等。采用实地调查方法搜集的原始资料大多是零散的、不系统的，只能反映事物的表象，无法反映事物的本质和规律，这就要求对大量原始资料进行加工汇总，使之系统化、条理化。目前这种资料处理工作一般已由计算机进行，这在设计中也应予以考虑，包括采用何种操作程序以保证必要的运算速度、计算精度及特殊目的。

7．说明调查时间进度安排

调查时间进度安排的说明主要是对调研各个阶段的工作做出详细安排，如需做哪些事项，由何人负责，并提出注意事项，所以需制作时间进度表。公共关系调研计划进度表的一般格式如表3-2所示。

表3-2　公共关系调研计划进度表

工作与活动内容	时间	参与单位和活动小组	主要负责人及成员	备注

拟定公共关系调研计划进度表主要考虑两个方面的问题：其一，客户的时间要求，信息的时效性；其二，调研的难易程度，在调查过程中可能出现的问题。

8．说明经费预算

调研经费项目具体包括：资料收集、复印费；问卷设计、印刷费；实地调查劳务费；数据输入、统计劳务费；计算机数据处理费；报告撰稿费；打印装订费；组织管理费；等等。公共关系调研经费预算表的一般格式如表3-3所示。

表3-3　公共关系调研经费预算表

调查题目：
调查单位与主要负责人：
调查时间：

经费项目	数量	单价	金额	备注
1．资料费				
2．文件费				
3．差旅费				
4．统计费				
5．交际费				
6．调查费				
7．劳务费				
8．杂费				
……				
合计				

9. 说明调研结果的表达

主要包括报告的形式和份数、报告的基本内容等。例如，最终报告是书面报告还是口头报告，是否有阶段性报告等。

10. 附录部分

列出调研课题负责人及主要参加者的名单，并可简单介绍团队成员的专长和分工情况，以及有关抽样方案的技术和细节、调查问卷设计中有关的技术参数、数据处理方法、所采用的软件等的说明。

任务实训 3.2

公共关系调研方案的讨论

实训目的：

加深学生对公共关系调研方案的认识。

实训安排：

1. 学生收集并讲解一些公共关系调研方案；

2. 分析其对公共关系调研活动的影响，讨论公共关系调研方案的重要性；

3. 将分析讨论成果做成 PPT，分小组演示分享。

教师注意事项：

1. 由一般市场调研方案导入对公共关系调研方案的介绍；

2. 提供一些简单的公共关系调研方案案例，引导学生讨论；

3. 分小组点评，并将学生的表现计入平时成绩。

评价标准

表现要求	是否适用	已达要求	未达要求
小组活动中，外在表现（参与度、讨论发言积极程度）			
小组活动中，对概念的认识与把握的准确程度			
小组活动中，角色扮演的精准度			
小组活动中，PPT、文案制作的完整与适用程度			

3.3 开展公共关系调研

任务提示：这是公共关系人员实施公共关系调研的第三步。组织具体的调研活动，在确定公共关系调研方法的基础上，对应特定的公共关系活动情境，选择合适的方法，进行相关信息的收集。

3.3.1 选择公共关系调研方法

企业进行公共关系调研一般会用到以下几种方法：文献法、访谈法、抽样调查法、问卷调查法、观察法、网络调研等。

1. 文献法

文献法是指公共关系调研人员利用历年统计资料、档案资料、样本资料乃至报纸杂志中刊登的工商广告等二手资料进行研究、分析的一种方法。这种方法适合用于对历史资料和远程区域资料的收集，既可以作为一种独立方法运用，也可以作为其他方法的补充。

2. 访谈法

访谈法是指公共关系调研人员直接与公众接触，进行面对面的访问。这种调查方法运用得比较广泛。其优点是信息回收率高、反馈迅速、灵活性强。其缺点是虽可与公众预约，但碰面机会较少，且调查范围也受到一定限制。因此，这种方法比较适宜于公众相对集中、数量不太多时采用。访谈可分为小组访谈、个别访谈、电话访谈、网络访谈等形式。

3. 抽样调查法

社会经济调查通常有两种方法：一种是全面调查，又叫作普查；另一种是抽样调查。全面调查就是对需要调查的对象进行逐个调查。利用这种方法所得资料较为全面、可靠，但调查花费的人力、物力、财力较多，且调查时间较长，不适合一般企业的要求。全面调查只在产品销售范围很窄或用户很少的情况下采用。品种多、产量大、销售范围广的产品，不适合采用全面调查，而可以采用抽样调查。

抽样调查法是指公共关系调研人员从需要调查对象的总体中，抽取若干个个体（即样本）进行调查，并根据调查的情况推断总体的特征的一种调查方法。抽样调查可以把调查对象集中在少数样本上，并获得与全面调查相近的结果。这是一种较经济的调查方法，因而被广泛采用。

4. 问卷调查法

问卷调查法也称民意测验法，是指公共关系调研人员依据心理学等原理，将精心设计的各种问题全部以询问的形式在问卷中罗列出来，许多问题还给出了多种可能的答案，供被调查者选择。这种方式有助于被调查者及时、准确地获取调查的内容，领会调查意图，从而能提高调查的系统性和准确性。

该方法是书面提问的方法，可用于了解公众的需要，了解他们对企业或产品，或某一个问题的认识和看法。实际上这也是一种舆论研究。

5. 观察法

观察法是指公共关系调研人员在现场通过自己的感观或借助影像摄录器材，直接或间接观察和记录正在发生的行为或状况，以获取第一手资料的一种实地调查方法。调查者可以用眼看、用耳听，也可以利用影像摄录器材来捕捉一些重要信息。具体形式体现为对现象和被调查者的观察。

6．网络调研

网络调研是指利用互联网技术进行调研的一种方法，主要表现为针对企业经营中遇到的特定问题进行简单调查设计、资料收集和初步分析。在公共关系活动中，企业经常运用网络调研方式收集消费者对其整体形象的看法，进行舆情监测。

3.3.2　组织实施公共关系调研

组织实施公共关系调研需要一些必备的条件，如组建公共关系调研项目小组、申领经费、准备调研工具等。其中，组建公共关系调研项目小组是重要的准备工作之一。

1．组建公共关系调研项目小组

公共关系调研项目小组应包括公共关系调研领导组、调研督导人员和市场调查人员等。不同的调研机构，其组织结构的形式可能不同，但是在接受委托单位的委托，按照委托方的要求，认真组织、实施各个阶段的调查工作时，为了保证项目的顺利实施，需要在公司内部先建立项目领导小组，其主要负责管理项目的实施，并及时向委托方反馈调研进程和调研工作的有关信息。

（1）组建公共关系调研领导组。如果调研项目规模较大，涉及多方面的工作，这时，就需要调研公司内部的研究开发部、调查部、统计部、资料室等多个部门指派相关人员，组成公共关系调研领导组，以保证调查工作的顺利实施。

（2）选出调研督导人员。调研督导人员的督导工作主要包括现场的实施、数据的编辑和编码、数据的分析等，这也是公共关系调研活动的基础性工作。其工作成效关系到后续调研工作的成效，以及调研结论的科学性与精准度。因而，调研督导人员应该由对工作认真负责、业务技能精湛的调查人员担当。

（3）选择市场调查人员。一个公共关系调研机构一般不可能拥有太多的专职访问人员，而兼职的访问员队伍又不太稳定。因此，调研公司常常要招聘访问员。招聘公共关系调研人员，可以采取书面考试的形式，也可以采取面试形式。

重要信息 3-2
公共关系调研人员职责要求

公共关系调研领导组的主要职责包括以下几个方面。①深入了解调查研究项目的性质、目的及具体的实施要求。②负责选择合适的实施公司（如果需要）并与之联络。③负责制订实施计划和培训计划。④负责挑选实施督导和调查员（如果需要）。⑤负责培训实施督导和调查员。⑥负责实施过程中的管理和质量控制。⑦负责评价实施督导和调查员的工作。

调研督导人员的职责如下。①公开或隐蔽地对调查人员实行监督。②现场指导调查人员进行调查。③对实施情况进行检查。

市场调查人员应具备如下素质。①责任感较强。责任感在市场调查中显得尤其重要。缺乏责任感的人，即使工作能力很强，专业水平很高，也很难把事情做好。②普通话标准。普通话多数人都听得懂，所以在一般情况下，尽量选择普通话标准的人作为市场调查人员。③较高的思想品德素质、专业素质和身体素质。

2. 收集公共关系调研资料

收集公共关系调研资料阶段是具体调研阶段，也是整个公共关系调研活动过程中最为重要的阶段。这一阶段的具体工作包括现场准备、现场监督、评价调研员并向其支付报酬、进度监督等。

（1）现场准备。现场准备主要包括编写、发放调研员手册和督导手册。

调研员手册是主要的工作指南，通常包括以下内容。①一般信息：主要是陈述调研的目的、信息的用途、调研机构收集数据的原则。②简介。③问卷说明：即问卷调研中所用的概念和术语的定义。④问卷的审核与整理：调研员在访问期间或访问结束之后应立即对问卷进行现场审核。⑤单个样本单元的管理：主要内容是对没有回答问题的被调研者的再访、调研员为了得到答案应尝试的次数的规定等。⑥作业管理：主要内容是管理的细节。⑦问题与答案：手册的最后一部分列出调研员会遇到的问题和正确的解决办法。⑧一般的调研技能和技术。

督导手册包括以下内容。①招聘和培训调研员的规定。②向调研员分配的具体任务。③质量和执行控制方法。④后勤服务。⑤特殊情况下替代数据的收集方法。⑥被调研者的安全和隐私保密承诺。⑦说服拒访者的方法。

（2）现场监督。对调研现场实行监督管理的目的是要保证调研员能按照培训的方法和技术实施调研。要对调研员实施有效的监督管理，首先要了解调研员在调研过程中由于自身因素可能出现的问题，其次要掌握监督的各种方法和手段，对调研员的工作过程和质量实施监督管理。

对调研员的监督管理重点在于保证调研的真实性，同时也是衡量调研员的工作业绩、实行奖优罚劣的需要。比如，每天按15%的比例，由督导采取公开与隐蔽结合的方法，监督调研员每天的工作。如果发现操作问题，应及时纠正，必要时对调研员进行进一步的培训。对问卷质量的监控是由督导每天回收当天完成的问卷，并且每天对每份问卷做检查，看是否所有该回答的问题都回答了，字迹是否清楚，跳答的问题是否按要求跳答了，等等。对检查中发现的问题，督导应及时对调研员进行正面反馈。

（3）评价调研员并向其支付报酬。评价调研员的依据如下。①费用和时间。②回答率。③访问的质量。④数据的质量。调研员的报酬主要有两种支付方式，即按完成调研问卷份数支付（计件制）和按工作的实际小时数支付（计时制）。在有些情况下，也按月或根据全部工作量支付报酬。

（4）进度监督。调研进度安排是否合适，直接影响调研的完成情况和调研工作的质量。调研员切忌为了赶进度，讲求经济效益，片面追求完成问卷的数量，而忽视调研的质量。为此，很有必要对调研员每天完成问卷的份数做出规定。进度的安排要综合考虑所有相关的因素。确定调研进度主要考虑的因素有客户的要求、兼职调研员和督导的数量和比例、调研员每天完成的工作量等。

重要信息 3-3

如何挑选公共关系调研员

挑选公共关系调研员时应考虑以下因素。①访问对象的人口特征（性别、年龄、文化程度、职业等）和社会经济特征，要尽量选择能与之相匹配的调研员。②调研员完成访问工作的有效性和可靠性。③调研员是否能够按照访问指南的要求进行调研，并有持之以恒的决心。④善于交流。调研员的工作是与被访者交流，因此调研员应该既善于有效地询问他人，又能细心地倾听、正确地领会和理解他人的回应。虽然一般都希望调研员是比较合群、善于交际、性格外向、愿意并喜欢与他人接触的，但是调研员不能过于活跃。⑤调研员的信念和个人的道德是避免作弊的最重要的因素。所以，申请者应该具有诚实和勤奋的品质。比如，通过申请者以往的雇主了解其情况，包括申请者旷工的记录。最好获取一些个人的参考资料，以及其他任何能展现其个人责任感和社会责任感的有关信息。

3．整理分析公共关系调研资料

通过各种途径收集到的各类公共关系信息资料，尤其是一手资料，大多处于无序的状态，很难直接运用。即使是二手资料，往往也难以直接运用，必须经过必要的加工处理。对公关信息资料的加工处理，是一个去伪存真、由此及彼、由表及里的过程，它能大大提高市场信息的浓缩度、清晰度和准确性，从而大大提高信息资料的价值。

通过整理，公共关系调研资料初步实现了综合化、系列化和层次化，为揭示和描述公共关系现象的特征、问题和原因提供了信息基础。为了通过这些数据得出结论，就必须对其进行进一步的分析。公共关系调研资料分析的本质是对已经过整理的数据和资料进行深加工，从数据导向结论，从结论导向对策，使调研者从定量认识过渡到更高的定性认识，从感性认识上升到理性认识，从而有效解决公共关系问题，实现公共关系调研的目的，满足管理决策的信息需求。

4．编写公共关系调研报告

编写公共关系调研报告是把调研分析的结果用文字表示出来，不管撰写什么类型的公共关系调研报告，大多要经过构思、选取调研资料和数据、拟定提纲、撰写初稿、修改定稿五个步骤。

（1）构思。调研报告的构思过程，主要是经过分析、判断、推理，确立主题思想，在此基础上，确立观点，根据论点和论据来设计报告的层次结构。确立调研报告的主题思想和观点，是对调研主题进一步收缩或放大、分解、修正、提升的过程。报告的结论是在对调研资料综合分析的过程中形成的。构思实际上就是将报告作者的主观认识与调研材料的客观事实结合的思维过程，是形成报告思路、组织材料、设计篇章框架的阶段。

（2）选取调研资料和数据。调研所得的资料和数据在撰写报告时，存在着取舍问题，并不是要将所有的东西都写进报告。观点是资料和数据的核心，要以观点决定资料和数据的取舍和怎样使用。在收集调研资料时，还没形成观点，收集的资料和计算出的数据并不一定都能切中主题或符合要求，不是都能成为全面反映公共关系事物本质的典型材料。因此，必须对调研收集的资料和数据进行去伪存真、去芜存菁、由此及彼、由表及里的分析研究，最后选取出符合选题需求，并能够反映报告所论及事物本质特征的资料和数据。

（3）拟定提纲。拟定提纲实际上是构思过程的一个部分，是搭建报告的文本框架的过程。通过提纲来安排报告的层次结构，撰稿人可初步形成文本的轮廓。拟定提纲有助于理清思路，厘清报告各部分之间的关系。

（4）撰写初稿。提纲经过推敲确定下来后，就可以根据提纲的要求动手写报告了。有些报告由于内容多、分量重或提交报告时间紧迫，采用数人分工撰写的方式。对于分工合作撰写的报告，要注意事先统一各部分的体例，规定文字数量，协调所用的数据和图表。

（5）修改定稿。修改定稿阶段的主要任务有以下几个。第一，检查、推敲调研报告的结论、观点和意见是否明确或准确，不明确的要明确，表述不准确的要修改准确。第二，检查推敲调研报告是否言之有理、持之有据，论据是否充分、合理，对引用材料详略不当之处，要进行增删。第三，检查、推敲调研报告的语言文字是否流畅、是否出现错别字、是否存在错用的标点符号。

重要信息 3-4

公共关系调研报告的主要内容

公共关系调研报告的主要内容有：标题、摘要、目录或索引、正文、结论与建议、附录。

（1）标题。标题是对公共关系调研报告本质内容的高度概括，一个好的调研报告标题不仅能直接反映报告的核心思想和基本内容，还会因为它揭示的深刻内涵引发读者强烈的阅读欲望。所以，标题要开宗明义，做到直接、确切、精练。

标题一般有以下几种：①直叙式标题，指反映调研意向或指出调研地点、调研项目的标题；②表明观点式标题，指直接阐明作者的观点、看法，或对事物做出判断、评价的标题；③提出问题式标题，指以设问、反问等形式突出问题，吸引读者阅读并引导其思考的标题。

（2）摘要。报告摘要又称经理览要。这部分内容主要是为没有大量时间充分阅读整个报告的经理主管人员准备的，它在整个报告中的地位非常重要。另外也有一些阅读者不具备太多专业知识，同时对复杂论证过程也不太关注，他们只想知道调研报告的主要结论，以及知道应该进行怎样的市场操作。所以，报告摘要的书写也是非常重要的一环。

一般来讲，报告摘要的书写有以下一些要求。从内容来讲，要做到清楚、简洁和高度概括，其目的是让阅读者通过阅读摘要不但能了解本项目调研的全貌，同时对调研结论也有一个概括性的了解。从语言文字来讲，应该通俗、精练，尽量避免使用生僻的字句或一些过于专业的术语。摘要是公共关系调研报告中的内容提要。

摘要的内容主要有：为什么要调研；如何开展调研；有什么发现；其意义是什么；应在管理上采取什么措施等。摘要不仅为报告的其余部分规定了方向，同时也使得管理者在评审调研的结果与建议时有了一个大致的参考。

（3）目录或索引。公共关系调研报告如果内容较丰富，装订页码较多，从方便阅读对象的角度出发，应当使用目录或索引，将报告的主要章、节、目及附录资料的标题列于报告之前，在报告目录中写明章、节、目的标题及序号和页码。

（4）正文。正文是调研报告陈述情况、列举调研材料、分析论证的主体部分。在正文部分必须真实、客观地阐明全部有关论据，包括从问题的提出到引出的结论，论证的全部过程，及其与之相联系的各种分析研究的方法。

此外，还要对报告的结构进行精心安排。基本要求是结构严谨、条理清楚、重点突出。要做到这一点，就要将调研得到的数据、材料、图表、观点等，进行科学分类和符合逻辑的安排。

（5）结论与建议。这部分是对正文的概括和归纳，是报告主要内容的总结。有的报告在结束语中强调报告所论及问题的重要性，以提示阅读者关注；有的提出报告中尚未解决的问题，以引起重视；有的则和盘托出解决问题的办法、建议或措施。

（6）附录。附录是指在报告正文中因行文关系没有出现，或正文中提及了但又不完整的内容，它们与调研结果有关，是整个调研结果必不可少的组成部分。附录部分的内容一般都对正文报告有补充作用，比如，数据统计的汇总、指数平滑分析、回归分析等方法的说明，以及重要的背景材料、问卷的设计依据、样本抽取方案和对企业财务报表的分析报告等。

任务实训 3.3

公共关系调研方法的讨论

实训目的：
加深学生对公共关系调研方法的认识。

实训安排：
1. 学生收集并讲解一些公共关系调研方法的例子；
2. 分析公共关系调研方法对公共关系调研资料收集的影响，讨论公共关系调研方法的重要性；
3. 将讨论分析成果做成 PPT，分小组演示分享。

教师注意事项：
1. 由一般市场调研方法导入对公共关系调研方法的介绍；
2. 提供一些简单的公共关系调研方案案例，引导学生讨论；

3．分小组点评，并将学生的表现计入平时成绩。

评价标准

表现要求	是否适用	已达要求	未达要求
小组活动中，外在表现（参与度、讨论发言积极程度）			
小组活动中，对概念的认识与把握的准确程度			
小组活动中，角色扮演的精准度			
小组活动中，PPT、文案制作的完整与适用程度			

任务 3 小结

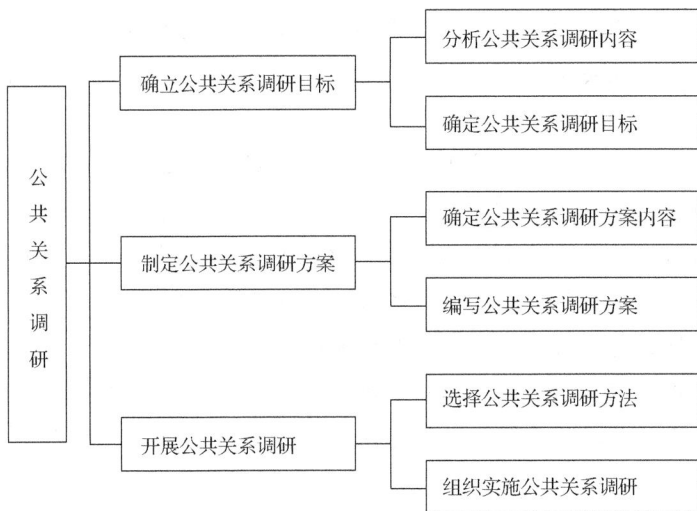

知识与技能检测

一、课堂讨论

（1）讨论公共关系调研在整个公共关系活动中的地位。

（2）讨论公共关系调研方法如何与不同公众范围适应。

（3）讨论公共关系调研与一般市场调研的异同。

（4）讨论公共关系调研报告的意义。

二、课后自测

1．选择题

（1）公共关系调研的内容包括（　　　）。

　　A．企业内部情况

　　B．社会公众对本企业的意见、评价等

　　C．公共关系活动的效果

D. 企业所处的社会环境，以及企业可能遇到的问题

（2）社会公众调研的内容包括（　　　）。

　　A. 特定企业的公众情况　　　　　B. 企业在公众心目中的形象

　　C. 社会公众评价　　　　　　　　D. 企业内部评价

（3）社会环境方面的公共关系调研内容主要包括（　　　）。

　　A. 政策、法律环境调研　　　　　B. 行业发展环境调研

　　C. 社会问题调研　　　　　　　　D. 企业问题研究

（4）企业进行公共关系调研一般会运用（　　　）。

　　A. 文献法　　　B. 访谈法　　　C. 抽样调查法　　　D. 问卷调查法

　　E. 观察法　　　F. 网络调研

（5）收集公共关系调研资料阶段是整个公共关系调研活动过程最为重要的阶段。这一阶段的主要工作包括（　　　）。

　　A. 现场准备　　　　　　　　　　B. 现场监督

　　C. 评价调研员并向其支付报酬　　D. 进度监督

　　E. 编写调研报告

（6）调研员评价的准则主要有（　　　）。

　　A. 费用和时间　　B. 回答率　　　C. 访问的质量　　　D. 数据的质量

2. 判断题

（1）公共关系调研与一般市场调研原理相同。（　　　）

（2）评价一个企业不能用美誉度和知名度。（　　　）

（3）文献法只能作为其他方法的补充。（　　　）

（4）和一般市场调查不同，公共关系调研不需要抽样。（　　　）

（5）公共关系调研督导只能采取隐蔽方式。（　　　）

（6）公共关系调研工作是公共关系活动的基础或先导工作。（　　　）

（7）企业自我认识只是自我评价，要找到"形象差距"，还必须了解公众的认识。（　　　）

3. 简答题

（1）什么是组织形象？

（2）对于公共关系调研人员有哪些职责要求？

（3）如何挑选公共关系调研人员？

（4）公共关系调研报告有哪些内容？

4. 案例分析题

联想集团公共关系调研问卷

各位朋友：

你们好！为了评价联想集团公共关系的表现情况，我们特组织此次问卷调查，本次调查采用无记名的方式进行，对于你的信息我们保证只作为研究使用，没有其他的目的，请你放心选择与填写，谢谢！

一、认知度调查

1. 你知道联想集团吗？

A．知道　　B．不知道

2. 你知联想集团的总部在什么地方吗？

A．知道　　B．不知道

3. 你知道联想集团属于什么行业的企业吗？

A．知道　　B．不知道

4. 你知道联想集团的规模档次吗？

A．知道　　B．不知道

5. 你知道联想集团的发展历史吗？

A．知道　　B．不知道

6. 你知道联想集团最近几年的经济效益和所获得的荣誉吗？

A．知道　　B．不知道

7. 你知道联想集团的产品品种、技术含量和服务质量吗？

A．知道　　B．不知道

8. 你知道联想集团的一个或一个以上的领导者吗？

A．知道　　B．不知道

9. 你知道联想集团的个性化概念（管理经验、服务项目、广告词等）吗？

A．知道　　B．不知道

10. 你知道联想集团的组织理念、制度和文化吗？

A．知道　　B．不知道

二、美誉度调查

1. 你对联想集团的产品评价是（　　　）分。

A．-5　B．-4　C．-3　D．-2　E．-1　F．0　G．1　H．2　I．3　J．4　K．5

2. 你对联想集团的服务评价是（　　　）分。

A．-5　B．-4　C．-3　D．-2　E．-1　F．0　G．1　H．2　I．3　J．4　K．5

3. 你对联想集团的社会贡献评价是（　　　）分。

A．-5　B．-4　C．-3　D．-2　E．-1　F．0　G．1　H．2　I．3　J．4　K．5

4. 你对联想集团的文化评价是（　　　）分。

A．-5　B．-4　C．-3　D．-2　E．-1　F．0　G．1　H．2　I．3　J．4　K．5

三、和谐度调查

1. 你对联想集团的态度赞同是（　　　）分。

A．-5　B．-4　C．-3　D．-2　E．-1　F．0　G．1　H．2　I．3　J．4　K．5

2. 你对联想集团的情感赞同是（　　　）分。

A．-5　B．-4　C．-3　D．-2　E．-1　F．0　G．1　H．2　I．3　J．4　K．5

3. 你对联想集团的语言宣传打（　　　）分。

A. -5　B. -4　C. -3　D. -2　E. -1　F. 0　G. 1　H. 2　I. 3.　J. 4　K. 5

4. 你对联想集团的行为合作打（　　　）分。

A. -5　B. -4　C. -3　D. -2　E. -1　F. 0　G. 1　H. 2　I. 3.　J. 4　K. 5

再次感谢你的参与！

阅读以上材料，回答问题：

（1）联想集团做上述调研的目的是什么？

（2）从问卷信息看，本次公共关系调研的信息覆盖全面吗？为什么？

实践活动：参与企业简单公共关系调研项目

活动目的：

完成较复杂情况下的调研方案、报告的编写。

活动安排：

1. 教师与校外基地接洽，带领学生进入企业；

2. 学生分赴公共关系管理岗位，实地了解其工作并参与调研活动，形成活动成果。

教师注意事项：

1. 讲解工作要点；

2. 检查学生分组是否合理；

3. 分小组点评，并将学生的表现计入平时成绩。

评价标准

表现要求	已达要求	未达要求
小组活动中的工作表现（参与度、讨论发言积极程度）		
整个工作过程的表现（六步骤）		
对职业整体的认识与把握		
工作过程中知识与经验的运用		

课程思政园地

中国国家形象全球调查

在 2019 年 8 月 12 日召开的第六届全国对外传播理论研讨会上，当代中国与世界研究院发布了《中国国家形象全球调查报告 2018》。

这份报告在 2018 年 3 月至 6 月，保持了 22 个国家的调查范围，涵盖了亚洲（中国、日本、韩国、印度、印度尼西亚、沙特阿拉伯、土耳其）、欧洲（英国、法国、德国、意大利、俄罗斯、西班牙、荷兰）、北美洲（美国、加拿大、墨西哥）、南美洲（巴西、阿根廷、智利）、大洋洲（澳大利亚）、非洲（南非）等不同地域的 1.1 万名受众。这次调查是党的十九大以来实施的第一次中国国家形象全球调查。

在调查内容方面，报告一方面延续了历年的常规话题，另一方面也新增了人类命运共同体、全球治理表现等热点话题。本次调查遵循定量研究方法，采用在线问卷填答的方式，通过 Lightspeed Research 全球样本库进行数据收集，并严格执行在线调查的国际标准。为保证每个国家抽样的代表性，受访者样本覆盖 18～65 岁的当地居民，男女比例各占一半。

本次调查结果显示，与过去几年相比，历史悠久、充满魅力的东方大国仍是海外民众对中国的突出印象，选择比例达 59%。

党的十九大以来中国内政外交广受好评，特别是全球发展贡献者的形象得到进一步认可。中国推动构建以合作共赢为核心的新型国际关系，打造人类命运共同体，中国始终是世界和平的建设者、全球发展的贡献者、国际秩序的维护者。越来越多的国际民众把目光转向中国，呼唤着中国声音，关注着中国作为，期待着中国答案，热议着中国方案。认为中国是全球发展贡献者的海外民众达 48%，其中发达国家民众持此观点的比例上升 7%，达到 37%；发展中国家受访者选择中国是全球发展贡献者的比例高达 60%。

在中国参与全球治理的领域中，科技（63%）、经济（60%）、文化（53%）是海外受访者最为认可的三个领域，认可度均超过五成。与 2017 年的调查相比，海外受访者对中国未来参与全球治理各领域的期待均有所提升。

约五成海外受访者希望未来中国在全球治理的科技、经济领域发挥更大作用。发展中国家受访者最期待中国在全球治理方面发挥更大作用的领域是经济（61%）和科技（59%），发达国家受访者最为期待的领域是科技（42%）和文化（39%）。

海外受访者普遍看好中国经济未来发展，接近半数的受访民众认为中国将成为全球第一大经济体、引领新一轮全球化，为全球治理做出更多贡献。65%的海外受访者认为中国的国际地位和全球影响力将会持续提升。

共建"一带一路"倡议提出的几年以来，从"大写意"转向"工笔画"，中国的国际影响力持续上升，收获了越来越多的成果与认可。"一带一路"倡议是海外民众认知度最高的中国倡议。20%的海外受访者听说过"一带一路"倡议。在印度、日本、意大利等国家，受访者对"一带一路"倡议的认知度达到 40%以上。

在对"一带一路"倡议有所了解的人群中，其非常认可该倡议对地区和全球经济的积极意义，选择比例达 55%。

构建人类命运共同体是实现人类持久和平和共同繁荣的时代宣言和伟大构想，对当代世界发展具有重要意义。调查显示，6 成左右的海外受访者认为，人类命运共同体理念对个人、国家、全球治理具有积极意义。比较而言，发展中国家的受访者认同该理念的比例更高。海外 36～65 岁的受访者更认可人类命运共同体理念对个人、国家、全球治理具有积极意义。

问题：

1. 本次调查反映出了哪些现象？

2. 这样的调查对于我国进一步开展国际公共关系活动有什么意义？

公共关系调研
课程思政

自我学习总结

通过完成任务 3，我能够做如下总结。

一、主要知识

概括本任务的主要知识点：

1.

2.

二、主要技能

概括本任务的主要技能：

1.

2.

三、主要原理

你认为，公共关系调研的基本原理是：

1.

2.

四、相关知识与技能

你在完成本任务过程中，学到了：

1. 公共关系调研的意义有：

2. 公共关系调研的技术要领有：

3. 实施公共关系调研的准备工作有：

五、成果检验

你完成本任务的成果：

1. 完成本任务的意义有：

2. 学到的知识或技能有：

3. 自悟的知识或技能有：

4. 你对中国形象国际调查的看法是：

任务 4
公共关系策划

学习目标

1. 知识目标

能认识公共关系策划的内涵与作用。

能认识公共关系策划的内容和程序。

能认识公共关系策划的方法与基本原则。

2. 技能目标

能说明公共关系策划的意义。

能编写公共关系策划方案。

能对公共关系策划工作有整体认识。

3. 课程思政目标

理解生态文明的意义。

践行绿色发展理念。

理解人类环境命运共同体理念。

任务解析

根据公共关系职业工作活动顺序和职业教育学习规律，"公共关系策划"任务可以分解为以下子任务。

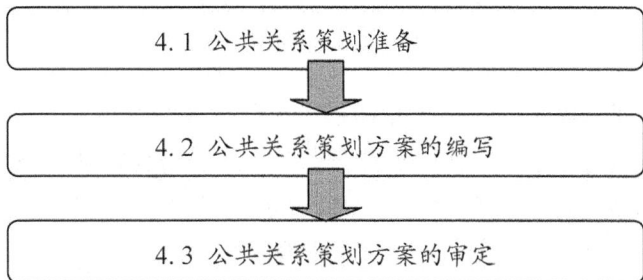

```
┌─────────────────────────────────┐
│    4.1 公共关系策划准备           │
└─────────────────────────────────┘
              ↓
┌─────────────────────────────────┐
│    4.2 公共关系策划方案的编写     │
└─────────────────────────────────┘
              ↓
┌─────────────────────────────────┐
│    4.3 公共关系策划方案的审定     │
└─────────────────────────────────┘
```

公关故事

我们的第四个故事要从宋代讲起。北宋有一个著名的画家，名叫文与可，他是当时画竹子的高手。

文与可为了画好竹子，不管是春夏秋冬，也不管是刮风下雨，或是天晴天阴，都常年不断地在竹林里钻来钻去。三伏天，阳光像一团火，烤得地面发烫。可是文与可照样跑到竹林里，站在烤人的阳光底下，全神贯注地观察竹子的变化。他一会儿用手指量一量竹节有多长，一会儿又记一记竹叶有多密。汗水湿透了他的衣衫，满脸都流着汗。

有一回，天空刮起了一阵狂风。接着，电闪雷鸣，眼看着一场暴雨就要来临。人们都纷纷往家跑。可就在这时，坐在家里的文与可，急急忙忙抓过一顶草帽，往头上一扣，直往山上的竹林奔去。他刚走出大门，便下起倾盆大雨。

文与可一心要看风雨当中的竹子，哪里还顾得上雨急路滑！他撩起袍襟，爬上山坡，奔向竹林。他气喘吁吁地跑进竹林，没顾得上抹一下流到脸上的雨水，就目不转睛地开始观察竹子。只见竹子在风雨的吹打下，"弯腰点头"，摇来晃去。文与可细心地把竹子受风雨吹打的姿态记在心头。

由于文与可长年累月地对竹子进行了细微的观察和研究，竹子在春夏秋冬四季的形状有什么变化；在阴、晴、雨、雪天，竹子的颜色、姿态又有什么两样；在强烈的阳光照射下和在明净的月光映照下，竹子又有什么不同；不同的竹子，又有哪些不同的样子，他都摸得一清二楚，所以画起竹子来，根本用不着画草图。

有个名叫晁补之的人，称赞文与可说："文与可画竹，早已胸有成竹了。"

昔日的故事已经演化成今天的成语——胸有成竹，它用来比喻人们在办什么事情以前，早就打好了主意，心里有个准谱儿了。

读后问题：

1. 文与可为什么要长时间观察竹子？观察的结果如何？

2. 为什么要进行公共关系策划？公共关系策划的意义有哪些？

3. 公共关系策划对于活动开展有哪些帮助？

公共关系策划
课前阅读

4.1 公共关系策划准备

任务提示：这是公共关系初学者学习公共关系策划的第一步。认识公共关系策划的含义，把握公共关系策划的准备工作和具体要求，在此基础上，能够组织公共关系策划准备活动。

公共关系策划是公共关系人员根据组织形象的现状和目标要求，分析现有条件，谋划并设计公共关系战略、专题活动和具体公共关系活动最佳行动方案的过程。公共关系策划的核心是解决以下三个问题：一是如何寻求传播沟通的内容和公众易于接受的方式；二是如何提升传播沟通的效果；三是如何完善公共关系工作体系。

重要术语 4-1

公共关系策划

公共关系策划指为达成组织目标，公共关系人员在充分进行环境分析、调查的基础上，对总体公共关系战略及具体公共关系活动所进行的谋划和设计过程。

4.1.1 公共关系策划人员组成

公共关系策划人员是公共关系策划行为的主体。公共关系策划人员按参与公共关系工作的不同分工大体有三种类型：①策划工作的指挥者、领导者或决策者；②高层次、高水平的公共关系专业人才；③具备一定实践经验和某些特殊能力的具体操作人员。

1. 组建策划项目领导小组

项目策划首先应该在建立项目组的基础上成立领导小组，领导小组由各具特点、各有专长的公共关系专家组成。这些专家不仅要有过人的能力、水平和心理素质，而且还要分工得当、配合默契，使策划项目组的工作卓有成效。

2. 组成公共关系策划人员

一项公共关系策划活动一般由一个团队来完成，团队成员应当各具特点，各具专长。策划人员也可以按照专业背景、业务能力分为若干策划小组，以方便工作。

作为活动的策划者，公共关系策划人员要在分析、调查的基础上，创造性地谋划公共关系活动。他们的工作主要体现在具体公共关系活动的"提出"和"谋划"上，正是这种极具创造性的公共关系活动的前奏，让组织的公共关系活动充满着智慧与活力，从而给组织的发展带来无限的生机。可以说，没有公共关系策划人员的工作，便没有公共关系活动。所以，公共关系策划人员在公共关系工作中处于核心地位。

重要信息 4-1

公共关系策划人员素质要求

　　一名优秀的公共关系策划人员必须具备以下条件。第一，公共关系人员必须具备高尚的品德。品德是一定社会道德原则和道德规范在个人思想和行为中的体现，公共关系策划人员是代表一个组织与公众打交道的，因此，高尚的品德就显得特别重要，一名合格的公共关系策划人员应遵守诚实、守信、正直、廉洁、守法的行为准则。第二，公共关系策划人员只有具备宽广的知识面和深厚的人文积淀，才能在复杂多变的社会中运筹帷幄、应付自如。宽广的知识面要求公共关系策划人员掌握广博的知识，这样才能在策划过程中视野开阔、游刃有余。与此同时，公共关系策划人员还必须具有相当的人文素养，这样做出的公共关系策划才能具有较高水平。第三，公共关系策划人员应具备基本的专业技能，包括组织能力、交际能力、表达能力、写作能力和创新能力。

4.1.2　公共关系策划构思

　　公共关系策划的构思过程主要是经过分析、判断、推理，确立策划目标与主题，在此基础上形成策划思路并组织材料，为策划方案的提出做准备。

1. 分析公共关系调研结果

　　以企业为例，如果我们把公共关系工作看成是连续不断的行为，那么公共关系调研所起的作用则是为后续的公共关系策划提供依据。因而，在进行公共关系策划之前，进一步分析公共关系调研结果就尤为必要。

　　公共关系调研结果是对公共关系活动效果的评价，分析主要从五个方面进行：①组织自身情况，即组织自身对已进行公共关系活动的促进与限制情况；②组织形象，即组织的表现与特征在公众心目中的反映；③公众情况，即公众的构成、需求、认知、态度、情绪等；④主要竞争对手信息，即主要竞争对手的产品信息、销售信息、广告信息和已有的公关策划信息；⑤社会环境，即组织面临的社会环境给公共关系活动带来的影响。

　　通过分析公共关系调研结果，公共关系人员能够发现组织在公共关系方面存在的问题，以便对症下药，进行有针对性的活动策划。

2. 明确公共关系策划目标

　　根据对公共关系调研结果的分析，结合组织具备的条件，策划人员首先要确定公共关系策划目标。策划目标是成功策划的必要条件。方向不明，公共关系策划便无法进行，只有确定了具体目标，才能开始策划达到目标的途径、方式、手段等。在具体工作中，目标又呈现出多样性，并可分成不同的类别，根据实践意义可将目标分为以下几类。①传播信息型目标，即公共关系活动的目标是把希望公众知道或公众想知道的信息传递给公众，一旦公众知晓，目标即实现。它是目标体系中最基本的层次，主要是将组织发展的新动态、新成果、新举措告知公众。②联络感情型目标，其相对于传播信息型目标来说是更深层次的目标，旨在与公众建立感情、联络感情、发展感情。社会组织与公众建立起感情层次的交往，更容易取得公众的谅解、合作与支持。③改变态度型目标，即公共关系活动的主要目标。通过公共关系活动，把公众对组织的不了解、漠视、偏见乃至敌意，转变为了解、关注、认可、同情、理解、支持等，切实营造有利于组织发展的良好环境。④引起行为型目标，旨在让公众产生组织所期望的行为，以配合组织的工作。这是具体公共关系活动的最高层次的目标，前几个目标最终也是为引起公众做出有利于组织发展的行为做铺垫。

公关实务 4-1

海尔的售后服务公关

1994 年的无搬动服务；1995 年的"三免"服务；1996 年的先设计后安装服务；1997 年的"五个一"服务；1998 年的星级服务一条龙，其核心内容是从产品的设计、制造到购买，从上门设计到上门安装，从产品使用到回访服务，不断满足用户新的要求，并通过具体措施使开发、制造、售前、售中、售后、回访 6 个环节的服务制度化、规范化；1999 年海尔专业服务网络通过 ISO 9000 国际质量体系认证；2000 年星级服务进驻社区；2001 年海尔空调的无尘安装；2003 年海尔推出了全程管家 365。2012 年，海尔又推出了"售前、售中、售后全程无忧"服务，海尔每次的升级和创新都走在了行业的前列。

评析：在产品同质化日益严重的今天，售后服务作为销售的一部分已经成为众厂家和商家争夺消费者的重要领地，良好的售后服务是较好的促销手段，是提升消费者满意度和忠诚度的主要方式，是树立企业口碑和传播企业形象的重要途径。

此外，公共关系策划目标还可以分为长期目标、近期目标、一般目标和特殊目标。

3. 明确公众对象

公共关系活动不可能面对所有的公众，应该有所选择，这就与公共关系的目标紧密相关。每个组织都有自己特定范围的公众，但不是每一次的公共关系活动都针对组织的所有公众。一个组织在不同时期内会面临不同的公众，因此，进行公共关系策划首先应对组织此时期所面临的公众加以区分和明确，这样才能使策划出来的公共关系活动有的放矢地进行。另外，公众的类型也很多，必须根据不同公众的特点来开展不同的筹划，只有明确具体的受众后才能有针对性地设计活动，从而有效地实现公共关系活动目标。混淆公众的类型会产生很多不利的后果，如资金不加区分地分散在过多的公众中、不加区分地发表信息而忽略其对不同人群的适用性，最终使目标难以实现。明确公众对象的方法有：①根据活动目标划定公众范围；②根据组织实力划定公众范围；③根据组织需要划定公众范围。

4. 明确公共关系策划的类型

针对不同的动因，公共关系策划类型也有区分。公共关系策划类型主要有：①根据公众与组织的归属关系分，有内部公共关系策划与外部公共关系策划；②根据公共关系策划的内容要求分，有战略性公共关系策划、公共关系专题策划和操作性公共关系活动策划；③根据公共关系策划目标分，有形象公共关系策划、公益公共关系策划、营销公共关系策划和危机公共关系策划。

4.1.3 公共关系策划组织

为了制定出富有创意的公共关系策划方案，常常要组织公共关系策划会议。组织好公共关系策划会议是公共关系人员的一项重要工作。通过策划会议，公共关系人员制定出公共关系策划方案的草案，经讨论，形成正式的文字。

1. 组织公共关系策划分工

尽管公共关系策划是一项团队合作工作，但也要进行必要的分工，以节约人力、物力，提高策划效率。分工之后，首先由公共关系策划小组成员分头收集、整理、研究基本的调查资料；其次，将个人或小组收集、整理、研究的初步成果互相通报，以便信息共享；再次，指定专人将策划小组研究成果记录在案，形成初步方案，以供会议讨论或进一步推进策划工作参考之用。

2. 组织公共关系策划会议

充分的会议准备工作是确保会议成功的关键因素。要确立好会议的目标及议题，尤其是议题必须清晰。公共关系人员作为会议的组织者要印发议程，拟定出席人选，提前发出会议通知。公共关系策划会议的与会者一般 5～7 人为宜，组织者要为与会者提供必要的参考资料。与会者要认真阅读有关资料并认真思考，带着意见与会。会议以圆桌会议形式为好，方桌也可以。场内设置板书工具，恰当选择会议材料，必要时应准备投影、录像等设备。准备工作大体上有以下四项：①拟定会议主题；②拟发会议通知；③起草会议文件；④布置会场。

重要信息 4-2

公共关系策划的基本原则

（1）求实原则。实事求是是公共关系策划的一条基本原则。公共关系策划必须建立在对事实的准确把握基础上，以诚恳的态度向公众如实传递信息，并根据事实的变化来不断调整策划的策略和时机等。

（2）系统原则。系统原则指在公关策划中，公共关系人员应将公共关系活动作为一个系统工程，按照系统的观点和方法予以谋划统筹。

（3）创新原则。创新原则指公共关系策划必须打破传统、刻意求新、别出心裁，使公共关系活动生动有趣，从而给公众留下深刻而美好的印象。

（4）弹性原则。公共关系活动涉及的不可控因素很多，任何人都难以把握，留有余地才可进退自如。

（5）伦理道德原则。伦理道德准则的核心内容是：对公共关系活动策划、组织与从业人员行为的道德要求日趋提高。

（6）心理原则。公共关系人员要运用心理学的一般原理及其在公共关系中的应用，正确把握公众心理，按公众的心理活动规律，因势利导。

（7）效益原则。公共关系人员要以较少的公共关系费用取得更佳的公共关系效果，达到企业的公共关系目标。

任务实训 4.1

公共关系策划工作讨论

实训目的：

加深学生对公共关系策划工作的认识。

实训安排：

1. 学生收集并讲解一些公共关系策划故事或案例；

2. 分析其中公共关系策划所起的作用，讨论公共关系策划的要素及其重要性；

3. 将分析讨论成果做成 PPT，分小组演示分享。

教师注意事项：

1. 由生活事例、企业经营事例导入对公共关系策划的介绍；

2. 提供一些简单的公共关系策划案例，引导学生讨论；

3. 分小组点评，并将学生的表现计入平时成绩。

评价标准

表现要求	是否适用	已达要求	未达要求
小组活动中，外在表现（参与度、讨论发言积极程度）			
小组活动中，对概念的认识与把握的准确程度			
小组活动中，角色扮演的精准度			
小组活动中，PPT、文案制作的完整与适用程度			

4.2 公共关系策划方案的编写

任务提示：这是公共关系初学者学习公共关系策划的第二步，即认识公共关系策划方案的框架，把握公共关系策划方案的内容和具体要求，并能够在此基础上组织进行公共关系策划方案的制定活动。

4.2.1 公共关系策划方案认知

策划方案是策划过程的书面体现，也是策划最终的表现形式。一个好的策划方案能够吸引客户或领导。策划方案的灵魂是创意，应该尽可能简洁，减少文字叙述而较多采用图表、照片及音频、视频等形式使方案看起来更加直观、生动。公共关系策划方案也称公共关系策划书或公共关系策划文案，在有些公共关系书籍中又被称为公共关系专题建议书。

1. 明确公共关系策划方案的构成要素

公共关系策划方案没有固定格式，策划者一般根据实际需要和自己的文笔风格来撰写。但无论方案形式、内容有何差别，理应包括的基本要素都不可或缺。一份完整的策划方案应当具备"5W、2H、1E"，即 What（什么）——策划的目的、内容，Who（谁）——策划组织者、策划者、策划所涉及的公众，Where（何处）——策划实施地点，When（何时）——策划实施时机，Why（为什么）——策划的缘由，How（如何）——策划的方法和实施形式，How much（多少）——策划的预算，Effect（效果）——策划结果的预测。

上述八个要素组合即一份完整的公共关系策划文案应当具备的基本要素。针对不同组织的不同内容与形式的公共关系策划方案，应当围绕着这八个要素，根据自己的需要进行丰富完善和组合搭配，公共关系策划方案的创意与个性风格，就存在于对要素的丰富完善和组合搭配的差异之中。

2. 公共关系策划方案的基本格式

公共关系策划方案的基本格式大致包括下列五项。

（1）封面。公共关系策划方案的封面不必像书籍封面那样设计精美，但文字书写及排列应大小协调、布局合理，纸张只要略比正文厚些即可。封面一般包括以下内容。

① 题目。题目必须具体、清楚，让人一目了然。

② 策划者单位或个人名称。方案如系群体或组织完成，可署名"××公共关系公司""××专家策划团""××公司公共关系部"，对其中起主要作用的个人也可在单位名称之后署名，如"总策划×××""策划总监×××"等。

③ 策划方案完成日期。写明年、月、日。

④ 编号。比如，根据策划方案的顺序编号，根据方案的重要性或保密程度编号或根据方案管理的分类编号等。

⑤ 在需要的情况下，可考虑在封面上简洁地加上说明文字或内容提要。

⑥ 如策划方案尚属草稿或初稿，还应在标题下用括号注明"草案""送审稿""讨论稿""征求意见稿"等字样。如果前有"草稿"，决策拍板后的策划方案就应注明"修订稿""实施稿""执行稿"等字样。

（2）序文。并非所有策划方案都需加序，只有方案内容较多且较复杂时，才有必要以简洁的文字作为引导。

（3）目录。这也如序文一样，只有方案头绪较多且较复杂时才有加目录的必要。目录是标题的细化和明确化，要做到让读者通过看标题和目录，便知道整个方案的概貌。

（4）正文。正文即对前述八个要素的表述和演绎。其主要内容包括：①活动背景；②活动主题；③活动宗旨与目标；④基本活动程序；⑤传播与沟通方案；⑥经费概算；⑦效果预测。正文的写作需要详细，但应以纲目式为好，不必过分详尽地加以描述，不要给人以头绪繁多、杂乱或干涩、枯燥的感觉。

（5）附件。重要的附件通常包括以下内容。

① 活动筹备工作日程推进表。

② 有关人员职责分配表。

③ 经费开支明细预算表。

④ 活动所需物品一览表。

⑤ 场地使用安排表。

⑥ 相关资料。这是供决策者参考的辅助性材料，不一定每份方案都需要，如完整的或专项的调查报告、新闻文稿范本、演讲词草稿、相关法规文件、平面广告设计草图、电视片脚本、纪念品设计图等。

⑦ 注意事项。注意事项即将公共关系策划方案实施过程中应当注意的事项做重点集中的提示，如完成活动需事前促成的其他条件、活动实施指挥者应当拥有的临时特殊权限、需决策者出面对各部门的协调、遇到特殊情况时的应变措施等。

重要信息 4-3

公共关系策划的基本要素

进行公共关系策划，首先要了解构成公共关系策划的基本要素。目前，国内研究者对公共关系策划的要素主要有以下三种观点：①"三要素论"，即策划者、策划对象和策划方案；②"四要素论"，即策划目标、策划者、策划对象和策划方案；③"五要素论"，即策划者、策划依据、策划方法、策划对象、策划效果测定和评估。总的来说，这三种观点大同小异，分析各成功公共关系策划案例，我们可以发现一项优秀的公共关系策划应包括以下六个要素：公共关系调查、策划者、策划目标、策划对象、策划内容和策划效果评估。

4.2.2 公共关系策划方案设计

编写公共关系策划方案时，公共关系策划人员应该重点把握以下基本工作。

1. 确立目标

公共关系策划人员首先通过对公共关系调查结果和大量材料进行分析，以推断组织的优势与劣势、机会与风险、资源与条件；通过对这些推断的分析，找出组织的公共关系问题所在；再根据问题的轻重缓急，排出解决问题的先后次序，并提出和界定首要的问题。然后通过对这一最重要问题产生原因的探索，找出问题的症结，根据组织的特质和需要，最后确立组织公共关系策划的目标。在确立组织公共关系策划的目标时，公共关系策划人员应注意以下几点：①目标必须是具体的；②目标必须是可测量的；③目标应该是能够达到的；④目标必须有时间限制。

公关实务 4-2

小天鹅的服务公关

小天鹅公司精心策划、设计了"1、2、3、4、5"特色公共关系服务活动，活动内容如下。一双鞋：上门服务时带一双专用鞋。两句话：进门一句话——"我是小天鹅服务员×××"；服务完成后一句话——"您不满意可向公司汇报"。三块布：一块垫机布、一块擦机布、一块擦手布。四不准：不准顶撞用户，不准向用户吆喝，不准收用户礼品，不准乱收费。五年保修：整机免费保修五年。这不仅反映了电器生产企业对其售后服务的高度重视，也很好地体现了生产性企业围绕所销产品提供服务全面性、速应性、方便性和纵深性等要求进行的创新。

评析：这样的服务公关创新满足了用户的消费需求和心理需求。

2. 提炼主题

公共关系活动主题是目标的具体化。公共关系活动需要有一个鲜明的主题和贯穿整个活动的基调，以便统领整个活动。提炼主题需要有创意，应当注意以下几点。①与目标的一致性。②实效性。符合公共关系活动的客观实际，真正打动公众心扉，满足公众心愿。③稳定性。主题一经确定，就应贯穿公共关系活动始终。④单一性。一次公共关系活动不应出现多个主题。⑤客观性。商业化、主观性不要太强，以免引起公众的反感。

3. 界定公众

在公共关系策划的过程中，我们必须在广大公众中，根据实现目标的需要认定哪些是该项公共关系活动必须关注、交流和影响的目标公众。认定目标公众通常从对公众权利的分析入手（见表 4-1），界定目标公众的方法一般有以下几种。①以活动目标划定目标公众，如学校为宣传自己的人才培养成果而组织的交流会，其公众主要是应届毕业生、用工单位、新闻单位、毕业生家长等。②以组织实力划定目标公众，即将有关公众按与组织关系的密切程度、影响的大小程度、相关事情的缓急程度等因素进行划分，选出最为重要的部分作为目标公众。③以组织需要划定目标公众。例如，当组织出现形象危机时，目标公众应当首先是新闻媒体，以防危机的扩散和加剧。

重要术语 4-2

公众权利

在公共关系活动中，"公众"特指任何被共同利益或共同关心的问题连接在一起的个人、群体和组织。这些个人、群体和组织与公共关系主体有相关的利益，对公共关系主体有着重要的影响。这种影响力被称为公众权利。

表 4-1　对公众权利的分析

公众对象	公众对公司的期望和要求
员工	就业安全和适当的工作条件；合理的工资和福利；培训和晋升的机会；了解公司的内情；社会地位、人格尊重和心理满足；有效的领导；和谐的人事关系；参与和表达的机会；等等
股东	参加利润分配；参与股份表决和董事会的选举；了解公司的经营动态；优先试用新产品；有权转让股票；有权检查公司账目；有合同所确定的各种附加权利；等等
顾客	产品质量保证及适当的保用期；公平合理的价格；优良的服务态度；妥善处理各种疑难或投诉问题；提供完善的售后服务；提供必要的产品技术资料及增进消费者信任的各项服务；必要的消费教育和指导；等等
竞争者	由社会或本行业确立竞争活动准则；平等的竞争机会和条件；竞争中的相互协作；竞争中的现代企业家风度；等等
协作者	遵守合同；平等互利；提供技术信息和社区援助；为协作提供各种优惠和方便；共同承担风险；等等
社区	向当地提供就业机会；保护社区环境；关心和支持当地政府；支持文化和慈善事业；赞助地方公益活动；正规招聘，公平竞争；以财力、人力、技术扶助地方小企业的发展；等等
政府	保证各种税收；遵守各项法律、政策；承担法律义务；公平竞争；保证安全；等等
媒体	公平提供消息来源；尊重新闻从业人员；有机会参加公司重要庆典等社交活动；保证记者的独家新闻不被泄露；提供采访的方便条件；等等

4．项目设计及人员安排

组织要实现其公共关系目标，不可能通过举办一次活动就能一劳永逸，必须围绕公共关系目标设计在不同时期开展的各种形式的活动，这就是项目设计。应通过一个个公共关系项目的实施逐步达成公共关系目标。因而，一个大型公共关系活动项目下面包含许多个小型项目，即具体的公共关系实务活动。每个公共关系实务活动应根据人尽其才的原则安排相应人员，并有专人负责。公共关系活动具体项目划分及人员安排表的示例如表 4-2 所示。

表 4-2　公共关系活动具体项目划分及人员安排

活动内容	时间	参与单位和活动小组	主要负责人及成员	备注

5．时空选择

公共关系活动应讲求合适的"时机"和"空间"，这样往往能收到事半功倍的效果。

（1）时机的选择。时机的选择有两层意思：第一是捕捉时机要准确，第二是把握时机要及时。选择时机时，我们要注意以下几点：①尽量选择能够引起目标公众关注的时机；②善于利用节日；③尽量避开国内外重大事件；④不要同时开展两项以上公共关系活动；⑤选择时机时要考虑公众；⑥选择时机时要考虑媒体；⑦选择时机要考虑风俗。

（2）空间的选择。空间选择一方面应尽可能地考虑如何充分利用环境的有利条件，回避不利条件；另一方面是尽量选择便于公共关系活动开展的场所。空间选择具体包括以下几个方面：①空间大小；②空间位置；③空间环境；④空间条件；⑤备用空间；⑥空间审美。

6．媒体选择

组织公共关系工作可供选择的媒体很多，但要选择恰当才能事半功倍，取得良好的传播效果。选择传播媒体的方法如下。①根据组织公共关系目标选择传播媒体，如组织的目标是提高知名度，则可以选择大众传播媒体。②根据不同的对象选择传播媒体，如要引起儿童的注意和兴趣，则制作电视节目和卡通片的效果最好。③根据传播媒体的特点和传播内容选择传播媒体，如要记录开张仪式、大型活动的盛况，则采用电视方式能起到生动、逼真的效果，会产生不错的效果。

7．经费预算

公共关系活动经费预算的内容一般分为以下两大类。

（1）行政开支。行政开支主要包括以下几项。①人工报酬，指专业工作者和一般工作人员的薪金或工资，还包括外聘公共关系顾问的工时报酬。这是公共关系预算项目最大的一项，大约占总预算的三分之二。②设施费用，此项费用由公共关系活动的具体内容决定，一般包括各种印刷品、纪念品、摄像设备和材料、美术工艺器材、视听器材、展览设施和所需各种实物用品等。③日常行政费，如房租、水电费、保险费、电话费、办公室文具费、通信费用、交通费、照片洗印费、旅餐费、交际费（一般不超过百分之二）等。

（2）项目开支。项目开支包括实施各种公共关系活动项目所需的费用，具体包括：①原有项目的开支，即已开始活动需继续投入的费用；②新定项目的开支，即新增加项目的费用；③突发事件的开支，即编制预算时，应事先设置临时应变费用。

公共关系活动经费预算表格的一般格式如表 4-3 所示。

表 4-3　公共关系活动经费预算表

项目：
主要负责人：
活动时间：

经费项目	数量	单价	金额	备注
1．资料费				
2．文件费				
3．差旅费				

续表

经费项目	数量	单价	金额	备注
4. 统计费				
5. 联络费				
6. 保险费				
7. 劳务费				
8. 杂费				
……				
合计				

重要信息 4-4

公共关系策划中的创造性思维

成功的公共关系策划离不开创造性思维，策划者有意无意地总在运用着各种各样的创造性思维方法。

（1）灵感激发法。灵感是一种突如其来的创造性思维成果。对公共关系策划者来说，欲产生新颖的灵感，就要善于发现与利用各种信息来进行自我激发。1995 年 10 月 28 日，加拿大人杰伊·科克伦在不采取任何安全措施的情况下，在四川省奉节县夔门两端架设的高度为 375 米、跨度为 628 米的钢丝上横穿三峡，使位于四川边远山区的奉节县名声大振。这一策划的创意来源于国家体委社会体育中心的一位工作人员，在电视上看到科克伦走过架设在美国两座摩天大楼之间的钢丝。

（2）因素组合法。在公共关系策划中，有目标也有相应的公众，有了诸多的信息，也就有了主题，继而又产生出计划中诸多因素和工作步骤，这是从思维展开角度而言的。1986 年 5 月 8 日，可口可乐公司举行了可口可乐问世 100 周年纪念公共关系活动。活动中最妙的是以伦敦为终点，把里约热内卢、内罗毕、悉尼、东京连接起来，通过卫星来一次性推倒 60 万张多米诺骨牌。从亚特兰大开始，多米诺骨牌一浪一浪倒下去，通过卫星电视的衔接，到伦敦的终点时，一个巨大的可乐罐出现了，但倒下的多米诺骨牌却引爆了这个可乐罐。

（3）逆向思维法。在策划公共关系时，可以从与人们习惯的思维相反的角度来突破常规定式，反向思考，以找到出奇制胜之道。1992 年 3 月 15 日，国际消费者日这一天，好来西服装服饰公司在《北京晚报》上登了一则广告，称在北京销售的十万件衬衫中有几件是不合格的，给消费者带来了不便，特向消费者致歉，而且表示为买到不合格衬衫的消费者调换，并要进一步提高质量。这一"自扬家丑"的反常之举，引起了广大消费者的注意与称赞，获得了良好的公共关系效应。

（4）思维碰撞法。思维碰撞法就是在较短的时间内激发人的创造力，产生创意的方法，又可以称为集体思考法。例如，百事可乐公司趁可口可乐改变配方之际，通过思维碰撞法，展开了广告攻势，"为了新一代"的理念也就随之而产生。这则广告播出后，百事可乐的市场份额迅速扩大，当年的销售额远远超过了可口可乐。

任务实训 4.2

公共关系策划方案讨论

实训目的：

加深学生对公共关系策划方案的认识。

实训安排：

1. 学生收集并讲解一些公共关系策划方案；

2. 分析公共关系策划方案的作用，讨论公共关系策划方案编写的要领；

3. 将分析讨论成果做成 PPT，分小组演示分享。

教师注意事项：

1. 由生活事例、企业经营事例导入对公共关系策划方案的介绍；

2. 提供一些简单的公共关系策划方案，引导学生讨论；

3. 分小组点评，并将学生的表现计入平时成绩。

评价标准

表现要求	是否适用	已达要求	未达要求
小组活动中，外在表现（参与度、讨论发言积极程度）			
小组活动中，对概念的认识与把握的准确程度			
小组活动中，角色扮演的精准度			
小组活动中，PPT、文案制作的完整与适用程度			

4.3 公共关系策划方案的审定

任务提示： 这是公共关系初学者学习公共关系策划的第三步，即认识公共关系策划方案的草案，把握公共关系策划方案的评价标准与要求，并能够在此基础上组织进行公共关系策划方案的评价与修改。

经过认真分析信息情报，公共关系人员确定了公共关系目标，制订了公共关系策划方案。但这些方案是否切实可行、是否尽善尽美，这就要看对方案的分析评估和优化组合是否到位。总体上，对公共关系策划方案评价的标准有两条：一是看方案是否切实可行，二是看方案能否保证策划目标的实现。如果方案实施成功的可能性大，又能保证策划目标的实现，便可认可方案；否则，便要对方案加以修正、优化。

公共关系策划方案初稿编写好以后，项目领导组要对方案进行审定，通过进一步讨论、修改与优化，方案才能用于指导实际工作。

4.3.1 确定公共关系策划方案评价标准

为了保证公共关系策划方案既切实可行，又能保证策划目标的实现，我们可以从以下几个方面去评价公共关系策划方案的优劣，在此基础上再予以优化。

1. 策划方案主题是否体现了公共关系的目的和要求

策划方案的主题必须符合公共关系的目的和要求，这是最基本的要求。

例4-1 早在1998年4月，农夫山泉在中央电视台打出了"农夫山泉有点甜"的广告语。当时，娃哈哈、乐百氏纯净水已经建立起比较稳固的地位。农夫山泉的公共关系目标是迅速在强手林立的瓶装水市场中占据自己的一席之地。于是农夫山泉采取了个性化的名称、"有点甜"的差异化公共关系主题，在短时间内就使其品牌知名度从零一下子达到了几乎童叟皆知的程度，确立和强化了农夫山泉独特的销售主张和形象。如今，农夫山泉打出了"我们不生产水，我们只是大自然的搬运工"，把旗下产品和竞品进一步做了区分。

2. 策划方案是否科学、完整和适用

策划方案是否科学、完整和适用是指是否在公共关系科学理论指导下，考虑自身条件、资源等主客观条件，科学合理地对公共关系活动做出安排。

例4-2 2021年9月，在××品牌专营店形象推介策划方案中，公共关系人员对其商业氛围、交通条件、银行网点、卫生环境、居民居住、休闲娱乐等各个方面，设置了许多相互联系、相互制约的指标，形成了一套比较完整的指标体系，其特点是全面、系统，适用性强。

3. 策划方案是否具有较强的操作性

公共关系策划方案的操作性受多个因素的影响。首先，对公共关系行为的每一个步骤与环节的设计要精准；其次，它不能脱离客观实际条件；再次，它必须与操作者的观念意识、文化水平、工作技能等素质水准相适应；最后，它必须与公众对象的心理素质和承受能力相适应。

例4-3 2021年1月，在保健品ABC口服液产品形象推广策划方案中，公共关系人员拟在一个西北省份的县城举办大型活动。活动方案已经做好，广告也已经打出。公共关系人员突然接到当地政府的通知，近期因输电线路改造，整个县城，包括活动地点供电无法保证，同时担心发生踩踏事故，政府部门已经严令禁止组织大型活动。显然，公共关系人员在做策划方案时闭门造车，未能进行实地勘察，这样的方案显然不具有可操作性。

4.3.2 论证与审定公共关系策划方案

明确了公共关系策划方案的评价标准之后，公共关系人员就可以开始对方案进行讨论、修改与审定。组织决策者在进行决断时，一要尊重公共关系人员的意见，但不要受

其左右；二要运用科学的思维方法，对策划方案和背景材料进行系统的科学分析；三要依靠自己的直觉，抛弃一切表象的纠缠，这种直觉在确定应急对策时尤其重要。策划方案一经审定通过，便可组织实施。

公关实务 4-3

总统推荐的书

国外一位出版商手头积压了一批书卖不出去，眼看就要大亏本了。情急之下，出版商想了一个点子：给总统送去一本，并与总统频频联系，征求他的意见。忙得不可开交的总统随便回了一句："这书不错。"这一来出版商如获至宝，大做宣传——"现有总统喜爱的书出售"，还把"这书不错"四个字印在封面上。于是他手头的书很快被抢购一空。不久，这位出版商又有一批书，便照方抓药，给总统送去一本，总统有了上次的教训，想借机奚落一番，就在送来的书上写道"这书糟透了"。总统还是上了套儿，出版商又大肆做宣传——"现有总统讨厌的书出售"。人们出于好奇而争相抢购，书很快便全部卖掉。第三次，出版商再次把书送给总统，总统有了前两次被利用的教训，干脆紧闭金口，不理不睬。然而，出版商还有话说。这次他的宣传词是："现有令总统难以下结论的书，欲购从速。"结果，书还是被抢购一空。

评析：在这个故事里，出版商采取逆向思维的方法，利用总统的评价，成功地把书都卖出去了，策划取得了成功。

1．项目论证会

项目论证会可由项目小组的组长主持，项目小组人员参加，同时可邀请组织方代表参加。主持人在该会议开始前针对本次公共关系活动任务的策划方案列一个提纲，即论证会围绕公共关系问题、公共关系目的、主题、公众对象、项目设计、人员安排、时间地点安排、经费预算等展开讨论。评价方案的标准从是否体现目的，是否科学、完整和适用，是否具有较强的操作性等方面考虑。

参加座谈会的人员可以公开发表各自的意见或想法，集思广益，相互启迪，相互交流，相互补充，针对某一个问题最好能达成一致的意见。

2．经验判断法

经验判断法是指通过组织一些具有丰富公共关系活动策划经验的人士，对设计出来的公共关系活动方案进行初步研究和判断，以说明调查方案的合理性和可行性。

该方法的优点是可以节约人力、物力资源，并在较短的时间内做出快速的判断；缺点是因为我们的认识很有限，并且事物的发展变化常常有例外，各种主客观因素都会对我们的判断的准确性产生影响。

3．试点实施

试点实施即通过小范围内选择公众，对公共关系策划方案进行实地检验，及时总结并且做出修改。具体操作时应注意以下几个问题。①应选择恰当的公众对象。应尽量选择规模小，具有代表性的公众。②事先建立一支精干的公共关系人员队伍，这是做好公共关系工作的先决条件。团队成员包括有关活动的负责人，策划方案设计者和骨干，这将为搞好试点实施工作提供组织保证。③试点实施工作结束后，应做好总结工作，认真分析试点实施的结果，以为活动方案的修订提供借鉴。

试点实施还可以理解成实战前的演习，可以让我们在大规模推广应用之前及时了解策划方案的哪些部分是合理的，哪些部分还比较薄弱。

4．审定方案

公共关系策划方案经过分析、论证、优化组合，最终形成书面报告，交给组织的决策层，以最终审定决断，准备实施。任何公共关系策划方案都必须经过本组织的审核和批准，使公共关系目标和组织的总目标一致，以便使组织的公共关系活动和其他部门的工作相协调，从而得到决策层和全体员工的积极配合和支持。

策划方案能否得到决策层的认可并最终组织实施，取决于3个因素：一是策划方案本身的质量，这是根本；二是策划报告的文字说明水准；三是决策者本身的决断水平。

重要信息 4-5

企业公共关系策划业务的类型

（1）在推出新产品、新服务或开辟新市场之前，通过公共关系活动，让公众对新的产品、新的服务项目有较多的了解，提高知名度，以创造一个对本企业有利的、良好的消费环境。

（2）企业发起公益活动，赞助公益事业，加强与公众的沟通，增进公众对本企业的好感，提高企业的美誉度，为自身创造一个好的外部环境。

（3）企业主动协调与政府和社区的关系，争取得到政府和社区的支持。

（4）开展公共关系活动，让本企业内部员工了解企业的重大活动及其意义，了解企业领导层的创造性活动，以增强员工对企业未来发展的信心，增强他们对企业领导人的信任。

（5）当企业在社会上的名誉受到损害或企业内部发生变故，造成人心不稳，影响企业各项工作的正常运营时，通过公共关系活动解除危机，重塑企业的良好的社会形象并稳定人心。

任务实训 4.3

公共关系策划方案审定讨论

实训目的：
加深学生对公共关系策划方案修改的认识。

实训安排：
1. 学生收集并讲解一些公共关系策划方案修改要领；
2. 分析公共关系策划方案修改的作用。

教师注意事项：

1. 由生活事例、企业经营事例导入对公共关系策划方案修改的介绍；

2. 提供一些简单的公共关系（失误）策划方案，引导学生讨论修改内容；

3. 提供相应学习资源。

评价标准

表现要求	是否适用	已达要求	未达要求
小组活动中，外在表现（参与度、讨论发言积极程度）			
小组活动中，对概念的认识与把握的准确程度			
小组活动中，角色扮演的精准度			
小组活动中，PPT、文案制作的完整与适用程度			

任务 4 小结

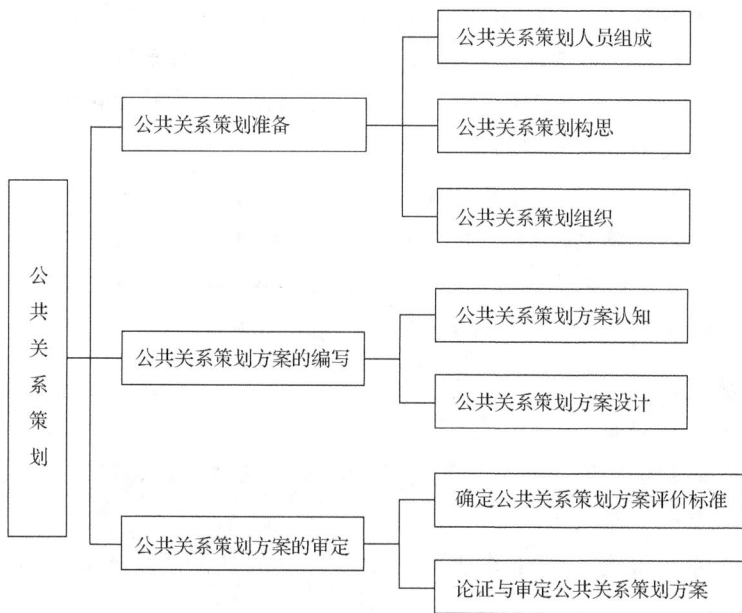

知识与技能检测

一、课堂讨论

（1）讨论公共关系策划在整个公共关系活动中的地位。

（2）讨论公共关系策划是不是一种创意活动。

（3）讨论公共关系策划是否有长期、短期策划之分。

（4）讨论公共关系策划方案的意义。

二、课后自测

1．选择题

（1）公共关系人员按参与公共关系工作的不同分工大体有（ ）。

A．策划工作的指挥者、领导者或决策者

B．高层次、高水平的公共关系专业人才

C．具备一定实践经验和某些特殊能力的具体操作人员

D．组织内的部门领导

（2）公共关系策划的目标按照内容分，可分为（ ）。

A．传播信息型目标　　　　　　　　B．联络感情型目标

C．改变态度型目标　　　　　　　　D．引起行为型目标

（3）明确公众对象的方法有（ ）。

A．根据活动目标划定公众范围　　　B．根据组织实力划定公众范围

C．根据组织需要划定公众范围　　　D．根据领导指示

（4）在确立组织公共关系活动的目标时，应注意（ ）。

A．目标必须是具体的　　　　　　　B．目标必须是可测量的

C．目标应该是能够达到的　　　　　D．目标要有时间限制

（5）公共关系策划目标还可以分为（ ）。

A．长期目标　　B．近期目标　　　C．一般目标　　　　D．特殊目标

（6）根据公共关系策划的内容要求分，策划方案有（ ）。

A．战略性公共关系策划　　　　　　B．公共关系专题策划

C．操作性公共关系活动策划　　　　D．调研策划

2．判断题

（1）公共关系策划的灵魂在于创新。（ ）

（2）公共关系策划方案应该切实可行，没有可行性的方案，即使是再漂亮的创意和文字，也不会有丝毫的意义。（ ）

（3）公共关系目标是公共关系活动的方向，不是公共关系活动成功与否的衡量标准。（ ）

（4）引起行为是为了诱导公众产生组织所希望的行为。（ ）

（5）任何一个成功的公共关系活动都是由一系列活动项目组成的系统工程。（ ）

（6）审定方案是公共关系策划的最后一项工作。（ ）

3．简答题

（1）公共关系策划人员的素质要求有哪些？

（2）公共关系策划的基本原则有哪些？

（3）公共关系策划的基本要素有哪些？

（4）公共关系策划中的创造性思维有哪些？

4．案例分析题

2003 年 12 月，《汽车之友》杂志刊登出丰田汽车在我国推出的新车广告，意在春节期间取得销售佳绩。未曾想到，雄心勃勃的广告推广活动最后演变成四处灭火救急的危机公关事件，让《汽车之友》、盛世长城广告公司、一汽丰田颜面无存。

在"霸道"的广告中，一辆"霸道"汽车从城市中驶过，其右上方正好设置了两尊石狮，一只呈俯首侧目状，而另一只夸张地举起右爪向"霸道"越野车敬礼，其相应的广告语为"霸道，你不得不尊敬。"

在"陆地巡洋舰"的广告中，一辆丰田"陆地巡洋舰"越野车拉着一辆绿色的大卡车，广告左侧的图案显示那是一辆军用卡车，而广告中透露出来的地点是可可西里，根据广告的综合信息分析，那辆军用卡车无疑是国产的"东风"汽车。

此两则广告一出，引起了轩然大波，一汽丰田汽车广告问题出在哪里？

这无疑是对广告创意简单"直译"惹的祸，汽车品牌的推广包括四个层面的内容：产品品质、产品风格、人文背景及独特的精神主张。一汽丰田的广告无疑想从这四方面对产品及品牌做推广，"霸道""陆地巡洋舰"仅从产品副品牌来理解与美国的"悍马"、英国的"陆虎"一样，极具杀伤力，而丰田的副品牌还要更加强悍，通过何种方式把产品风格恰如其分地表现出来，成为创意的核心思考内容。

盛世长城广告公司无疑采用了"直译"的办法，以强映强，找最有说服力的东西表达一汽丰田的产品风格，石狮、东风汽车则成为理想的参照物。石狮在我国作为权力、地位、财富的象征，是极具民族特征的产物，石狮的屈服正体现了"霸道"的风格。东风汽车笨重，小个头"陆地巡洋舰"在斜坡上拉大块的东风汽车是最好的强悍佐证。同时，石狮、东风汽车在消费者中的认可度较高，石狮、东风汽车出现在广告中一方面很"中国"，另一方面形成了良好的视觉冲击力。

然而广告商与广告主忽略了汽车品牌构成中的重要组成部分——人文背景，丰田作为日本的品牌与中国应该融入而不是征服。一汽丰田在广告产品风格诉求及人文背景的表达上无疑犯了一个最大的错误。

阅读以上材料，回答问题：

（1）从公共关系策划的角度来看，该案例中的策划出现了什么问题？

（2）从该案例中可以总结出哪些经验教训？

实践活动：参与企业公关策划方案的编写

活动目的：

完成较复杂情况下的公共关系策划方案、报告的编写。

活动安排：

1．教师与校外基地接洽，带领学生参与企业实际项目；

2．学生分组，参与公共关系策划方案的制定，讨论并写出报告。

教师注意事项：

1. 引导学生参与公共关系活动项目；

2. 学生分组讨论并制定公共关系活动方案；

3. 分小组点评，并将学生的表现计入平时成绩。

评价标准

表现要求	已达要求	未达要求
小组活动中的工作表现（参与度、讨论发言积极程度）		
整个工作过程的表现（六步骤）		
对职业整体的认识与把握		
工作过程中知识与经验的运用		

课程思政园地

一家工厂废水未经处理直接排入附近水域，造成鱼类大量死亡。渔民愤怒冲入厂区，形成了公共关系事件。为平息纠纷，工厂公共关系部门编制了一份策划方案。

关于协调社区关系公关策划案

一、调查公众

1. 调查外部公众——渔民中的意见领袖。

2. 调查内部公众——员工中的意见领袖。

3. 检验水和死亡的鱼类。

二、策划

（一）确立问题

1. 领导不重视环保，无环保机构。

2. 员工环保意识淡漠，环保知识贫乏。

3. 技术设备陈旧。

4. 长期忽视工厂与社区的关系。

（二）目标

1. 在全厂普及环保法规。

2. 成立环保机构。

3. 进行环保技术培训。

4. 改造旧设备，使"三废"排放量达国家标准。

5. 建立工厂与社区环保相互监督机制。

6. 建立新型社区关系。

（三）选择传播方式

1．人际传播：走访渔民家庭。

2．设立渔民环保监督员。

3．组织传播：开办环保知识系列讲座。

4．组织渔民进厂参观。

5．举办工厂与社区的文化联谊活动。

6．大众传播：用闭路电视进行环保教育。

7．在广播站开设环保专题节目。

8．在厂报开设环保专栏、专刊。

（四）选择公关模式

1．宣传型公关模式：在厂区车间与社区路旁设立环保标语和板报。

2．征询型公关模式：在厂区和社区设立环保意见箱。

3．交际型公关模式：工厂与社区进行文体联谊活动。

4．服务型公关模式：义务培训社区民办教师和科技人员，扶植社办企业。

5．社会型公关模式：义务修理乡村干道和乡村学校，为社区孤寡老人服务。

（五）公关预算

1．人员预算：公共关系经理1名，公共关系策划2名，新闻采编2名，环保专家2名，摄影摄像2名，美工2名，其他3名，共计14名。

2．财务预算：三次讲座2 000元；一次参观50元；录像制作200元；联谊活动100元；标语板报50元；意见箱2个30元；改造设备10 000元；捐助小学1 000元；修路5 000元；共计：18 430元。

（六）时间安排

4月1日—3日，走访渔民中的意见领袖。

4月4日—7日，举办三次环保讲座。

4月8日—15日，一周闭路电视环保法教育。

4月16日—23日，一周广播环保专题节目。

4月24日—30日，制作环保标语、宣传栏和板报，并安置完毕。

5月1日—4日，厂区与社区文体联谊。

5月5日—6日，在厂区和社区安置意见箱。

5月7日—8日，组织渔民分批参观厂区。

5月9日—11日，整修乡村干道，维修校舍，义务为孤寡老人服务。

5月12日—13日，举办两期渔民科普讲座。

5月14日—15日，评估总结。

问题：

1．企业进行公共关系调研的动因是什么？

2．企业在环境保护方面应该承担哪些责任？

3．如何理解"绿水青山就是金山银山"？

公共关系策划
课程思政

自我学习总结

通过完成任务4，我能够做如下总结。

一、主要知识

概括本任务的主要知识点：

1.

2.

二、主要技能

概括本任务的主要技能：

1.

2.

三、主要原理

你认为，公共关系策划的基本原理是：

1.

2.

四、相关知识与技能

你在完成本任务过程中，了解了：

1. 公共关系策划的意义有：

2. 公共关系策划的方法有：

3. 公共关系策划的操作环节有：

五、成果检验

你完成本任务的成果：

1. 完成本任务的意义有：

2. 学到的知识或技能有：

3. 自悟的知识或技能有：

4. 你对企业在环保方面责任的看法是：

任务 5
公共关系实施

📖 学习目标

1. **知识目标**

能认识公共关系实施的内涵与作用。

能认识公共关系实施的工作内容和程序。

能认识公共关系实施的方法与基本要求。

2. **技能目标**

能说明公共关系实施的意义。

能编写公共关系实施计划。

能对公共关系实施工作有整体认识。

3. **课程思政目标**

激发爱国热情。

增强文化自信。

体会民族精神的意义。

任务解析

根据公共关系职业工作活动顺序和职业教育学习规律，"公共关系实施"任务可以分解为以下子任务。

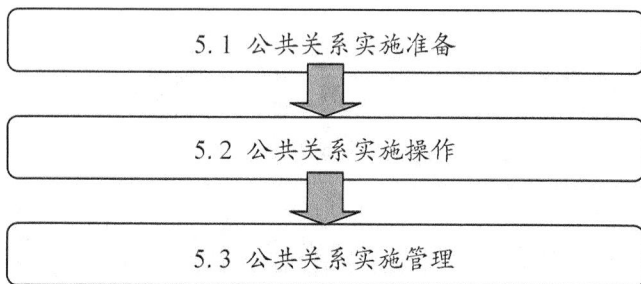

```
┌─────────────────────────────┐
│   5.1 公共关系实施准备        │
└─────────────────────────────┘
              ↓
┌─────────────────────────────┐
│   5.2 公共关系实施操作        │
└─────────────────────────────┘
              ↓
┌─────────────────────────────┐
│   5.3 公共关系实施管理        │
└─────────────────────────────┘
```

公关故事

我们的第五个故事要从不知名的丛林讲起。一天，有一位师傅带着习武的小徒弟在森林中漫游，忽然，小徒弟一声惊叫，指着远方急切地喊着："师傅，你看，一只狼在追着一只仓皇而逃的兔子。"

小徒弟问道："师傅，要不要救救那只兔子？我看它跑得好可怜。"师傅笑笑说："不急，我出个题目，你猜这只恶狼能不能追上那只兔子呢？"徒弟想了想，回答道："应该很快就追上了吧。"师傅正色道："不对，追不上。"徒弟诧异问："为什么？"

师傅慈祥地说："因为这只狼在乎的不过只是一顿午餐，追不上兔子，它可以转而追捕其他东西。但是对兔子而言，那就大大不同了，它若是被狼追上，自己的性命也就没了，所以兔子会用尽全部力量来逃命，所以我说，狼追不上兔子，你看吧！"

果然，狼与兔子之间的距离越来越远，终于放弃了继续追兔子。小徒弟又问："师傅，照这么说狼永远也追不上兔子了？"师傅摸着小徒弟的头，说："只要狼群一起行动，兔子跑得再快，还是脱不出它们的围捕。"

有的人之所以能够成功，或许正如兔子般凡事全力以赴，故而得以正确激发潜能。而有的人遭遇失败，或许就如狼一般，只是为了糊口，而不愿多用心力来让事情变得更好。如果自认已经全力以赴了，还可能面临失败，不妨学学狼，寻求帮助，依靠团队同心协力的合作，可能就会有另一番崭新的局面。

公共关系活动是一项团队合作才能完成的工作，一个项目中，从方案制定、组织实施到分析、提出结论，需要多个人员、部门的配合。一个完整的组织是顺利完成项目的保障。公共关系实施是将公共关系策划变为实际行动的过程，主要是对计划进行检验和修正。公共关系策划是公共关系工作过程的先导，而公共关系实施乃是整个公共关系活动的中心和关键环节。因为，公共关系策划是对未来行动的一种预见和设想，只有经过努力，将它转变为现实，它才有实际意义，否则就只是一纸空文。因此，公共关系实施非常重要。

读后问题：

1. 故事想要说明哪些道理？

2. 怎样开展公共关系活动才能保证活动效果？

3. 公共关系活动的开展与活动方案是怎样的关系？

4. 如果要制定公共关系实施方案，该方案至少应包括哪些内容？

5.1 公共关系实施准备

任务提示：这是公共关系初学者学习公共关系实施的第一步，即认识公共关系实施的含义，把握公共关系实施的准备工作和具体要求，并能够在此基础上组织进行公共关系实施准备活动。

只有经过组织实施，才能验证出公共关系策划方案的合理性。从某种意义上说，公共关系策划方案的实施过程就是信息的传播过程，是组织运用各种传播手段，把预先制作的公共关系信息传递给公众，引导或改变他们的态度和行为，创造和改善有利于组织的社会环境和舆论环境的过程。

5.1.1 制定公共关系实施方案

公共关系实施方案，又称公共关系技术文案或公共关系活动计划。如果说对公共关系策划方案的判定是一种分析和规划的过程，那么方案的实施则是一种行动的过程。不同的行动、不同的操作方法可以产生不同的效果，因此公共关系活动的实施也需要进行精心的设计。

重要术语 5-1

公共关系实施

公共关系实施是公共关系主体（社会组织）为了实现既定的公共关系目标，充分利用实施条件，对公共关系策划方案进行实施策略、手段、方法、流程设计，以及实际操作与管理的过程。

公共关系实施方案的制定应包括以下工作。

1. 分解公共关系实施工作

一个公共关系策划方案往往由众多的项目组成，每个项目又可分解为若干个二级项目，每个二级项目又可以分解为若干个三级项目，直到将公共关系实施活动的具体工作任务清晰地罗列出来。由图 5-1 可知，任何一个大型公共关系活动都是一个系统工程。

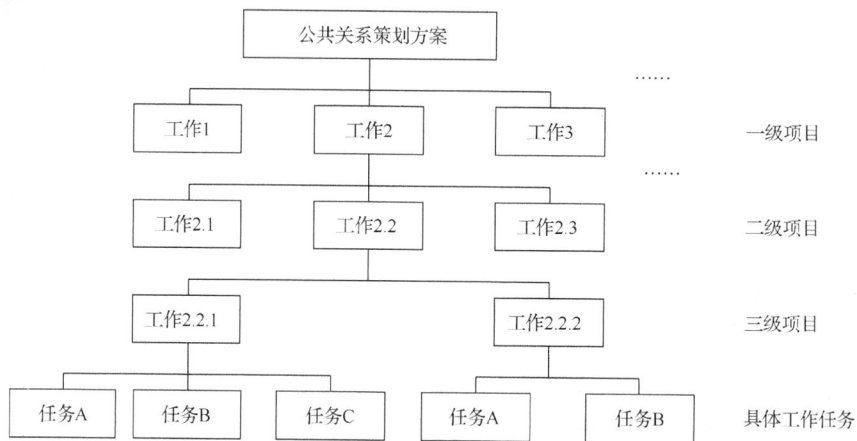

图 5-1 | 公共关系策划方案分解

公关实务 5-1

100 周年庆祝活动任务分解

某大学 100 周年庆祝活动共有 6 个一级活动项目：征集赞助委员会成员、奖学金获得者近况调查及评选十佳获奖者、500 家事业昌盛的公司调查、工作与家庭问题专题研讨、午餐庆祝会、新闻专访。其中，对"午餐庆祝会"我们可以分解为"会议筹备"和"会议材料准备"两个二级活动项目，对"会议筹备"我们又可进一步分解为"策划会议议程""确定主持人、发言人""邀请嘉宾""选择会场""布置会场""会前宣传""会议物资采购"等三级活动项目。

评析：任务分解可以使活动的每一个环节、任务明确到人。

2. 制定公共关系实施工作要求

公共关系实施工作的要求是指各项公共关系实施工作内容的操作目标、原则和注意事项，它对具体工作方法设计和实际工作过程具有重要指导作用。因此，在公共关系实施工作内容分解、设计完成后，就要对每项工作内容提出工作要求，根据这一要求设计具体工作方法。公共关系实施工作有以下要求。

（1）工作方法要具体、仔细，工作量要少、尽量简单，时间要安排到最小的单位，这样才具有较强的可操作性。

（2）对于有风险的操作方法，要有预案，以确保万无一失。

（3）工作方法要符合政策法规、社会风俗习惯、伦理道德，针对目标公众的心理，工作方法要讲究艺术性。

（4）工作方法成本要低，效果要好。

（5）工作内容的可靠性要高。

在公共关系实施中，完成一项工作任务的具体方法有很多。要深入调查、分析各种制约因素，针对目标公众的心理，寻找和策划出多种工作方法，反复比较论证，从而找到能够圆满完成工作内容、达到甚至超过工作目标的相对最佳的工作方法。

3. 明确公共关系实施工作的时间与流程

完成公共关系实施工作内容、工作方法的设计后，紧接着要对实施时机、工作进度和各项工作之间的配合关系进行策划和设计。要将公共关系实施的各项工作全面纳入计划管理，要全面协调时间进度与整个项目的进程。

（1）选择公共关系实施时机。

一项公共关系策划方案的实施，往往有若干项工作内容，其中与公众发生关系的工作内容的实施开始与结束的时间特别重要，必须准确把握、科学决策。

公共关系实施的最佳时机，有时表现为一时一刻，有时表现为一个较长的时间段，如几日、几周甚至几个月等。这些时机有的是日常性的，有的是固定的，有的则具有偶然性。公共关系人员应该时时保持敏锐的观察与判断能力，识别公共关系实施的最佳时机，以取得事半功倍的效果。

（2）确定公共关系实施进度。

公共关系实施进度是在确定公共关系实施时机后，对各项公共关系实施工作内容所需要的时间进行安排。必须保证在所确定的最佳开始时间内启动有关工作，在最佳结束时间内完成工作。实施进度安排要充分估计各种因素的干扰，留有余地。最直观的时间进度安排方式就是拟出时间进度表。

（3）确定公共关系实施流程。

公共关系实施各项工作内容之间存在一种客观的分工和协调关系，只有合理分工、有机协调才能确保各项工作顺利完成。我们把公共关系实施各项工作内容之间的衔接、协调和配合关系及其有机组合的过程称为公共关系实施流程。它反映了各项工作之间的一种内在联系规律，是公共关系实施作为一项系统工程的体现。

公共关系实施流程中的时间衔接、分工协调和有机组合最好通过流程图来表示，并配以文字说明，对各项工作之间的协作关系、责任关系进行规定，必要时形成一种制度。一定要预防发生彼此责任不清等情况，否则将严重影响进度。

4. 制定公共关系实施工作规章制度

根据公共关系职业准则和组织中的有关规章制度及公共关系实施的具体情况，项目领导组还应制定出各项工作制度。这是对公共关系实施人员行为的约束和管理机制，如职业道德、信息保密、经济关系、行政关系、分工协调、奖罚机制、危机处理、礼仪规范、差旅出勤等。

5.1.2 公共关系实施人员准备

公共关系实施是对策划方案进行具体操作与管理，其行为主体是广大公共关系人员。因此在公共关系实施前，在人员方面还需要做好以下几个方面的准备工作。

1. 建立实施机构及配备人员

公共关系实施机构是指专为完成某一公共关系任务、公共关系目标而建立的组织。

不管是哪种主体实施操作，它都必须建立公共关系实施机构，配备得力的实施人员。实施人员的素质和能力非常重要，优秀的实施人员不仅能顺利完成工作任务，而且能完善实施方法，弥补实施方案的不足。

应按照精简、节约、高效的原则来构建公共关系实施机构，一般以领导中心机构为核心，下设智囊机构、执行机构、监督反馈机构。在规模较大的公共关系实施活动中，机构具有多层级特点，从低级层次到高级层次，人数依次减少，权力依次增大，形成金字塔式结构。确保将每一项工作内容落实到具体人员。在将一项工作内容安排给两个及以上的人员操作时，要确定一个负责人，并进行分工。一个人负责多项工作时要考虑工作之间的内在关系，使其运作起来高效、方便。

重要信息 5-1

公共关系实施机构职责

（1）明确指导思想，确定组建机构的目的和任务。

（2）制定机构编制方案。根据领导机构的任务和工作量，确定部门、职务和人数，规定每个岗位的职责。

（3）确定领导体系。明确纵向隶属关系和横向协作关系。

（4）报批机构编制方案。

（5）任命领导人和安排工作人员。

2. 组织人员培训

在实施公共关系活动之前对相关工作人员进行培训，可以使他们不仅明确活动的内容、意义、作用、目的和要求，明确自身的工作与责任范围及相关的工作纪律、考核标准和奖惩办法，而且掌握活动所需要的知识、方法与技能，在工作能力和心理状态方面都做好准备。要组织相关工作人员认真学习、研讨公共关系方案实施工作的操作方法，使他们将相关方法彻底弄懂。可以通过讲解、讨论、答辩、模拟训练来促使其正确掌握相关方法；对于有使用风险的方法要反复进行模拟演习，把失误率降至最低。此外，应做好预案，确保万一某种方法失败时有备用的方法。

5.1.3 公共关系实施财物准备

根据公共关系策划方案要求，项目组分工负责购置或租赁活动所需的相关物品和材料，一般包括音响器材、摄影摄像器材、场地布置物品等。

重要信息 5-2

公共关系实施的特点

公共关系实施是一个行动过程，具有以下特点。

（1）实施效应的联动性。小的方面，公共关系实施常常会将该组织的异己力量变为合作者和支持者；大的方面，公共关系实施有时还会对整个社会的文化、习俗产生深刻影响。

（2）实施过程的动态性。一方面，公共关系策划方案无论多么周密、细致，总会与实际情况存在着一定差异；另一方面，随着时间的推移、实施的进展、环境的变化，实施过程中仍会遇到一些新情况和新问题。因此，实施活动不能按一个固定的模式执行。

（3）实施活动的创造性。实施人员应该充分地发挥积极性、主动性和创造性。从这个意义上说，公共关系实施的过程也是一个对原计划进行再创造的过程。

任务实训 5.1

公共关系实施准备工作讨论

实训目的：

加深学生对公共关系实施准备工作的认识。

实训安排：

1. 学生收集并讲解一些公共关系实施故事或案例；

2. 分析公共关系实施准备工作对公共关系管理活动的影响，讨论公共关系实施准备工作的重要性；

3. 将分析讨论成果做成 PPT，分小组演示分享。

教师注意事项：

1. 由生活事例、企业经营事例导入对公共关系实施准备的介绍；

2. 提供一些简单的公共关系实施案例，引导学生讨论；

3. 分小组点评，并将学生的表现计入平时成绩。

评价标准

表现要求	是否适用	已达要求	未达要求
小组活动中，外在表现（参与度、讨论发言积极程度）			
小组活动中，对概念的认识与把握的准确程度			
小组活动中，角色扮演的精准度			
小组活动中，PPT、文案制作的完整与适用程度			

5.2 公共关系实施操作

任务提示：这是公共关系初学者学习公共关系实施的第二步，即认识公共关系实施操作的工作内容，把握公共关系实施的具体工作和要求，并能够在此基础上组织公共关系实施的操作。

▌5.2.1 公共关系媒体联络

组织在选择新闻媒体时，不能单纯地考虑某一个方面，而应把多个标准结合起来，使选择的媒体经济、可行，以达到理想的效果。尽管在公共关系策划中对媒体选择已做出规定，但公共关系人员在具体实施时，仍然需要根据公共关系活动的需要灵活地选择媒体并积极与其联络。

1. 选择公共关系媒体

公共关系活动实际上是针对目标公众进行的信息传播活动。要想使这种传播活动取得最大的效果，必须使发出的信息大部分或全部为目标公众所接受，这就需要通过利用目标公众所惯常使用的传播媒介或渠道来传递信息。公共关系人员根据目标公众的国别、居住地区、职业、受教育程度、经济情况等特征，可以大体上判断出他们喜欢或习惯阅读的报刊、收听的广播和收看的电视节目等，并查明上述报刊、广播电台、电视台的情况及有关编辑、记者的情况，以便针对这些情况开展广告、宣传活动，使企业的信息能够通过适当的媒介被目标公众接受。

2. 制作公共关系信息

根据公共关系策划方案的要求，公共关系人员应该写出符合目标公众特点的新闻稿件、广告稿、演讲词、展览说明、小册子等，以激发他们的兴趣。同时，公共关系人员在写作要提供给新闻媒体的稿件时，还要考虑到新闻媒体的特点，以及目标公众惯用的传播媒介的具体情况，使组织提供的稿件尽可能被有关编辑、记者选中作为新闻发表，或作为进一步采访的线索。

3. 加强对外媒体联络

项目组还需注意与新闻媒体等外部公众的联络，该项工作一般由组织内专门的媒体联络人负责。应该预先确定、邀请活动所需邀请的嘉宾，及时将活动安排和宣传计划告知新闻媒体，并提前联系相关的采访、报道、刊登和播放事宜；提前到相关政府部门办理活动所需要的公务报批手续。

重要信息 5-3

公共关系实施的原则

公共关系实施是一个复杂的过程，需要有一套科学的实施原则做指导。

（1）目标导向原则。公共关系人员在公共关系实施过程中，要保证不偏离既定的公共关系目标，不断将实施结果与目标要求进行对照，发现差距要及时调整。

（2）准备充分原则。公共关系人员必须做好实施准备，准备越充分，公共关系实施就越顺利，失误的可能性就越小。

（3）控制进度原则。根据整个公共关系策划方案和目标的需要，按照一定的程序，掌握工作的进展速度，使各项工作按计划协调、平衡地开展，并确保按时完成。

（4）整体协调原则。在公共关系实施中，要使工作的各个方面达到和谐、互补、协调的状态，这样才能提高工作效率，减少或杜绝人力、物力和财力的浪费。

（5）反馈调整原则。在实施过程中，必须不断地把公共关系实施的结果与策划方案的目标相对照，若发现偏差，则及时对方案、实施行动和目标做出相应的调整。

5.2.2 公共关系实施试验

在大规模实施公共关系实施方案之前，有必要事先将实施方案在一个典型的、较小的公众范围做试验，目的是验证各项工作内容的操作方法是否妥当，取得实施经验。

1. 组织实施试验

根据公共关系策划方案及实施计划的安排，公共关系人员应先组织实施试验。试验中需要注意以下问题。①选择典型的实施环境和目标公众进行试验，非典型试验将失去意义。②始终以完善与调整方案、取得实施经验和验证效果为实施试验的重点。③试验的过程也是对实施人员的培训过程，因此要建立试验培训的考核评价机制。④如有需要，可以进行比较试验，选择两三个典型环境同时进行试验，减少试验的偶然性，增加其客观性。⑤经过试验，如果要完全否定实施方案，甚至完全否定公共关系策划方案，必须做出实事求是的分析论证。

2. 评价试验结果

公共关系人员应记录、汇总公共关系实施试验的结果，并根据试验效果讨论正式实施结果及预期公共关系目标实现的可能性，最终将试验效果与讨论结论提交公共关系项目组领导层。通过试验，发现实施方案的不足，及时修改、调整、完善公共关系实施方案，这也是公共关系实施方案的实践性论证和修改的过程。

公关实务 5-2

汉堡包的公共关系实施试验

1971 年，美国的汉堡包在日本实施了一项公共关系实施的试验。这一成功的公共关系实施试验，不仅使日本民众多年以来吃米、吃鱼的习惯发生了变化，而且使日本民众进餐的方式有了改变。以往日本人习惯于端坐于桌旁用筷子吃饭，汉堡包却可以用手抓着吃，可以边谈边吃，也可以边走边吃，忙碌时甚至可以边工作边吃。这一进餐方式的变革适应了日本民众快节奏的现代生活而很快为日本民众接受。

评析：由此可见，一项公共关系实施试验所产生的影响和作用，往往不局限于项目整体实施所针对的目标，还可能对民众生活方式的变化起到推动作用。

5.2.3 公共关系预算分配

在公共关系策划工作中，已经对活动经费做出了总体预算，这是对开展公共关系实施工作编制预算的依据。公共关系项目领导组应该将公共关系策划的总体预算经费合理地分配到公共关系实施活动的各项工作中，以保证公共关系实施工作的顺利进行。

一般来讲，对于大型的公共关系活动，总体预算至多做到一级工作项目预算，也只能较为精确地做到这一级。这是因为在做策划时，详细的工作内容及其工作方法尚未设计出来，所以不可能做到具体预算。

公共关系活动实施预算分配的结果可列于公共关系活动进度表右侧，这样一目了然，便于了解与管理。需要提醒的是，公共关系策划中的经费预算是留有余地的，目的是防止意外工作增加或策划不周而造成经费不足，因此，在分配预算经费时一般需要留下 5%～10%的经费备用。

重要信息 5-4

公共关系模式

公共关系模式是指有一定的公共关系目标和任务，以及由此决定的若干技巧和方法所构成的具有某种特定公共关系功能的工作方法系统。公共关系模式有以下类型。

（1）建设型公共关系。建设型公共关系是在社会组织初创时期或新产品、新服务首次推出时期，用于开创新局面的公共关系活动模式，目的在于提高组织美誉度，在公众心中形成良好的第一印象。其采用的方法包括开业广告、开业庆典、新产品试销、新服务介绍、新产品发布会。

（2）维系型公共关系。维系型公共关系是指社会组织在稳定发展期间，用来巩固良好形象的公共关系活动模式。其做法是通过各种渠道和采用各种方式持续不断地向社会公众传递组织的各种信息，使公众在不知不觉中成为组织的顺意公众。

（3）防御型公共关系。防御型公共关系是指社会组织为防止自身的公共关系失调而采取的一种公共关系活动方式，目的是在组织与公众之间出现摩擦苗头的时候，及时调整组织的政策和行为，铲除摩擦苗头，始终将与公众的关系控制在期望的轨道上。

（4）矫正型公共关系。矫正型公共关系是指社会组织在遇到问题与危机，公共关系严重失调，组织形象受到损害时，开展的公共关系活动。其目的是对严重受损的组织形象及时纠偏、矫正，挽回不良影响，转危为安，重新树立组织的良好形象。

（5）进攻型公共关系。进攻型公共关系是指社会组织采取主动出击的方式来树立和维护良好形象的公共关系活动模式。当组织需要拓展（一般在组织的成长期），或预定目标与所处环境发生冲突时，应主动开展公共关系活动，以减少或消除冲突的因素，并保证预定目标的实现，从而树立和维护良好形象。

（6）宣传型公共关系。宣传型公共关系是指运用大众传播媒介和内部沟通方法开展宣传工作，树立良好组织形象的公共关系活动模式，目的是广泛发布和传播信息，让公众了解组织，以使组织获得更多的支持。

（7）交际型公共关系。交际型公共关系是指以人际接触为手段，与公众进行协调沟通，为组织广结良缘的公共关系活动。它的目的是通过人与人的直接接触来进行感情上的联络，为组织广结良缘，建立广泛的社会关系网络，形成有利于组织发展的人际环境。

（8）服务型公共关系。服务型公共关系是一种以提供优质服务为主要手段的公共关系活动模式，其目的是以实际行动来获取社会公众的了解和好评，为组织建立良好的形象。

（9）社会型公共关系。社会型公共关系是指组织通过举办各种社会性、公益性、赞助性的活动，来塑造良好组织形象的公共关系活动模式。

（10）征询型公共关系。征询型公共关系是以采集社会信息、掌握社会发展趋势为目的的公共关系活动模式。征询型公共关系的工作方式有产品试销调查、产品销售调查等。

（11）文化型公共关系。文化型公共关系是指社会组织或受其委托的公共关系机构和部门在公共关系活动中有意识地进行文化定位和文化包装，提高组织文化品位的公共关系活动。

（12）网络型公共关系。网络型公共关系是指社会组织借助联机网络、计算机通信和数字交互式媒体，在网络环境下实现组织与内外公众双向信息沟通，以及与网上公众关系协调的实践活动。

任务实训 5.2

公共关系实施操作讨论

实训目的：

加深学生对公共关系实施操作的认识。

实训安排：

1. 学生收集并讲解一些公共关系实施故事或案例；

2. 分析公共关系实施操作对公共关系管理活动的影响，讨论公共关系实施操作的重要性；

3. 将分析讨论成果做成 PPT，分小组演示分享。

教师注意事项：

1. 由生活事例、企业经营事例导入对公共关系实施操作的介绍；

2. 提供一些简单的公共关系实施操作案例，引导学生讨论；

3. 分小组点评，并将学生的表现计入平时成绩。

评价标准

表现要求	是否适用	已达要求	未达要求
小组活动中，外在表现（参与度、讨论发言积极程度）			
小组活动中，对概念的认识与把握的准确程度			
小组活动中，角色扮演的精准度			
小组活动中，PPT、文案制作的完整与适用程度			

5.3　公共关系实施管理

任务提示：这是公共关系初学者学习公共关系实施的第三步，即认识公共关系实施过程管理的工作内容，把握公共关系实施管理的具体工作和要求，并能够在此基础上组织进行公共关系管理的操作。

公共关系实施管理是对实施中的各要素及其阶段性目标进行管理。在一项具体的公共关系实施活动中，要分析各种实施要素在实施中的重要性，将最重要的要素进行重点管理。公共关系实施管理主要包括人员管理和项目管理。

5.3.1　公共关系活动人员管理

公共关系实施管理是确保公共关系实施成功的重要因素，不进行科学、有效的实施管理，在公共关系创意、实施方案设计、实施准备等工作中付出的艰辛劳动也会前功尽弃。在公共关系实施中，公共关系人员是重要因素，所以人员管理就是管理工作的重点。

1. 实施领导与指挥

公共关系活动项目领导组负责带领公共关系人员具体实施公共关系实施方案，在这一过程中其具有组织职能和指挥职能，拥有组织、指挥、协调、激励、控制的责任和权力。公共关系实施方案确定以后，实施成败的关键就在于实施的领导与指挥。公共关系实施领导者的工作职责主要如下。①明确分工授权。②指导公共关系实施方案的执行。③为每一阶段或每一时期的实施工作确立明确、具体的目标。④保证组织与公众之间双向传播渠道的畅通。⑤以公众利益为准则，协助和影响本组织领导采取为公众所欢迎的政策和方针。⑥加强与组织内部各管理部门的合作。⑦确保公共关系实施中必需的人、财、物力支持，使工作得以正常进行。⑧努力增强下属（操作人员）的向心力，调动其工作积极性。⑨检查监督下属的工作，及时提出修正意见。⑩定期向主管领导汇报工作并请示指导。

2. 公共关系人员管理

在公共关系人员管理中，一方面要借助相应的规章制度和激励手段调动人们的工作热情和积极性，监控他们的工作方法、质量；另一方面要通过明确、合理的分工安排及合作竞争并行的机制提高工作效率，努力营造团结、和谐、高效的工作氛围。

公共关系实施是一个不断变化和需要调整的动态过程。实施者要依据整个实施方案中的原则和自身所处的环境、具备的条件确定实施策略。这个策略应激发公共关系人员的主动性和创造性。再者，任何一份公共关系实施方案都不可能规定公共关系人员在具体实施时该怎么做、该怎么说，因此，公共关系人员在实施时要发挥自己的创造性，遇到意外的情况，在不背离既定目标、不影响大局的前提下，自主解决问题。

5.3.2 公共关系活动项目管理

公共关系实施项目管理的重点是控制实施中的重要因素，排除实施中的障碍，实行过程管理。

1. 明确管理重点

在实施公共关系项目管理时，首先要明确管理重点。一般来讲，重点管理对象包括实施中的实施要素及其阶段性目标。在一项具体的公共关系实施活动中，要分析各种实施要素在实施中的重要性，将最重要的实施要素确定为关键控制对象并进行重点控制。

重要信息 5-5

公共关系实施管理控制对象

在公共关系实施管理中，控制的对象有人力、物力、成本、时机、进度、流程、质量（效果）、工作方法、阶段性目标、突发性危机事件等。

（1）人力控制。控制点：①人数；②责权利关系；③积极性、主动性和创造性；④遵章守纪；⑤人头目标（岗位目标）；⑥用人之长，人尽其才；⑦公共关系素质与能力。

（2）物力控制。公共关系实施中常用的"物力"主要是摄影摄像设备、音响设备、通信设备、交通运输设备、计算机等。控制点：①数量；②使用量；③损坏与丢失情况；④安全使用情况；⑤使用效果（质量）；⑥使用成本。

（3）成本控制。控制点：①购买与消费过程；②价格；③购买质量、功能与价格比（即价值）；④浪费情况；⑤节约情况；⑥贪污情况；⑦回扣情况；⑧财务规章制度。

（4）时机控制。控制点：①实施开始时点；②实施结束时点；③时机影响因素。

（5）进度控制。控制点：①时间进度与工作进度的关系；②影响进度的因素；③进度与时机的关系。

（6）流程控制。控制点：①分工；②协作；③时间衔接；④矛盾；⑤影响流程的因素。

（7）质量（效果）控制。控制点：①工作质量（各项工作的质量要求）；②公众的实际反应；③负效应；④各种失误；⑤公共关系工作受组织内部其他非公共关系工作的影响；⑥其他因素对实施效果的影响。

（8）工作方法控制。控制点：①工作方法操作的关键技巧；②障碍因素；③工作方法之间的配合情况；④组织对实施（操作）的供应（特别是物力、财力和信息的供应）情况；⑤备用方法的启用；⑥保密情况。

（9）阶段性目标控制。将公共关系实施过程分为若干阶段，定出每一阶段的具体目标要求作为控制点。

（10）突发性危机事件控制。公共关系实施突发性危机事件是指在公共关系实施过程中发生的严重阻碍公共关系正常实施的突发性事件。

2. 实施沟通管理

公共关系实施的过程就是传播沟通的过程。这一过程中，常常会因为传播沟通工具的运用不当、方式方法不妥和传播渠道不畅而使实施工作出现传播沟通障碍。

重要术语 5-2

沟通障碍

所谓沟通障碍，是指信息在传递和交换过程中，由于信息意图受到干扰或误解，而导致沟通失真的现象。人们在沟通信息的过程中，常常会受到各种因素的影响和干扰，使沟通受到阻碍。

随着大数据时代的到来，每个人都在不断地受到各种各样的信息的冲击，受到这些信息的影响。但同时，每个人也都在以书面的、口头的、动作的形式，向外传递自己的知识、经验、观点等信息，向外界施加影响。这种相互影响交织在一起，一方面促进了沟通，另一方面又对沟通形成干扰，使沟通出现障碍。

沟通障碍主要有政治障碍、经济障碍、语言障碍、文字障碍、文化习俗障碍、年龄障碍等。除此之外，研究表明，社会上很大一部分人对社会问题和公共事务不感兴趣；公众乐于接受与他们原有认识或态度相一致的信息，而回避或不接受与其原有认识或态度相矛盾的信息；对于同一信息，人们对它的理解各不相同；公共关系活动企图通过传递信息，改变公众的思想或行为，但同时会受到公众原有认识和态度的影响。因此，在公共关系实施中，一定要认真研究目标公众的生活方式、价值标准、使用大众传播媒介的习惯等，尽量避免主客观的干扰因素，并及时疏通障碍，努力消除不良影响，使信息完整、客观、清晰地传递给目标公众。

3. 实施进程管理

（1）时机与进度管理。时机与进度管理主要处理计划进度和实际进度、时间进度和工作任务进度的关系，了解流程控制、时间衔接、操作时机等方面存在的问题，以及影响进度的因素。

（2）资金物品管理。在公共关系实施中，需要使用摄影摄像设备、音响、通信器材和交通工具等，因此涉及成本控制和物品管理工作。这类工作涉及各种所需物品的选购、价格、质量等问题，并关注各种物品，特别是贵重器材的保管、发放、使用和回收问题。一般来说应安排专人负责，并将相关数据及时登记在册以便有账可查，既要保证满足公共关系实施的需要，充分发挥财物的功效，又要尽量减少物品的损坏、遗失和浪费。

（3）突发危机事件管理。在公共关系工作中可能发生严重阻碍活动实施并影响组织形象的突发事件，公共关系人员应预先准备危机管理方案，并密切注意实施过程中是否存在各种矛盾和不协调因素，如实施环境有无障碍因素，新闻媒体有无不利报道，工作方法是否存在较大的风险，竞争对手有无对抗行为等，并及时加以化解与调整，以免情况恶化。

（4）公共关系计划的管理。在执行公共关系计划时要严格控制工作进度，保证计划按步进行。同时，要十分重视公共关系活动的开展与企业目标实现的一致性，统筹全局，不能因过分拘泥于某一个阶段或局部工作，而忽略了整体目标。若出现忽略了整体目标的倾向，要及时调整、修改，按照整体修改后的公共关系计划开展公共关系活动，以保证每项工作都能够紧扣整体目标。

重要信息 5-6

公共关系实施管理的原则

有效的公共关系实施管理必须坚持以下原则。

（1）激励原则。激发被管理者的责任心和工作热情，让每一个实施人员深刻理解达到控制标准的重要性，使其积极主动地完成任务。

（2）责任原则。清晰界定公共关系实施各岗位、各人员的责任与权力，防止职责不清。

（3）客观公正原则。尽可能用客观的事实和数据说话，不能凭个人的情感、好恶来评价他人。

（4）控制点原则。公共关系实施的控制点是指实施中的关键点，它们是最容易出现偏差的因素，或者是出现偏差对整体影响较大的因素。

（5）及时、准确原则。联络渠道畅通，各种信息能够迅速、准确地上传下达，坚决杜绝信息失真、传达延误。

（6）弹性原则。弹性原则是指公共关系实施控制必须具有较强的适应性和应变能力。

任务实训 5.3

公共关系实施管理工作讨论

实训目的：

加深学生对公共关系实施管理工作的认识。

实训安排：

1. 学生收集并讲解一些公共关系实施故事或案例；

2. 分析公共关系实施管理工作对公共关系管理活动的影响，讨论公共关系实施管理工作的重要性；

3. 将讨论分析成果做成PPT，分小组演示分享。

教师注意事项：

1. 由生活事例、企业经营事例导入对公共关系实施管理的介绍；

2. 提供一些简单的公共关系实施案例，引导学生讨论；

3. 分组点评，并将学生的表现计入平时成绩。

评价标准

表现要求	是否适用	已达要求	未达要求
小组活动中，外在表现（参与度、讨论发言积极程度）			
小组活动中，对概念的认识与把握的准确程度			
小组活动中，角色扮演的精准度			
小组活动中，PPT、文案制作的完整与适用程度			

任务5小结

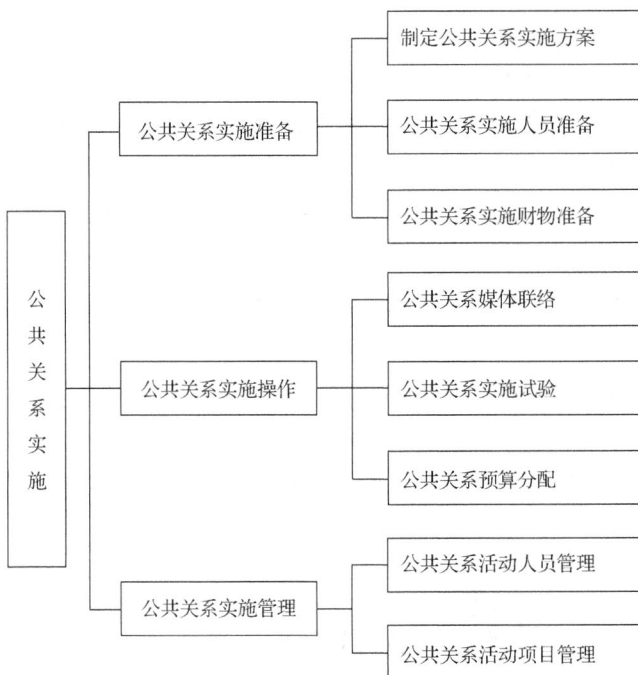

知识与技能检测

一、课堂讨论

（1）公共关系实施是否具有艺术性？

（2）公共关系实施是一次性活动吗？

（3）讨论公共关系实施与组织宣传的关系。

（4）公共关系实施是否也是一项系统工作？

（5）公共关系实施障碍是常态吗？

二、课后自测

1. 选择题

（1）公共关系实施的最佳时机（　　　）。

A. 有时表现为一时一刻　　　B. 有时表现为一个较长的时间段

C. 有的是日常性的　　　　　D. 有的是固定的

E. 有的则具有偶然性

（2）公共关系实施机构的职责包括（　　　）。

A. 明确指导思想，确定组建机构的目的和任务

B. 制定编制方案，根据领导机构的任务和工作量，确定部门、职务和人数，规定每个岗位的职责

C. 确定领导体系，明确纵向隶属关系和横向协作关系

D. 报批机构编制方案

E. 任命领导人和安排工作人员

（3）公共关系实施项目管理的重点是（　　　）。

A. 控制实施中的重点要素　　　B. 排除实施中的障碍

C. 实行过程管理　　　　　　　D. 公共关系评估

（4）公共关系实施工作的要求有（　　　）。

A. 工作方法要具体、仔细、工作量要少、尽量简单，时间要安排到最小的单位，以具有较强的可操作性

B. 对于有风险的操作方法，要有预案，以确保万无一失

C. 工作方法要符合政策法规、社会风俗习惯、伦理道德，针对目标公众的心理，工作方法要讲究艺术性

D. 工作方法成本要低，效果要好

E. 工作内容的可靠性要高

2. 判断题

（1）公共关系实施就是组织公共关系活动。（　　　）

（2）公共关系实施不能一味机械地套用策划方案。（　　　）

（3）公共关系实施具有灵活性和艺术性。（　　　）

（4）公共关系实施预算经费一般都留有余地。（　　　）

（5）公共关系实施方式选择与公共关系目标和信息传播方式有关。（　　　）

（6）公共关系实施中一般没有干扰。（　　　）

3. 简答题

（1）什么是公共关系实施的基本原则？

（2）公共关系实施的特征有哪些？

（3）公共关系活动模式有哪些？

（4）公共关系实施管理控制的原则有哪些内容？

4. 案例分析题

欧米茄（OMEGA）是瑞士名表，在历届世界级的体育赛事中，几乎成为不可或缺

的主角。而日本品牌精工表也借巨大的公关力量，登上了世界品牌榜。

为了改变原来人们对日本表的偏见，争取在 1964 年的东京第十八届奥运会上被采用为大会的正式计时器（official-timer），以取代历来的欧米茄表。经过调研，精工表提出以"世界的计时——精工表"为主题的、历时 4 年的公关计划。

这一计划的执行分三期。第一期，精工计时公司的目标是争取国际奥委会通过并宣布精工表为 1964 年东京奥运会的大会正式计时器。第二期他们的目标是争取在东京国际运动会（相当于奥运会的预演）上试用成功，以建立各界对精工表的信心。第三期，他们的目标是成功地使精工表成为世界先进的计时工具。

进入 1964 年，庞大的公关宣传计划全面实施，精工表利用各种手段逐渐形成舆论高潮。例如，在东京体育馆室内比赛大厅的竞技计时装置完成时举行盛大典礼，一时这些装置被世界新闻界誉为"日本科技的精华，无与伦比的结晶"。在奥运村里，大家争购精工表作为礼物；在欧美，精工表的销量明显上升；在东南亚，精工表销量大增，超过了欧米茄表；在日本，精工的知名度非常高。

以往奥运会使用的计时装置都是瑞士产品，第十八届东京奥林匹克运动会却一改传统习惯，采用了日本的精工计时装置，使精工表一跃为世界精工，誉满全球。首先，精工计时公司全力以赴地进行计时装置的技术开发，并努力说服主办单位使用他们的计时产品；在奥运会开幕的前两年，精工计时公司就把新开发出来的精工计时器提供给在岗山举行的全国体育大赛使用，想以此来向各委员会证明精工的技术和产品是值得信赖的。1963 年 5 月，国际奥委会正式决定：在东京举办的第十八届奥运会采用精工计时装置。精工计时公司利用广播、电视、宣传册等传播媒介，广泛宣传"精工的竞技计时装置被用于奥运会"这一消息。同时，公司还根据各类运动会的要求，不断进行计时装置技术的再开发，以便在奥运会上充分显示精工技术的精华和精工产品的实力。奥运会开始后，精工计时公司的公关宣传更是遍布了所有的比赛场馆。每一条与奥运会有关的报道，都不可避免地要涉及精工。东京体育馆室内比赛大厅的精工计时器被誉为是日本科学技术的精华；放置在田径场上的大型精工计时表成了举世瞩目的对象。无论哪种比赛开始，它都会以秒为单位开始走动，比赛结束后，优秀运动员的名字在这块表的旁边显示出来，运动员所代表的国家的国旗也在表的上方升起，为了拍摄国旗和运动员的名字。电视摄像机就必定会对准这块竞技计时表。精工的标志就会通过电视屏幕传遍全球；在游泳池里，精工计时公司还安装了一种水底表，比赛开始后，所有的摄像机镜头都会对着水中的游泳选手。这时，精工表就会在每个镜头、每张照片中出现，不仅如此，精工计时公司还说服所有的裁判员和全体日本运动员都使用精工表。就这样，东京奥运会结束之后，精工表的知名度大大提高，它不仅在东南亚大展宏图，还输出到了钟表王国——瑞士，使瑞士的"世界钟表霸主"地位开始动摇。东京奥运会之后，精工表真正成了"世界计时之宝"。

阅读以上材料，回答问题：

（1）从公共关系实施的角度来看，该案例公共关系实施的时机把握、公共关系宣传有什么特点？

（2）从该案例中可以总结出公共关系实施的哪些经验？

（3）公共关系实施与产品质量有何关系？

实践活动：参与企业实际公共关系实施工作

活动目的：

完成较复杂情况下的公共关系实施及报告的编写。

活动安排：

1. 教师与校外基地接洽，带领学生参与企业实际项目；

2. 学生分组，参与公共关系实施计划的制订工作，讨论并写出报告。

教师注意事项：

1. 引导学生参与公共关系活动项目；

2. 学生分组讨论并制定公共关系活动方案；

3. 提供相应学习资源。

评价标准

表现要求	已达要求	未达要求
小组活动中的工作表现（参与度、讨论发言积极程度）		
整个工作过程的表现（六步骤）		
对职业整体的认识与把握		
工作过程中知识与经验的运用		

课程思政园地

全聚德 135 周年店庆大型公关活动实施方案

一、项目背景

全聚德作为我国餐饮业享誉中外的企业，自清朝同治三年（公元 1864 年）创立至 1999 年，已有 135 年的发展历程，经过几代人努力，全聚德已经成为国际、国内朋友了解、认识北京的窗口。

为了抓住机遇，迎接挑战，积极参与市场竞争，创造具有中国文化底蕴、实力雄厚、品质超凡、市场表现卓越、享誉全球的餐饮名牌，全聚德集团公司决定以 1999 年全聚德建店 135 周年为契机，全年推出多层次、一系列的企业形象公关活动。

二、项目策划

1. 公关目标

发扬"全而无缺，聚而不散，仁德至上"的企业精神，弘扬全聚德民族品牌，强化全聚德烤鸭美食精品意识。

2．公关策略

举办系列活动，即"全聚德杯"新春有奖征集对联、全聚德烤鸭美食文化节、全聚德品牌战略研讨三项大的活动。

3．具体计划

全年系列公关活动分为三个阶段，从序曲到高潮，具体如下。

第一阶段：第一季度与《北京晚报》、北京楹联研究会联合举办"全聚德杯"新春有奖征集对联活动（以下简称"征联"）。

第二阶段：在农历六月初六，即全聚德创建日举办"全聚德建店135周年店庆暨首届全聚德烤鸭美食文化节开幕式"。

第三阶段：在金秋十月，举办全聚德品牌战略研讨会。

三、项目实施

1999年年初，集团公司针对全年公关系列活动进行动员。针对每一活动分别成立由总经理或副总经理牵头的、由不同业务部室有关人员组成的专门工作组负责具体实施。

1．序曲："全聚德杯"新春有奖征联活动（1999年1月—1999年3月）

第一阶段征联活动结束后，为更好地开展第二阶段店庆活动，集团公司及时进行总结，并于1999年3月30日以书面形式正式下发《关于庆祝全聚德建店135周年系列活动的安排》的通知，将每项活动进一步分解落实。

（1）向全社会开展"我与全聚德"征文，征集店史文物活动。

（2）着手整理资料，编辑《全聚德今昔》一书，在全聚德135周年店庆日当天举行首发仪式。

（3）公布具有权威的资产评估机构对全聚德无形资产价值进行集团成立以来的第二次评估。以1999年1月1日为基准日的全聚德无形资产价值为7.0858亿元人民币，是1994年第一次评估时无形资产价值的2.63倍（不仅使全聚德国有有形资产保值增值，而且使无形资产也增值）。这一消息在全聚德135周年店庆日当天通过新闻媒体向社会公布。

2．主旋律：全聚德建店135周年店庆暨首届全聚德烤鸭美食文化节开幕式

1999年7月18日上午9:30—11:30，集团公司在前门全聚德烤鸭店一楼大厅举办隆重的开幕仪式。邀请北京市委、市政府有关委办局，所辖区委、区政府的领导和负责同志、新闻单位的记者及全聚德成员企业代表200余人出席了本次活动。具体安排如下。

（1）唱《集团歌》。

（2）集团董事长致辞。

（3）北京市商业联合会致贺词。

（4）向集团总厨师长、副总厨师长、各成员企业厨师长授聘书、绶带（展示全聚德雄厚的技术力量）。

（5）新编《全聚德今昔》一书首发式（传播全聚德历史文化）。

（6）第 135 号全聚德冰酒珍藏仪式（展示全聚德品牌延伸产品）。

（7）请有关方面的领导讲话。

（8）"打开老墙，重现老铺"——全聚德老墙揭幕仪式（向现场来宾再现历史，追溯往昔，给人留下深刻印象）。

（9）第 1 亿只全聚德烤鸭出炉仪式。

第 1 亿只烤鸭出炉成为新闻记者争相报道的热点。当日 11 点，全聚德第 1 亿只烤鸭出炉时，记者们用相机记录下这一有意义的历史时刻。合作方《北京晚报》为第一家报道这一活动的媒体。

（10）第 1 亿只全聚德烤鸭片鸭仪式。

由原市政府副秘书长、全聚德集团第一任董事长杨登彦先生片下第一刀。这只烤鸭奖给当天中午来全聚德就餐的外国朋友。邀请中央电视台对集团董事长进行独家采访，安排其他媒体事后追访。

3．提升：全聚德品牌发展战略研讨会（1999 年 10 月 16 日）

1999 年 10 月 16 日上午 9:00—12:00，集团公司在和平门全聚德烤鸭店 500 人会议室，拟邀请中国商业经济学会、中国商业文化研究会、中国社会科学院、中国人民大学、首都经贸大学、北京工商大学、北京工业大学的专家、教授与集团全体领导及有关部室负责人就全聚德品牌战略进行研讨（借助外脑进行分析，理论指导实践）。

（案例来源：《第四届中国最佳公共关系案例大赛》）

问题：

1．老字号如何焕发新活力？

2．老字号弘扬民族文化的意义？

公共关系实施
课程思政

自我学习总结

通过完成任务 5，我能够做如下总结。

一、主要知识

概括本任务的主要知识点：
1.
2.

二、主要技能

概括本任务的主要技能：
1.
2.

三、主要原理

你认为，公共关系实施的基本原理是：

1.

2.

四、相关知识与技能

你在完成本任务过程中，了解了：

1. 公共关系实施的意义有：

2. 公共关系实施的技术要领有：

3. 公共关系实施的操作步骤主要有：

五、成果检验

你完成本任务的成果：

1. 完成本任务的意义有：

2. 学到的知识或技能有：

3. 自悟的知识或技能有：

4. 你对全聚德公共关系活动实施的看法是：

任务 6

公共关系评估

---

1. 知识目标

能认识公共关系评估的内涵与作用。

能认识公共关系评估的工作内容和程序。

能认识公共关系评估的方法与基本要求。

2. 技能目标

能说明公共关系评估的意义。

能编写公共关系评估计划。

能对公共关系评估工作有整体认识。

3. 课程思政目标

理解社会和谐的重大意义。

理解社会组织公共关系效果的意义。

能够从组织角度看待公共关系效果。

任务解析

根据公共关系职业工作活动顺序和职业教育学习规律，"公共关系评估"任务可以分解为以下子任务。

```
6.1 公共关系评估准备
        ↓
6.2 公共关系评估计划制订
        ↓
6.3 公共关系评估报告编写
```

公关故事

我们的第六个故事要从西汉讲起。汉武帝初即位的时候，从北方匈奴投降过来的人报告，匈奴打败了月氏，月氏人被赶跑，对匈奴怀着强烈的仇恨。他们想攻打匈奴，但得不到援助。

当时，武帝正想打败匈奴，听了这话，想和月氏友好往来。但要到月氏去，必须经过匈奴，于是武帝招募能出使月氏的人。担任郎官不久的张骞应募出使，被武帝批准。

不幸的是，张骞经过匈奴的时候，还是被抓住，押送到单于那里。单于把张骞扣留下来，并且对他说："月氏在我们的西北，你们汉朝人怎么能出使到那里去？如果我们要出使到越国去，你们能让我们去吗？"

就这样，张骞被匈奴扣留了十多年。后来，匈奴放松了对张骞的监视。于是，他与随从们一起逃走，朝月氏方向前进。他们走了几十天，来到了大宛国。大宛国王听说汉朝十分富足，想和汉朝往来，只是未能如愿。见张骞后非常高兴，问他打算到哪里去。张骞说了他的打算。大宛国王为他派出向导和翻译，一直送他到了康居国，康居国又派人送他到了月氏。此时，月氏遭到匈奴人的攻击，大部分人西迁，新任国王统治着早先就存在的大夏国而定居了下来。那里土地肥沃，物产丰富，没有外来的侵略，他们只想太平无事、快乐逍遥，又觉得和汉朝的距离很远，不再有向匈奴报复的心愿了。 张骞从大月氏到大夏，始终不能得到月氏对与汉共击匈奴之事的明确态度。他在那里留住了一年多，就起程回汉了。

这个故事来自《史记·大宛列传》，"骞从月氏至大夏，竟不能得月氏要领。"古人上衣下裳，提上衣时拿着衣领，提下裳时拿着贴腰部份。"要"，即腰，指衣腰；"领"指衣领。后来人们就用"不得要领"来表示有些人分析问题、解答问题看不到问题的关键，也用来表示说话、写文章抓不住要点或关键。

公共关系评估是公共关系工作的最后一个阶段。通过对公共关系效果的评估，总结成功与失败的经验教训，为进一步开展公共关系活动提供依据。一般来说，公共关系评估的内容有两个方面：一是对公共关系工作成效的评估；二是对公共关系的具体手段、目的进行评估。

读后问题：

1. 故事发生在什么时候？
2. 故事主要讲述了什么内容？
3. "要"和"领"各指什么？
4. 说话、写文章为什么要抓住要点或关键？
5. 故事在这里想要表达什么意思？

公共关系评估
课前阅读

6.1 公共关系评估准备

任务提示：这是公共关系初学者学习公共关系评估的第一步，即认识公共关系评估的含义，把握公共关系评估的目标、内容、标准，并能够在此基础上组织进行公共关系评估准备活动。

组织公共关系活动是一个持续不断的过程，进行评估的目的是在肯定成绩的同时发现新的问题，以便不断调整组织的公共关系目标、公共关系政策和公共关系行为，为新的公共关系活动奠定良好的基础，使组织的公共关系工作成为有计划的、持续的过程。公共关系评估工作程序如图 6-1 所示。

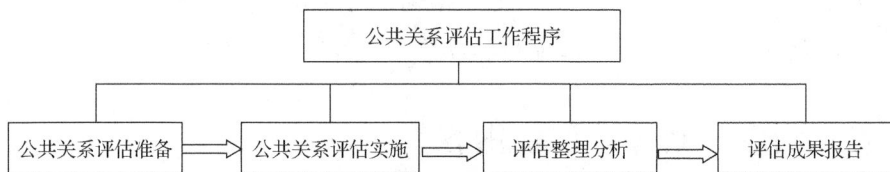

图 6-1 | 公共关系评估工作程序

公共关系评估是一项连续不断的活动，一旦进入公共关系工作过程，评估活动也就开始了。公共关系评估准备工作主要有确定评估目标、评估内容、评估标准等。

重要术语 6-1

公共关系评估

公共关系评估就是根据特定的标准，对公共关系策划、实施方案及效果进行衡量、评价和估计，在肯定成绩的同时发现新的问题，不断地调整组织的公共关系目标、公共关系政策和公共关系行为，使组织的公共关系成为有计划的、持续性的工作。

6.1.1 确定公共关系评估目标

每一次具体的公共关系评估都有明确的目的，如评估组织形象、评估活动成效、评估公众对组织的政策及产品的态度等。

不同类型的公共关系活动的评估目标不同。设定评估目标是为了检验公共关系效果，评估目标也是检验公共关系工作的参照物。有了参照物才能通过比较来检验公共关系计划与实施结果是否有出入。评估目标需要根据公共关系的实际情况制定，不能只注重形式而不注重内容。

设定了评估目标之后，需将评估目标具体化，使其具有操作性。例如，谁是目标公众，有哪些预期效果，以及何时、何地发生等。只有将评估目标具体分解，才能进行有效的评估。一般而言，评估目标具体化是指将目标设为定量或者定性的目标。如果将公共关系评估目标具体化为定量的目标，这就需要评估人员设置合理的量化目标；如果将公共关系评估目标具体化为定性的目标，这就需要评估人员根据公共关系活动的侧重点不同对其各方面的性质做出评判。

公关实务 6-1

IBM 的公共关系目标

多年以来，在许多个类似"最受尊敬的企业""最佳社会声誉"评选中，IBM 都会榜上有名。毫无疑问，IBM 公共关系部的整体目标是完美实现了的。但是 IBM 依然非常注重每一个传播活动的效果评估，细化到一篇文章和一个采访，都会有完备的评估方法，考量信息的准确性和传播对象的匹配度。从项目之间的关联性和配合上，IBM 提出的 "One Voice" 和 "One Image" 原则更是体现了局部服务整体的观念。

评析：结合以上措施，IBM 获得如此好的社会形象就不奇怪了。

6.1.2 确定公共关系评估内容

公共关系评估的内容应该包括公共关系活动的方方面面。但在具体操作中，评估的内容可以根据要求有所侧重。一般来讲，评估的内容有公共关系工作程序、专项公共关系活动、传播沟通、公共关系状态等。

1. 公共关系工作程序评估

公共关系工作程序评估是对公共关系工作的各个步骤、各个环节的工作进行评估、估计或研究，其内容如表6-1所示。

表 6-1 公共关系工作程序评估的内容

内容	具体指标
调查过程评估	调查的设计是否合理；调查方法的选择是否得当；调查工作的组织实施是否合理；调查结论分析是否科学；等等
策划过程评估	公共关系计划的目标是否科学；总体计划是否可行、合理；战略构想是否周密、科学；目标公众选择有无遗漏，是否科学；媒介选择及媒介策略是否得当；经费预算是否合理；等等

续表

内容	具体指标
实施过程评估	各项准备工作、沟通协调工作是否落实到位；实施过程安排是否合理、周到、有创新；信息制作的内容是否准确；传播效果是否明显；实施过程的安排是否得当；实施效果是否达到目标要求；等等
活动效果评估	①了解信息内容的公众数量。②改变观点、态度的公众数量。③发生期望行为和重复期望行为的公众数量。④达到的目标和解决的问题。⑤对社会和文化发展产生的影响

2．专项公共关系活动评估

专项公共关系活动评估主要包括以下四类——日常公共关系活动效果评估、单项公共关系活动效果评估、年度公共关系活动效果评估和长期公共关系活动效果评估，如表 6-2 所示。

表 6-2　专项公共关系活动评估内容

内容	具体指标
日常公共关系活动效果评估	组织的全员公共关系运作；领导者内外公共关系活动的开展情况；全体员工的公共关系意识和行为表现；组织的各部门在经营管理各环节上的公共关系投入；公共关系网络；内部公共关系细条状况；日常的组织沟通；人际协调；内部公共关系协调状况；日常的组织沟通；人际协调；组织的外部公共关系；知名度、美誉度；公共关系人员的工作情况；公共关系人员与领导工作的配合和沟通等方面
单项公共关系活动效果评估	①项目计划是否合适？②项目目标与公共关系总目标是否一致？项目目标是否已经实现？③项目所要求的沟通交往效果是否达到了预期？④项目活动过程中是否产生了预料之外的影响？其影响方向如何？⑤项目所有的支出是否在预算之内？是否超支？原因是什么？⑥通过活动，组织公共关系形象会有哪些变化？其知名度与信誉度是否有所提高？⑦项目活动出现了哪些预想不到的问题？哪些工作做得不妥？⑧对于存在的问题和发生的不利于组织的事件，应如何采取措施给予补救并如何预防下次产生同类问题？⑨本次活动对组织总体发展目标起到了什么作用？⑩本次活动为下次同类活动公共关系目标的设计提供了哪些有价值的资料和可供参考的依据
年度公共关系活动效果评估	①年度公共关系目标是否实现？②年度公共关系活动开展得是否顺利？③年度内出现了哪些重大的公共关系事件，措施是否得当？④年度内开展了哪些重大的公共关系活动，其效果如何？⑤年度内是否有超出公共关系策划的活动？其效果如何？⑥年度内公共关系活动有无预料之外的影响？其影响多大？效果如何？⑦年度公共关系计划预算是否满足了需求？有无超支现象？其原因是什么？效果如何？⑧年度内公共关系活动有哪些经验、教训？⑨内部公众对企业的各项公共关系活动有哪些意见和建议
长期公共关系活动效果评估	汇总日常工作评估结果、专项活动评估结果、阶段性工作评估结果。另外，还包括对公共关系活动的经历进行客观评估。同时，应将前几种公共关系活动效果评估的内容要点加以归纳整理和分析研究

3. 传播沟通评估

对传播沟通的评估目的在于专门分析、衡量公共关系活动中的传播效果，以检测传播沟通工作中的得失问题。传播沟通评估内容如表 6-3 所示。

表 6-3　传播沟通评估内容

内容	具体指标
信息制作	新闻稿件撰写数量、专题报道数量、其他传播资料的制作数量、图片和信件的数量等；检测制作的表现形式是否合适、表现手法和质量是否很高等；信息是否准确、易懂
信息曝光度	信息得以传播的覆盖面、数量，如发稿量有多少、被媒体采用的数量有多少，信息被哪家媒体采用效果更好，传播是否充分
传播效果	公众对信息本身的了解情况：①有多少公众了解，了解程度如何；②公众接受情况：是否接受、承认信息内容，接受的比例多大；③公众接收信息后的态度情况：多少公众赞同信息内容；多少公众形成了对组织的良好印象；④公众行为效果的情况：多少公众对信息产生相应反应，多少公众达到公共关系目标的期望水平，传播沟通方案如何，目标是否得体，策略是否得当，媒体选择是否合适，信息策略是否合适，目标对象状况如何

4. 公共关系状态评估

公共关系状态评估目的在于通过各类公众的变化来评估以往公共关系工作的成效。公共关系状态评估应分两步进行，即内部公共关系评估与外部公共关系评估。公共关系状态评估内容如表 6-4 所示。

表 6-4　公共关系状态评估内容

内容	具体指标
内部公共关系评估	组织的政策为全员接受的程度；员工士气；组织凝聚力；组织中各种工作关系是否融洽；双向沟通带来哪些生机和活力；影响员工关系的因素测评；沟通渠道需做哪些改进；传播策略及目标有何欠缺；公共关系是贯穿于各种经营管理活动、各个环节之中，还是仍有障碍
外部公共关系评估	第一，消费者关系评估。看消费者的态度、行为变化特点，评估组织在消费者关系的传播沟通及人际协调方面的工作成效。第二，媒体关系评估。看其态度是冷淡还是热情，采取何种沟通策略。第三，社区关系评估。了解各类社区公众对组织及其活动的看法，分析社区公共关系投入的利弊，找出新的沟通策略。第四，政府公共关系评估，了解政府的支持情况、组织与政府的沟通效果和政府关系的沟通协调策略等

以上几类评估内容互有交叉，我们还可以视工作需要，选取其中一类或几类，根据公共关系活动的时间顺序，从公共关系工作的事前、事中、事后三个阶段进行评估。不同阶段的内容侧重点不同：事前评估主要侧重需求研究，事中评估主要侧重过程研究，事后评估主要侧重效益和效果的确定。

重要信息 6-1

公共关系评估工作的意义

对于一个组织来讲，公共关系评估具有以下意义。

（1）公共关系评估是改进公共关系工作的重要环节。

（2）公共关系评估是开展后续公共关系工作的必要前提。

（3）公共关系评估是鼓舞士气、激励内部公众的重要形式。

（4）公共关系评估能使组织领导人看到公共关系工作的效果，从而重视公共关系工作。

6.1.3 确定公共关系评估标准

进行公共关系评估，还要确定评估标准。评估标准是对公共关系计划实施过程与结果的客观衡量尺度。评估标准不明确或含糊不清，就无法对公共关系活动的最终结果做出切合实际的判断。因此，明确评估标准是进行科学评估的基础性条件。公共关系评估标准如图 6-2 所示。

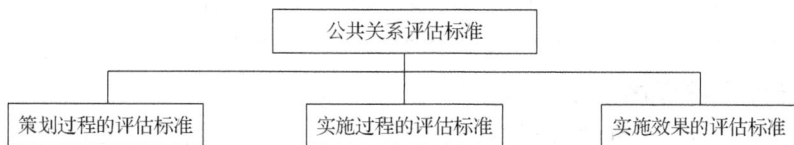

图 6-2｜公共关系评估标准

1．策划过程的评估标准

策划过程的评估标准主要考查公共关系策划准备工作的情况是否已经按照要求通过一定的形式表现出来。策划过程的评估标准有以下 3 条，即背景材料是否充分、信息内容是否正确真实、信息表现形式是否恰当，如表 6-5 所示。

表 6-5　策划过程评估标准

内容	具体指标
背景材料是否充分？	检验是否遗漏了对项目有影响的因素：在确定公共关系目标公众时，是否遗漏了关键的公众；哪些信息和资料还需要改进；所需材料是否都准备充分；所有关键因素和各项工作是否都已经确定。这些都需要给予正确的估价，以保证实施阶段公共关系工作的正常进行
信息内容是否正确真实？	分析公共关系活动中准备的信息资料是否符合目标公众及媒介的要求；沟通活动是否在时间、地点、方式上符合目标公众及媒介的要求；有没有对沟通信息和活动的对抗行为；有没有制造事件或其他行动配合这次公共关系活动；活动人员与预算资金是否充分
信息表现形式是否恰当？	重点是观察信息表现形式的有效性如何：检验有关信息传递资料及宣传品设计是否运用得当；提出的创意有无水平；图表的设计、活动的主题、图片及展示方式的选择是否合理、新颖

2. 实施过程的评估标准

这个阶段中通常有四个不同层次的评估标准，即信息发送的数量、接收信息的目标公众数量、信息被新闻媒体采用的数量、注意到该信息的公众数量，如表 6-6 所示。

表 6-6　实施过程评估标准

内容	具体指标
信息发送的数量	实施公共关系活动中所进行的广告、广播、宣传活动，讲话次数、开会次数、发布信息的多少，以及其他宣传材料以及新闻发布的数量
接收信息的目标公众数量	通过对收到信息的各类公众进行分类统计，从中找出目标公众的数量，如接收传单信息的人数、参与某项事件的人数、出席会议和展览的人数，都可以作为这种评估的参考数据
信息被新闻媒体采用的数量	媒体的关注程度分为不报道、一句话新闻、消息报道、人物专访、事件报道、公共关系专题报道、社区深度访谈等级别
注意到该信息的公众数量	关心信息的公众数量，即实际了解信息的公众数量，也即真正关心信息的公众。他们对信息接受到哪个程度？知道多少

3. 实施效果的评估标准

实施效果的评估是一种总结性评估，主要检查公共关系活动对公众的影响和所取得的效果。其评估标准包括了解信息内容的公众数量、发生期望行为的公众数量、重复期望行为的公众数量、达到的目标与解决的问题等，如表 6-7 所示。

表 6-7　实施效果评估标准

内容	具体指标
了解信息内容的公众数量	看目标公众通过公共关系活动对活动内容有什么了解、了解的程度是否加深、了解的内容是否全面，从而比较公关活动前后公众对组织信息的容量
发生期望行为的公众数量	一定期限内，接受了某些信息或在某些方面的观点后，行为发生了变化的公众数量
重复期望行为的公众数量	一定期限内，接受了某些信息或在某些方面的观点后，行为发生了变化且有重复行为的公众数量
达到的目标与解决的问题	主要是看公共关系工作的决策是否达到了预期的目标

重要信息 6-2

公共关系评估各阶段的工作

（1）评估准备阶段。①设定评估目标并将目标具体化。以公共关系活动的三大目标——提高认知度、提高美誉度、提高和谐度为基础，不同类型的公共关系活动评估目标不同。设定评估目标后，需将评估目标具体化。②选择适度的评估标准。选择评估标准一定要结合公共关系实际情况做到因时制宜、因地制宜。③取得组织最高管理者的认可并将评估过程纳入公共关系计划。④公共关系部门内部取得对评估的一致意见。

（2）评估实施阶段。①确定收集资料的最佳途径。搜集有关评估资料的方法选择取决于评估的目的、提问的方式及前面已经确定的评估标准。②根据具体目标和评估标准进行有效评估。在具体评估实施过程中，可利用媒体曝光率、产品销售率、客户来电情况等多个指标，确保得到真实有效的评估资料。

（3）评估整理分析阶段。①统计汇总各项评估资料。统计汇总时必须坚持实事求是、客观准确的原则，通过去粗取精、去伪存真等方式筛选出有效资料。②归纳分析评估结果。参考评估标准对所搜集的各种资料或信息进行分析比较、统计对照。③提出问题分析原因。对于与评估目标不相符的方面需要提出问题，并且对这些问题进行深刻分析，寻找出问题的原因，对相关人员进行警示，避免今后继续出现同样的问题。

（4）评估成果报告阶段。①向组织管理者报告评估结果，以便领导者统筹考虑组织的目标和任务。②评估结果的使用。公共关系评估结果主要运用于四个方面：第一，用于调整公共关系工作计划；第二，支持策划新的公共关系目标方案；第三，用于组织决策的改进；第四，用于改进组织全面的公共关系工作。③增进对公共关系的理性认识。

任务实训6.1

公共关系评估准备工作讨论

实训目的：

加深学生对公共关系评估准备工作的认识。

实训安排：

1. 学生收集并讲解一些公共关系评估故事或案例；

2. 分析公共关系评估准备工作对公共关系管理活动的影响，讨论公共关系评估准备工作的重要性；

3. 将分析讨论成果做成PPT，分小组演示分享。

教师注意事项：

1. 由生活事例、企业经营事例导入对公共关系评估准备的介绍；

2. 提供一些简单的公共关系评估准备案例，引导学生讨论；

3. 分小组点评，并将学生的表现计入平时成绩。

评价标准

表现要求	是否适用	已达要求	未达要求
小组活动中，外在表现（参与度、讨论发言积极程度）			
小组活动中，对概念的认识与把握的准确程度			

表现要求	是否适用	已达要求	未达要求
小组活动中，角色扮演的精准度			
小组活动中，PPT、文案制作的完整与适用程度			

6.2 公共关系评估计划制订

任务提示：这是公共关系初学者学习公共关系评估的第二步，即认识公共关系评估计划的制订，把握公共关系评估方法的种类和具体应用，并能够在此基础上组织进行公共关系评估活动。

6.2.1 确定公共关系评估人员

评估人员是公共关系评估工作的主体，其基本要求主要包括：①客观中立；②认真负责；③遵守规范；④讲究道德。

一般来说，开展评估活动之前必须确定评估人员。这样既可以让他们更早地进入角色，又可以使他们尽可能全面地了解公共关系工作的整体过程，从而得出更客观、全面的评估报告。评估人员主要包括以下成员。

1. 公共关系活动主办者

公共关系活动主办者是公共关系活动的组织者、策划者或实施人员。他们是从当事人的角度总结自己的工作做得怎么样。

2. 公共关系活动中的公众

公共关系活动中的公众全程参加了需要评估的公共关系活动。他们是从活动参与者的角度评价公共关系活动的组织者、策划者或实施人员的工作效果。他们的评价往往是一种"体验"。

3. 公共关系专家

公共关系专家由各学科、各领域的专家组成，他们反复评估、质询、论证，得出的结论相对说来是较为准确的，具有较强的说服力。

6.2.2 选择公共关系评估方法

与其他经营活动相比，公共关系活动效果具有长期性、内隐性。因而，需要有定性与定量的多种方法进行评估。评估的方法主要包括下述几种。

1. 观察反馈法

观察反馈法是指组织负责人或公共关系人员直接参与实施过程，进行实地考察，及时记录各个环节实施的状况和顺序，以及进展情况并估计其效果的方法。评估人员把实际情况与计划目标相比较，提出评价和改进建议，这是一种最简单、最常见、最直观的方法。该方法的优点是迅速评价反馈，改进意见具体，易于落实；缺点是很难测量公共关系活动的长期效果。

2．目标管理法

目标管理法是指在公共关系工作中建立目标体系，每个环节、每个部门、每个人都有自己的目标和措施，在计划实施之中和之后进行评估的一种评估方法。采用这种方法，应在制订计划时就考虑到效果评测，即用量值方法对目标进行分析，判定方案实施之后是全部达到目标，还是部分达到目标。这里对目标评定多采用列表法，通过列表把目标分解成为一些具体项目，每个项目还可以分成若干个子项目，再按项目在目标中的重要程度，列出一定的比例，在活动实施后，根据目标达标情况进行打分，从而确定目标达标程度，衡量和评价公共关系活动的效果。

3．公共关系调查法

公共关系调查法是指通过对公共关系活动情况、公共关系状态的调查来评定公共关系活动效果的一种评估方法，主要有以下两种方式。①比较调查法。在公共关系活动前后分别进行一次调查，比较先后调查的结果，分析公共关系活动的结果，这种方法称为比较调查法或对比调查法。②公众态度调查法。在一系列公共关系活动之后，对主要目标公众进行抽样调查，了解其对组织评价的变化，分析公共关系活动的效果，这种方法称为公众态度调查法。运用该种方法时，可以采用问卷或访谈的方式征求公众的意见，再做出统计、说明，分析公共关系活动的效果。

4．内外部评估法

内外部评估法是根据组织内部各职能部门的资料和组织外部广大公众的信息反馈来评估，可以将通过从不同渠道汇报上来的各种资料，如数据、图表、报告，作为评估的重要依据。内部评估范围包括所进行的工作和取得的成果、目前存在的问题、将来的计划安排。外部评估主要由外部专家通过调查、访问和分析，对组织公共关系活动及其效果做出较为客观的衡量和评价，并提供建议和咨询服务。

5．媒介信息评估法

媒介信息评估法是指根据新闻媒体和电子媒体发表的报道内容，对媒体信息进行定量和定性分析研究的方法。首先，对选中的媒体报道进行摘录和分类登记；然后，根据报道的标准、篇幅、版位、包含的信息及媒介的类型等进行打分，评估其价值和满足公众的程度。

重要信息 6-3

媒介信息评估定量与定性指标

（1）定量分析指标。定量分析指标如下。①沟通有效率，指沟通有效数与沟通信息总数之比。公式为：沟通有效率＝（沟通信息总数−沟通无效数）/沟通信息总数×100%。②公共关系信息传播速度，指单位时间内传播的信息量，或一定的信息量传递所需要的时间。公式为：传播速度＝传播信息量/传播时间。③视听率，指实际视听人数与该项调查总人数之比。公式为：视听率＝实际视听人数/调查总人数×100%。④知名率，指掌握某一信息内容的人数与该项调查总人数之比。用公式表示为：知名率＝掌握某一信息内容的人数/调查总人数×100%。

（2）定性分析指标。定性分析指标如下。①报道的篇幅和时数。篇幅越大，时数越多，说明公共关系活动效果越好。②报道的内容。报道中，对组织的成就、发展情况等正面内容报道越多，效果就越好。③新闻媒介的层次和重要性。所谓层次高、重要的媒介是指级别高、发行量大、覆盖面广、具有权威性、影响力强的新闻媒介。这些媒介对组织的有利报道更能提高组织的知名度和美誉度。④报道的时机。报道的时机是否及时、适时，是否能恰好配合组织的需要。

6.2.3　制订公共关系评估计划

公共关系评估计划是评估主体为有效开展评估活动而制订的行动方案，是进行公关评估的必要准备。不论何种类型的评估计划，一般都要包括以下内容。

（1）评估的具体目的和任务，包括明确评估对象的类型、数量、时间、地域范围以及评估结果的等级。

（2）评估的原则，包括导向性、客观性、动态性、同一性、公平性、定性和定量结合等原则。

（3）评估的内容和指标体系，包括完整的指标系统、权重系统和评估标准系统三个方面。

（4）评估的方法、程序。

（5）评估的机构、人员组成及分工。

（6）其他要求，包括经费的预算和使用、完成计划的时限和进度要求等。

重要信息 6-4

公共关系评估的原则

（1）定量分析与定性分析相结合。定量分析是从数据事实方面分析公共关系活动效果，定性分析则是从价值评判方面评估公共关系活动效果。合理的评估需要定量与定性相结合。

（2）长远效益分析与近期效益分析相结合。公共关系活动的实际效果不可能在短时间内全部得到体现，这是公共关系活动效益的特殊性。因此评估公共关系活动效果时，除了考查近期效益外，还要分析长远效益。

（3）标准性与变化性相统一。标准性与变化性的统一，就是一方面要有标准化的考评内容和考评项目，另一方面也要根据特定的公共关系活动适当变通部分测评项目，以保证评估结论的科学性。

（4）局部评估与整体评估相结合。首先要评估整体的效果，没有整体，局部再好也是枉然。其次也要看局部，整体是每一个局部拼接而成的。公共关系方案中的每一项做得很出色，新闻发布、事件策划、活动管理等，信息表达清晰准确，项目执行到位，才有可能使整体的传播效果较好。

任务实训 6.2

公共关系评估计划讨论

实训目的：

加深学生对公共关系评估计划内容及制作的认识。

实训安排：

1. 学生收集并讲解一些公共关系评估故事或计划案例；

2. 分析公共关系评估计划对公共关系管理活动的影响，讨论公共关系评估计划的重要性；

3. 分小组分析讨论，并将学生的表现计入平时成绩。

教师注意事项：

1. 由生活事例、企业经营事例导入对公共关系评估计划的介绍；

2. 提供一些简单的公共关系评估计划案例，引导学生讨论；

3. 分小组点评。

评价标准

表现要求	是否适用	已达要求	未达要求
小组活动中，外在表现（参与度、讨论发言积极程度）			
小组活动中，对概念的认识与把握的准确程度			
小组活动中，角色扮演的精准度			
小组活动中，PPT、文案制作的完整与适用程度			

6.3 公共关系评估报告编写

任务提示：这是公共关系初学者学习公共关系评估的第三步，即认识公共关系评估报告，把握公共关系评估报告编写准备工作、编写工作的要点和具体要求，并能够在此基础上组织进行公共关系评估报告的编写。

6.3.1 公共关系评估报告编写准备

公共关系评估计划的落实就是公共关系评估的实施，主要包括收集和分析资料、客观分析评估对象。在此基础上，就可以提出评估结论，进而形成评估报告。

1. 收集和分析资料

公共关系人员可以运用各种调查研究的方法，收集各项资料，然后进行分析比较，看哪些计划达到了原来的目标，哪些计划还没有达到目标，哪些计划超过了预期的效果，原因何在。

根据评估的目的和要求，一项公共关系工作的整体评估，一般需要搜集以下信息：①组织的基本情况、发展规划和公共关系形象建设目标；②组织以往公共关系工作的文献资料；③其他社会组织类似工作的大致情况；④本项公共关系工作设想和策划方案与实施方案；⑤本项公共关系工作策划方案和实施方案；⑥本项公共关系工作各环节具体实施情况和现场反应情况的记录资料；⑦本项公共关系工作的信息传播情况和信息的实际覆盖面；⑧本项公共关系工作的内外评价；⑨本项公共关系工作所引起的公众舆论改变的有关情况；⑩本项公共关系工作的经费预算和实际使用情况等。当然，如果仅仅是对公共关系工作中某一环节的评估，则只需要搜集与此相关的信息即可，不必面面俱到。

2. 客观分析评估对象

在编写公共关系评估报告之前，还应对评估对象有一个全面、深入的了解，并做出客观的分析。评估报告撰写者要保持自身立场的公正，切忌因某种考虑而故意迎合或打压被评估项目的执行机构或人员，也不能撇开有关数据资料而光凭主观印象随意臆测和判断。比如，对某项公共关系工作成功与否的评估，不能只从表面评价这项工作，必须认真考虑其是否切实推进了组织形象建设和管理目标的实现，是否具有新的创意，是否做到了规范操作，是否达到了预期的传播效果，以及投入产出比的情况如何。同时，在进行评价时，有时还得考虑客观环境的变化因素。

公关实务 6-2

功夫在诗外——麦当劳公关

"让顾客满意"几乎是所有企业的营销口号和营销目标。北京麦当劳食品有限公司（以下简称"麦当劳"）推出一项新举措，即在所属 74 家麦当劳分店代售公交月票。麦当劳在对北京发售月票网点的调查后知晓，北京有 600 多万人使用月票乘坐公交车，而北京市只有 88 个月票发售网点。麦当劳为北京市上百万名乘客带来惊喜和便利，同时吸引了大批食客络绎而来。高考前夕，麦当劳面对只要一杯饮料就在宽敞明亮的餐厅里手拿书本待上好几小时的高考考生，不仅不驱赶，反而特意为他们延长了营业时间。

评析：麦当劳无偿做的这些看似与赢利无关、干扰正常营业的"好人好事"，正是麦当劳在"让顾客满意，事无巨细"的营销思维下，采取的具体营销举措，它不仅秉承了麦当劳"博爱，为任何人服务""视顾客为家族成员"的企业文化，同时是对"让顾客满意"的服务内容的创新性拓展和贯彻实施。

6.3.2 公共关系评估报告内容确定

重要术语 6-2

公共关系评估报告

公共关系评估报告是提供给组织的一种正式的公正性文本。它通过文字、图表或其他形式来体现开展公共关系工作的成绩、经验、教训、建议等，具有业务性强、理论性强、经验性强等特点。

一份公共关系评估报告应包括以下内容。

（1）评估目的及依据。为什么要进行公共关系评估，要通过评估解决什么问题，评估的依据等。

（2）评估范围。明确公共关系评估的范围，突出重点，否则会出现重点不突出、对象不明确等问题。

（3）评估标准和方法。说明评估的标准或使用可测量的、具体化的目标体系，同时说明评估过程所采用的方法。

（4）评估过程。简要说明评估是怎么进行的，分哪些阶段。

（5）评估对象基本情况。必须明确评估对象本身的情况，包括活动或项目的名称、开展时间、实施的情况与特点等。

（6）评估内容分析与结论。写明被评估的公共关系活动、工作或项目的内容，对运行与执行的效果、效益进行分析，进而得出客观、公正的结论。

（7）存在问题及建议。这是撰写分析报告的主要目的，要根据所掌握的材料，有针对性地提出问题，并提出有利于解决问题的建设性意见。

（8）附件。其主要包括文中需要用来说明问题的附表、附图、附文等。

（9）评估人员。其包括评估负责人、评估人员的姓名、职业、职务、职称等。有时为了便于咨询，评估人还需把电话、通信地址、邮政编码等写明。

（10）评估时间。由于公共关系活动是动态的，不同时间评估所得的结论会不同。因此，在公共关系评估报告中，必须写明评估时间或评估工作开展的阶段。

重要信息 6-5

公共关系评估报告的基本要求

（1）以事实为依据。公共关系人员在撰写公共关系评估报告时，应本着实事求是的原则，将评估的过程及结果切实反映在评估报告中，切忌弄虚作假。

（2）以目标为参照。评估报告中应将评估结果与公共关系的目标联系起来，对比查看是否成功实现目标，总结成功之处，分析不足的地方。

（3）以成绩为主体。对于较为成功的公共关系活动，公共关系人员在撰写评估报告时应充分肯定成绩，以增强组织领导对公共关系工作的信心。

（4）以图表为辅助。无论哪一种评估报告，如果能用一些图表或者图片来辅助体现评估结果，会使评估报告更加生动、形象、直观。

6.3.3 公共关系评估报告编写过程

公共关系评估报告与其他报告或写作一样，在动笔前必须有一个构思过程，也就是凭借所收集的资料，经过判断推理，提炼出报告主题，然后才是形成报告并将报告印装成册。

1．构思报告

编写公共关系评估报告应先确立观点，列出论点和论据，考虑文章的内容与结构层次，拟定提纲。

（1）提炼报告主题。即确定报告的主基调。主题的提炼是构思阶段异常重要的一环，其准确与否直接关系到最终报告的质量。因此，主题的提炼应力求准确，在此基础上还应该深刻、富有创见性。

（2）确立观点、列出论点和论据。在主题确立后，对收集到的大量资料，经过分析研究，逐渐消化、吸收，形成概念，再通过判断、推理，把感性认识提高到理性认识，然后列出论点、论据，得出结论。

（3）考虑文章的内容与结构层次。在以上环节完成之后，构思基本上就有个框架了。在此基础上，考虑报告正文的大致结构与内容。通常而言，报告一般分为三个层次，即基本情况介绍、综合分析、结论与建议。

2．选择材料

公共关系评估报告的材料同一般文章，尤其是文学作品的材料不同。公共关系评估报告是对素材进行审核鉴定、整理统计、分析综合而成，绝不允许做"艺术加工"。对公共关系评估报告材料的选择，应十分严格，特别要注意以下几点。

（1）材料的真实性。对写进文章的材料，必须进行去粗取精、去伪存真的选择。

（2）数据的准确性和精确性。公共关系评估报告往往是从数据中得出观点，由数据来证实观点，因此数据的差错或不精确，必然影响观点的正确性。

（3）材料要有个性。写进评估报告的材料，主要应当是在这一个项目的这一次评估中发现的有价值的材料。如果材料缺乏个性，那么评估报告也就失去了应有的价值。

3．印制报告

公共关系评估报告的题目要反映出评估的范围和对象，排版应醒目、美观，要制作目录以方便阅读报告的人。同时，正规的格式和装订、高质量的印刷、精心设计的封面等也是很有必要的。这样阅读者能感觉到研究者的认真态度，也更愿意予以合作。

重要信息 6-6

撰写公共关系评估报告的基本原则

公共关系评估报告的撰写除了要遵循科学性、真实性、公正性的要求之外，还应遵循以下几项原则。

（1）针对性。无论受众是哪种对象，公共关系评估报告都要紧紧围绕着公共关系方案目标是否实现、公共关系问题是否解决及组织形象是否确立来撰写，不可游离于主题之外谈无关紧要的问题。

（2）完整性。公共关系评估报告应做到以下几点：对评估工作的目的、对象、标准、方法、过程、结果进行全面的概括；正文内容与附件资料要配套一致，附件资料要能有效地说明和补充正文内容；被评估的范围和对象要做到完整无缺，没有遗漏。

（3）及时性。公共关系评估报告具有很强的时效性，它贯穿公共关系活动的整个过程，对每个阶段的评估需要迅速，在整个公共关系活动结束后及时撰写公共关系评估报告，如果时间相隔太久，公共关系评估报告就失去了评估的意义。

（4）客观性。公共关系评估报告来自组织的公共关系实践活动，又用于指导组织今后的公共关系实践活动。因此，公共关系评估报告的撰写要站在客观的立场上，立足于问题的解决、经验教训的阐发，以及为今后工作提供建议等，否则，评估报告将失去意义。

（5）独立性。在撰写公共关系评估报告的过程中，经常要与组织的领导和员工接触，评估人员要做到客观观察、独立评判，避免受到外界的干预和影响，力戒片面与掩饰，评估报告必须反映评估人的独立结论。

任务实训 6.3

公共关系评估报告讨论

实训目的：
加深学生对公共关系评估报告内容及制作的认识。

实训安排：
1. 学生收集并讲解一些公共关系评估报告或案例；
2. 分析公共关系评估报告对公共关系管理活动的影响，讨论公共关系评估报告的重要性；
3. 将分析讨论成果做成 PPT，分小组演示分享。

教师注意事项：
1. 由生活事例、企业经营事例导入对公共关系评估报告的介绍；
2. 提供一些简单的公共关系评估报告案例，引导学生讨论；
3. 分小组点评，并将学生的表现计入平时成绩。

评价标准

表现要求	是否适用	已达要求	未达要求
小组活动中，外在表现（参与度、讨论发言积极程度）			
小组活动中，对概念的认识与把握的准确程度			
小组活动中，角色扮演的精准度			
小组活动中，PPT、文案制作的完整与适用程度			

任务 6 小结

```
                                  ┌─── 确定公共关系评估目标
                  ┌─ 公共关系评估准备 ─┼─── 确定公共关系评估内容
                  │                └─── 确定公共关系评估标准
                  │
  公共关系评估 ─────┤                  ┌─── 确定公共关系评估人员
                  ├─ 公共关系评估计划制订 ─┼─── 选择公共关系评估方法
                  │                  └─── 制订公共关系评估计划
                  │
                  │                  ┌─── 公共关系评估报告编写准备
                  └─ 公共关系评估报告编写 ─┼─── 公共关系评估报告内容确定
                                     └─── 公共关系评估报告编写过程
```

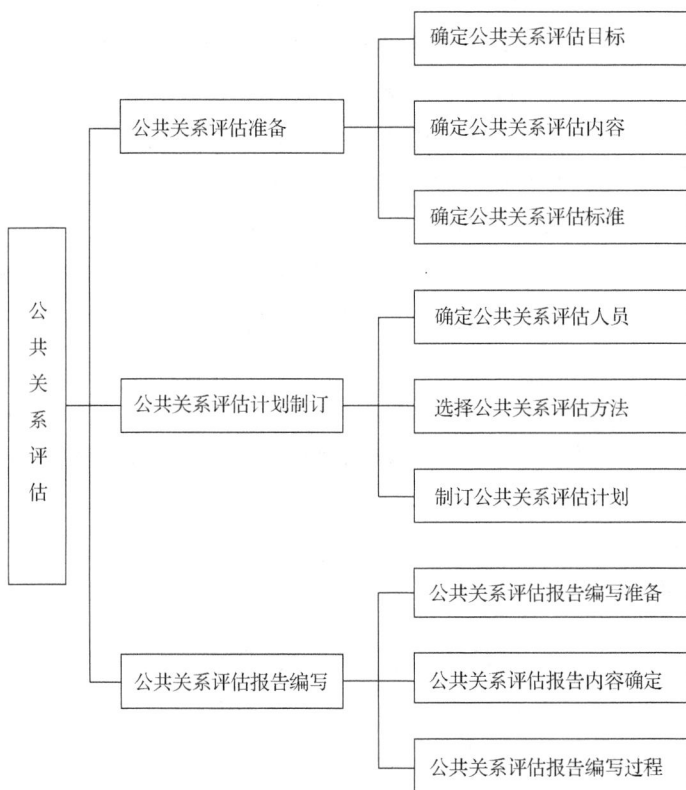

知识与技能检测

一、课堂讨论

（1）公共关系评估是否具有时效性？

（2）公共关系评估是一次性活动吗？

（3）讨论公共关系评估人员的职业精神。

（4）讨论公共关系评估的复杂性。

（5）讨论公共关系评估工作的意义。

二、课后自测

1. 选择题

（1）进行公共关系活动评估可以（　　）。

A. 改进公共关系工作　　　　　　　B. 及时反馈信息

C. 衡量活动效益　　　　　　　　　D. 降低公共关系费用

（2）公共关系的评估原则是（　　）。

A. 定量分析与定性分析相结合　　　B. 标准性与变化性相统一

C. 局部评估与整体评估相结合　　　D. 社会效益与企业利益相结合

（3）接收信息的目标公众的多少可以据以测算的数据有（　　）。

A. 报纸杂志的发行量　　　　　　　B. 网民的数量

C. 电视的收视率　　　　　　　　　D. 网页的点击率

（4）常用的公共关系评估指标是（　　）以及注意率和熟知率。

A. 知名度　　　B. 美誉度　　　C. 喜爱度　　　D. 信任度

（5）对评估人的基本要求主要包括（　　）。

A. 认真负责　　　B. 遵守规范　　　C. 讲究道德　　　D. 客观中立

2. 判断题

（1）公共关系活动评估是对某项公共关系活动终了时其结果的评价。（　　）

（2）公共关系活动评估可以增强公共关系人员的公共关系意识，增强工作信心。

（　　）

（3）公共关系活动评估标准是活动所得与所费之比。（　　）

（4）公共关系活动的效果难以量化是公共关系评估面对的主要难题之一。（　　）

（5）评估人是公共关系评估工作的主体，由公共关系活动的主办者来评估是最佳选择，因为他们的评估最客观、最全面。（　　）

3. 简答题

（1）公共关系评估对于公共关系工作有何意义？

（2）公共关系效果评估的标准有哪些？

（3）公共关系效果评估的方法主要有哪几种？

（4）公共关系效果评估要经过哪些程序？

4. 案例分析题

××公司公共关系评估报告

一、基本情况

××公司是芯片生产厂家，在全球同行业中首屈一指。该公司的业务大多数是围绕微处理器开展的，业绩相当不错，效益很好，公司销售额年增长率大约为30%。在该公司将最新一代的微处理器——××处理器投入全面生产的时候，麻烦出现了。该公司被告之：××芯片在数学运算能力上存在问题，在研究一些复杂的数学问题时，机器出现了除法错误。

二、调查

（一）内部调查

对此问题大家并不陌生，这是由于芯片上的一个微小的设计错误引起的，在90亿次除法运算中会出现一次错误。该公司研究后认为该错误产生的时间远远晚于芯片的半导体出现其他问题的时间。

（二）外部调查

外界对××公司出现的这一错误极为关注。

1. 在互联网上展开了"××CPU中故障问题"的评论。

2.《××周报》的头版头条详细且准确地刊登了因特网上的有关内容。

3. 电视新闻记者来公司采访，态度非常冷淡，并制作了一个令人不愉快的电视片段，决定在次日播出。

4. 每一家报纸都在报道这件事，如《××芯片出现故障，计算准确性无以保证》《××事件——买还是不买》等。

三、待解决的问题

由于芯片问题的出现，用户开始要求更换芯片，××大型 IT 公司以××公司的芯片为主体生产的个人计算机也受到了不利影响。

（一）外部待解决的问题

1. 应顾客的要求，对符合退换要求的应立即予以退换，不符合退换要求的予以说明。

2. 与用户共同查看研究分析的结果，并把有关此事的白皮书报告送交他们审阅，尽量使用户放心使用该芯片。

3. 对外界打来电话询问该事件的人予以解释，尽量满足其要求。

（二）内部待解决的问题

1. 公司员工都是近10年进入公司的，这些年公司业务蒸蒸日上。现在，他们预期的成功成了泡影，雇员心神不宁，甚至感到恐惧。

2. 公司每天都要处理30人以上的投诉。他们挤满了房间，有的坐在书柜上，有的走来走去，准备离开房间去执行大家已经一致同意的计划。

四、策划与决策

面对如此巨大的内外压力，公司改变了以前的战略思想，经过策划做出了最新决策。

1. 为所有要求更换部件的用户更换部件，无论他们是用机器做统计分析还是玩电子游戏。

2. 对公司的这一决定进行宣传，使用户通过大众媒体得知这一信息，打造全新的公司形象。

3. 提高员工的工作士气。

4. 公司抽调出许多人坐在接待桌前，接电话、记名字、记地址，为几十万拥有此类芯片的人进行了产品更换。

5. 把生产线上的旧材料全部拆卸抛弃，以加强生产的过程，加速新老设备更替进程。

五、公共关系战略与活动计划

（一）内部公共关系

公司有难，雇员有责。为挽救公司的损失，尽快扭转被动的局面，公司采取各种措施提高员工的士气，并在此基础上加深了管理者与员工之间的友谊。

（二）外部公共关系

由于芯片事件，公司的美誉度受到了极大的破坏。为此，公司采取了一系列措施以重新塑造公司的形象，挽回公司的信誉。

1. 召开新闻发布会。会上就该公司的改革策略做了宣布，并告诉社会公众，公司在出现芯片问题之前就已重视这一问题，并早已研制出可以克服该问题的芯片，现在正批量生产以加速更新的进程。

2. 更新形象。公司的形象在这一风波后受到影响，为此，公司将对外宣传的口号做了一定的修改，使其更适合公司的发展。

3. 向此次芯片风波涉及的社会各界公众道歉，对由于使用该芯片遭受不良影响的人表示愿意赔偿其一定的损失。

六、效果与评价

公司的这一策略收到了良好的社会效果，达到了预期的目的。

（一）新闻报道

1. 就在前不久还在批评××公司的《××周报》，现在也对××公司的这一做法表示赞同。

2. 各大新闻报、商业报都对××公司的这一做法做了全面而细致的报道，并对其做法大为赞扬。

3. 新闻媒体大肆宣传××公司的做法。

（二）公众反映

××公司的这一做法得到了社会公众的一致认同，公众对其做法表示满意。

1. 他们中有的人打电话向其表示祝贺，有的人写来了祝贺信，还有的人专程送来了饮料和盒饭。

2. 公众对××公司的偏见消失了，由以前对该公司所生产的芯片的冷漠变成了争相购买该公司的产品。

（三）员工反映

员工的态度变了，由以前的沮丧、恐惧变成了高兴。公司的形势的转变使得员工又恢复了原来的自信，他们满怀信心地投入工作中。经过数月的奋战，××公司耗费巨额资金才解决了芯片风波。这些款项主要用于更换部件，以及弥补从生产线上拆卸下来的旧材料的损失，这相当于公司半年的预算，或××处理器5年的广告费用。××公司从此走上了全新的企业发展之路。

阅读以上材料，回答问题：

（1）讨论该评估报告的内容与结构，使用的评估方法和评估标准。

（2）分析其优点与不足。

（3）提出改进建议。

实践活动：参与企业实际公共关系评估工作

活动目的：

完成较复杂情况下的公共关系评估及报告的编写。

活动安排：

1. 教师与校外基地接洽，带领学生参与企业实际项目；

2. 学生分组，参与公共关系评估计划制订，讨论并写出报告。

教师注意事项：

1. 引导学生参与公共关系活动项目；

2. 学生分组讨论并制定公共关系活动方案；

3. 分小组点评，并将学生的表现计入平时成绩。

评价标准

表现要求	已达要求	未达要求
小组活动中的工作表现（参与度、讨论发言积极程度）		
整个工作过程的表现（六步骤）		
对职业整体的认识与把握		
工作过程中知识与经验的运用		

课程思政园地

"华夏银行老年登山健身活动"效果评估报告

1. 引言

2016年10月9日（农历九月初九），由华天形象中心策划的"华夏银行老年登山健身活动"在英雄山成功举办。

2. 效果评估

（1）从组织策划方面看：定位准确、专业，活动安排周密、有层次。农历九月初九既是我国传统的重阳节，又是登高节。在人们心目中，双九又是生命长久、健康长寿的意思，因此人们又把重阳节称作"老人节"。华夏银行选择在重阳节举办老年登山活动，可谓准确地把握了时机，体现了华夏银行尊老、爱老、敬老的初衷。

整个活动的策划安排专业、周密，而且有层次。

第一，从树立华夏银行的公益形象出发，专为老年人举办活动，扮演"欢乐使者"的角色，丰富老年人的晚年生活。

第二，造声势引发社会大众和新闻媒体对此次活动的关注，老人们非常踊跃地参加活动。活动当天定好 8:00 集合，老人们积极性很高，有的早早来到现场等候，有的还是从很远的地方倒车赶来。

第三，活动准备充分。早在国庆放假之前，华夏银行就把活动所需的物品准备齐全；活动当天，全体工作人员在早上 6:00 天刚蒙蒙亮时，就开始布置现场，做了充分的准备。

第四，整个活动以调查问卷为凭证，保证了活动的有序进行。

第五，邀请了山东省企业管理协会等处的领导作为嘉宾，邀请了山东卫视《开心假日》节目主持人作为主持人，为整个活动增光添彩。

第六，组织了老年筷子舞、扇子舞、新疆舞、秧歌、老年迪斯科等优美欢快、丰富多彩的文艺节目，充分展现了老人们的朝气和活力。节目结束后，老人们意犹未尽，希望以后再有这样的机会。

（2）从实施方面看：整个活动安全有秩序。

活动过程中没有出现任何意外，整个活动从收问卷、发纪念品、登山、领奖，直到活动结束，秩序井然。老人们老当益壮、兴高采烈，他们的朝气和活力，深深地感染了在场的所有人，禁不住为老人们的精彩表演一次又一次地鼓掌。老人们高兴而来，满意而去。

英雄山风景区管理员说："以前在我们广场举办的活动都乱糟糟的，你们这次活动组织很好！秩序井然，热闹隆重……"

（3）从宣传方面看：取得了良好的宣传效果，得到社会各界的一致好评。

① 老人们一致称赞华夏银行想得周到，感谢华夏银行为老人们提供了这么一个好机会——增进了朋友间的友谊，又认识了许多新朋友，而且通过登山活动既锻炼了身体，也更多地了解了华夏银行。

② 活动地点——英雄山管理处的领导认为这次活动举办得非常成功，而且希望华夏银行经常来举办活动，以使他们也得到提高。

③ 社会效应——引起了各大新闻媒体的关注。《齐鲁晚报》头版头条报道了这次活动，"我们还年轻！"正是"华夏银行老年登山健身活动"的完美写照。《经济导报》《联合日报》也有相关的报道，电视台也录制了专题。通过这次活动，通过各大媒体的宣传报道，拉近了华夏银行与老年人的关系，建立了华夏银行关爱老年人生活，关注老年事业的企业公益形象，为华夏银行在老人群体中发展个人金融业务奠定良好的基础。

问题：

1. 华夏银行为什么要举办这样的活动？

公共关系评估
课程思政

2．从社会和谐角度看，类似华夏银行的社会组织还可以做什么？

自我学习总结

通过完成任务6，我能够做如下总结。

一、主要知识

概括本任务的主要知识点：

1.

2.

二、主要技能

概括本任务的主要技能：

1.

2.

三、主要原理

你认为，公共关系评估的基本原理是：

1.

2.

四、相关知识与技能

你在完成本任务过程中，了解了：

1．公共关系评估的意义有：

2．公共关系评估的技术要领有：

3．公共关系评估的操作环节有：

五、成果检验

你完成本任务的成果：

1．完成本任务的意义有：

2．学到的知识或技能有：

3．自悟的知识或技能有：

4．你对社会组织公共关系评估的看法是：

任务 7
公共关系专题

学习目标

1. 知识目标

能认识庆典与社会赞助的内涵与作用。

能认识展会与新闻发布会的工作内容。

能认识联谊与参观活动的基本要求。

2. 技能目标

能策划庆典与社会赞助活动。

能策划展会与新闻发布会。

能策划联谊与参观活动。

3. 课程思政目标

理解国家对外开放战略。

理解构建人类命运共同体思想。

增强服务国家意识。

任务解析

根据公共关系职业工作活动顺序和职业教育学习规律，"公共关系专题"任务可以分解为以下子任务。

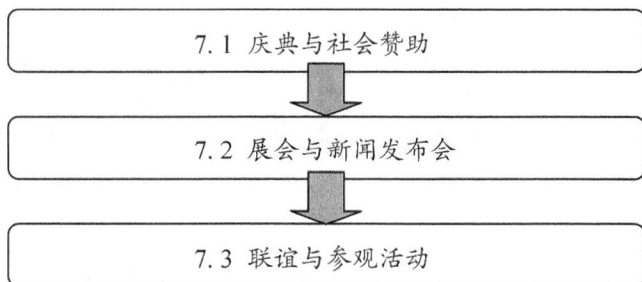

```
┌─────────────────────────────┐
│   7.1  庆典与社会赞助          │
└─────────────────────────────┘
              ↓
┌─────────────────────────────┐
│   7.2  展会与新闻发布会        │
└─────────────────────────────┘
              ↓
┌─────────────────────────────┐
│   7.3  联谊与参观活动          │
└─────────────────────────────┘
```

公关故事

我们的第七个故事要从长城汽车的公共关系讲起。2018年9月22日恰逢小长假的第一天，位于开封地区的首家WEY旗舰店举行了盛大的开业典礼暨VV6新车上市发布会。WEY品牌首席执行官严思表示："WEY是一个充满活力和创造力的品牌，短短不到两年，WEY品牌已陆续建成260家店面，距离2018年提出的建设300家店面的战略目标更进了一步。"

开封道一WEY4S店总经理王乾坤表示："作为开封市实现运营的WEY品牌旗舰店，我们将严格按照WEY品牌豪华标准装饰设计，从建筑外观、展厅内部、细节品位三个方面，打造可全面调动客户视、听、触、味、嗅'五觉'的尊享体验空间。置身其中，消费者可直观感受WEY品牌所具有的品牌底蕴，以及对消费者发自内心的尊重。而提供专家资讯、卖点可视化、贵宾接待、专属试驾、专家检测、精致洗车等20多项尊享服务，从售前到售中再到售后贯穿全生命周期，这一套完整的终端服务体系是延续WEY品牌生命力的重要保障。"

与此同时，活动现场举行了VV6的新车上市发布会。发布会现场，主角VV6的惊艳亮相引发全场高潮。作为WEY品牌亮剑智能实力、诠释智能生活方式的全新杰作，VV6以智慧赋能品牌的两大特色——安全与豪华，带来全新升级的智能安全与智能豪华体验。在智能安全方面，VV6全面搭载Collie2.0智慧安全系统，以同级仅有可进行自行车识别的主动式紧急制动系统（AEB）、0速触发全速范围自适应巡航（ACC）、同级最高标准智能巡航辅助（ICA）和交通拥堵辅助（TJA）等20项智能辅助技术，构筑出远逾同级的安全实力，进一步提升智能安全标准。

读后问题：

1. 你参加过新车上市发布会吗？
2. 你觉得WEY的品牌理念是什么？
3. 一个完整的公共关系专题活动涉及哪些主要内容？

公共关系专题
课前阅读

7.1 庆典与社会赞助

任务提示：这是公共关系初学者学习公共关系专题的第一步，即认识公共关系专题活动的含义，把握庆典与社会赞助活动的准备工作和具体要求，并能够在此基础上组织庆典活动与社会赞助活动。

公共关系专题活动对于改善组织的公共关系状态有着极为重要的意义。它往往能够使组织集中地、有重点地树立和完善自身的形象，扩大社会影响。成功的公共关系专题活动往往会大幅提升组织形象，是塑造组织形象的有力驱动器。公共关系专题活动的主要类型有庆典、社会赞助、展会、新闻发布会、联谊、参观活动等。

重要术语 7-1

公共关系专题活动

公共关系专题活动是指社会组织为了某一明确目的，围绕某一特定主题而精心策划的公共关系活动。公共关系专题活动是社会组织与广大公众进行沟通，塑造自身良好形象的有效途径。

7.1.1 庆典活动策划

重要术语 7-2

庆典活动

庆典活动是各种庆祝仪式的统称，是社会组织利用节日、纪念日或一些特定的时间、特定的缘由举办的能吸引公众、开展传播、扩大组织影响、提高组织知名度的活动。它包括庆祝和纪念活动，是社会组织经常采用的专门活动方式。

社会组织通过举行庆祝或典礼活动，借助喜庆和热烈的气氛，对外能够扩大影响，对内能够增强凝聚力。因而，庆典活动是重要的公共关系专题活动之一。

虽然庆典活动形式并不复杂，所需要的时间也不长，但庆典活动是一项系统工程，需要公共关系人员精心策划。

1. 庆典活动准备

（1）确立庆典活动目标。庆典活动必须要有明确的目标，目标可以是单一的，也可以是多元的。总体而言，这类活动的目标主要是扩大影响、提高组织知名度和联络公众。具体而言，不同的庆典活动又有不同的目标。比如，庆祝活动的目标主要是加强宣传、扩大影响，而纪念活动的目标除此之外，还有宣传某种观念、解释某个问题、澄清某些事实等。一般而言，每次活动必须有一个主要目标，其他目标则处于从属地位，不要面面俱到、平均用力，否则可能会淡化主题，影响活动的效果。

（2）拟定庆典活动内容。庆典活动的内容很多，但必须是本组织发生的值得庆祝的事件，如开业、竣工、厂庆、获奖、中标、超额完成任务、新产品面世、技改成功、企业升级、节能降耗、安全生产、机构变动、组织发展等。纪念活动的内容除了是本组织值得纪念的事件以外，还可以是社会上值得纪念的事件。社会纪念的事件应该和本组织有一定联系，是能为本组织服务的事件。

（3）挖掘庆典活动主题。庆典活动必须要有深刻的主题，使活动具有强烈的社会意义。挖掘主题要与活动内容相结合，更要与社会热点问题、公众关心的问题、能引起强烈反响的问题相结合。结合要自然、协调，避免生搬硬套，画蛇添足。例如，某企业新厂区择定5月1日开业，只举行了简朴的仪式。其特邀嘉宾是企业元老代表。庆典上，总经理宣布，将原来准备举办大型庆祝活动的经费节省下来资助社会老年人福利事业，当场举行了捐助仪式，在社会上传为美谈，某些新闻媒体也作了专题报道。

（4）构思庆典活动形式。庆典活动通常有较固定的程式，一般是主持人、来宾、领导讲话，剪彩或揭牌，宴请或娱乐活动。这种老套的程式很难给人留下深刻的印象，也缺乏新闻价值。因此，要巧妙地构思一些健康向上的、富有意义的、能达到预定目标又花费不多的新颖活动。比如，某汽车企业举行厂庆50周年活动时，选择了10辆在不同年代制造的汽车，配上当时流行的装饰，由当年的生产工人代表乘坐，再配以彩车和鼓乐车，在市内进行了一定线路的游行。这既让社会各界公众看到该厂发展的历程，又在较大范围内宣传了企业，具有强烈的社会效果和新闻价值。

（5）选择庆典活动时机。庆典活动的时机应该是值得庆祝和纪念的时日。如果活动时间正好与社会上某些重大活动重合，本组织的活动将会被社会上的重大活动冲淡而黯然失色，事倍功半。遇此情况，就应将时间适当调整，一般可提前进行。庆祝和纪念活动的时机要与活动的目标和内容相适应。特别是庆祝活动，何时举办可以由组织决定。这就要从主客观两方面来考虑，既使宣传效果较好，又使所邀请的公众有时间参加，还要让公共关系部门有充分的时间来准备。

公关实务 7-1

可口可乐100周年庆典活动

1986年5月8日，美国可口可乐公司迎来了100周年纪念日。为了办好这次专题活动，公司使出了浑身解数。4天时间里，公司用最盛大壮观的庆祝活动来装点公司总部所在地亚特兰大。14 000名工作人员分别从办理可口可乐业务的155个国家和地区飞往亚特兰大；30辆以可口可乐为主题的彩车和30个行进乐队从全国各地迂回取道开进亚特兰大，夹道欢迎的群众达30万人，公司向这些公众免费足量供应可口可乐。亚特兰大时任市长安德鲁·扬和可口可乐公司时任总裁戈伊祖艾塔一起引导游行队伍，其后是1 000人的合唱团和有60种乐器的交响乐队，他们高唱可口可乐的传统颂歌——"我愿给世界买一杯可口可乐"。亚特兰大市洞穴状的奥姆尼中心的四周竖立着巨大的电视屏幕，通过电视屏幕，观众可以看到在伦敦举行的可口可乐百年庆典场面。为了响应可口可乐公司"跟上浪潮"的广告口号，伦敦的典礼策划者准备一次推倒 60 万张多米诺骨牌。这一活动把亚特兰大、伦敦、里约热内卢、内罗毕、悉尼和东京连通起来，各个地点通过卫星相互联系。当多米诺骨牌一浪接一浪地倒下去并在伦敦到达终点时，一个巨大的百事可乐罐出现了，多米诺骨牌爬上最后一个斜坡，引起一次小型爆炸，百事可乐罐被炸得粉碎。顿时，全世界可口可乐公司的职员都欢呼起来了。

评析：显然，通过这次活动，可口可乐的形象更加深入人心。

2．庆典活动组织

（1）组织机构建立。统领庆典活动的领导组可以下设宣传组、秘书组、会务组等小组。领导组负责对整个庆典活动进行整体构思、策划、领导、协调、检查各部门和各环节的工作落实情况。宣传组负责活动的对内和对外宣传，设计制作组织标志、宣传品、招贴画、广告词、主题词、条幅等，营造良好的氛围。秘书组负责撰写、打印各种文稿，包括邀请信、演讲、致辞、报告和讲话稿。会务组负责嘉宾接待、布置会场、物品的准备及清洁等后勤工作。

（2）邀请嘉宾。通过上门邀请、电话邀请和发请柬邀请等方式，邀请地方政府官员、上级组织的领导、社区知名人士、协作单位的负责人、兄弟单位的代表及各类传媒机构的新闻记者。

（3）庆典活动协调。庆典活动通常规模较大，因此协调工作就显得十分重要。会前做好准备，如会场的地点、设备的配置、环境的布置、座次的安排、资料和纪念品的准备、程序的安排、发言人的确定、与会者的邀请、新闻单位的联系等。会议工作人员必须明确分工，各司其职，同时要有人负责联络和协调，如接待处与主会场随时联系，报告宾客到达情况；各项目进行时要有人安排落实下一个项目的各种事宜。会议接待人员要明确自己的接待对象，并贯彻始终，不要顾此失彼，厚待一部分宾客而冷落一部分宾客。活动中要注意组织的整体形象，组织各方面的工作都要以新的面貌展示出来。

（4）庆典程序落实。庆典活动安排程序应事先印制好，宾客人手一份。正式庆典活动程序一般是：主持人宣布活动开始，介绍重要来宾，或者宣布来宾名单；宣读重要单位的贺信、贺电，或者贺信、贺电单位名单；致辞，组织领导人或重要来宾分别致辞；剪彩（或者揭牌、揭幕）；颁奖（颁奖仪式）；宣布庆典活动结束，安排其他活动，如参观活动、座谈会、观看表演和宴请招待等。

（5）进行效果评估。庆典活动之后应进行效果评估，要总结经验，汲取教训。收集传播媒体以及公众舆论的有关反应，制作庆典活动的声像资料，写好庆典活动的总结报告，做好新闻报道剪报资料的存档工作。

重要信息 7-1

公共关系专题活动的策划与组织

（1）要有明确目的。任何公共关系专题活动都应该有明确的目的，要影响哪些公众、达到怎样的公共关系目标、取得哪些方面的效果，以及公共关系专题活动的主题等都应事先确定。

（2）要有实施方案。公共关系专题活动应作为一个整体和系统工程来设计、规划。对于时间、地点、参加者、活动方式、环境、交通、经费、宣传报道、效果评估等各方面因素和细节都要考虑周全，事先要制定实施方案，请有关人士论证方案的可行性，并获得领导批准，然后实施方案，并且在实施过程中收集反馈信息，如有必要可根据实际情况和反馈信息对方案进行合理调整。

（3）要有传播计划。根据主题设计一个既令人耳目一新又利于传播的标题或口号。标题或口号犹如一篇文章的题目，既要能反映文章的内容，又要有创意。例如，"中国大连，世界服装名城""新北京，新奥运"等标语都为当时的公共关系专题活动增添了光彩。在公共关系专题活动开始之前，就要把有关专题活动的消息传播出去，以便渲染气氛，创造良好氛围。事先还要与新闻媒体联系，并且为记者采访报道提供一切便利条件。公共关系专题活动结束之后，要注意收集反馈信息。

（4）要有专人负责。公共关系专题活动不仅要请专家精心策划，而且要有专人负责实施，建议组建专门机构。机构成员应具有公共关系知识和公共关系策划能力、实施能力，以便能"逢山开路，遇水搭桥"，保证公共关系专题活动的顺利进行。

7.1.2　社会赞助活动策划

重要术语 7-3

社会赞助活动

社会赞助活动是指某一社会组织为了承担一定的社会责任或社会义务而对社会公共事业或福利事业进行物质、资金、技术、人才等方面的捐赠或资助的公共关系专题活动。

组织社会赞助活动的目的一般包括：配合广告宣传，增强广告影响力，提高经济效益；承担必要的社会责任，树立良好的组织形象；联络公众情感，改善社会关系，扩大影响。组织要使开展的公益活动取得成功，必须认真地做好策划工作，具体步骤如下。

1．制订赞助计划

根据组织的公众关系现状、目标、政策和经济能力，决定年度公益活动赞助金额，制订切实可行的赞助计划。赞助计划的内容包括赞助的宗旨、赞助的范围、赞助的项目、赞助的形式、赞助的预期效果、赞助的经费预算等。具体项目的赞助计划要详尽，具备可操作性。制订赞助计划一定要从实际出发，量力而行。

2．传播赞助信息

公共关系人员应该把组织的赞助计划，通过适当的传播渠道和传播方式，传递给可能向本组织提出赞助要求的单位或个人。

3．确定赞助对象

组织赞助活动时应以本组织的公共关系目标、本组织面对的社会环境为出发点，按照有利于组织综合效益提高的原则，充分考虑多方面利益，协调平衡，确定赞助对象，防止盲目赞助或因个人主观感情色彩而影响赞助。具体可以通过以下工作确定赞助对象。

（1）掌握赞助对象的情况，包括赞助对象的业务、社会信誉、公众关系、面临的问题等，以便有选择地进行赞助。

（2）了解赞助项目的情况，包括项目提出的背景，对公众的影响力，项目所需花费的财力、人力与物力情况，以及操作实施过程中可能出现的困难和问题等。

（3）进行成本效益分析，即对赞助成本（组织付出的全部财力、人力、物力）与综合效益（赞助活动可能获得的经济效益与社会效益）进行分析比较。

4．实施赞助计划

组织应安排专门的公共关系人员或组织专门的工作班子，负责赞助活动的具体实施。

（1）分工负责落实。对整个赞助活动中的各个项目或环节，应分派具体人员负责落实，各负其责，密切配合。

（2）运用公共关系技巧。在实施过程中，公共关系人员应充分运用各种公共关系技巧与方法，以争取获得最佳效果。

（3）扩大组织影响。赞助活动本身就是为了扩大社会组织的影响，因此在赞助活动中，应尽量利用多种传播方式、途径辅助主要活动的开展，扩大其影响。例如，利用大众传播媒介广泛宣传报道，利用广告传播烘托气氛，增强效果。

公关实务 7-2

麦当劳赞助小球迷

在 1998 年世界杯期间，麦当劳选送了一批 6 至 14 岁的小球迷跟着摄影师到巴黎采访，让孩子们得到了亲临世界杯比赛现场的机会，这与可口可乐公司选择球童和护旗手的做法颇为相似，都是为了在未来一代中建立良好的企业形象。与此相比，"麦当劳进球奖"则体现了设立者的高明之处。在世界杯比赛中，如果哪位球员上演了"帽子戏法"，麦当劳将提供 100 万美元，通过"世界儿童组织"捐给该球员所在国需要帮助的儿童。

评析：显然，这一充满爱心的活动既吸引了公众的目光，又提升了企业形象。

5．评估赞助效果

赞助活动完成后，要根据具体项目赞助计划逐项对照检查，确定若干指标，以定量评价活动效果。例如，可以使用信息发送范围、公众知晓率、信息延续时间等指标，也可以通过公众反应来摸清情况。具体工作包括以下内容。

（1）评估公众评价与反响。

（2）评估赞助计划完成情况。

（3）制作赞助活动的声像资料。

（4）写赞助活动总结。

（5）做好新闻报道剪报资料的存档工作。

重要信息 7-2

社会赞助内容

社会赞助的范围很广，凡属对社会有益的事件或活动，都可作为赞助的内容。

（1）赞助体育事业，包括赞助体育比赛、运动队。这可以使组织在更大的范围内提高知名度，对公众施加影响。

（2）赞助文化生活，包括赞助文艺竞赛、文艺演出、影视剧播映，赞助文化艺术节、音乐节、书画节，赞助专场晚会、游园会、联欢会、灯会、谜会，赞助群众性文化娱乐活动等，以培养与公众的美好感情，提高组织的品位和档次。

（3）赞助科技、教育事业，包括资助失学青少年，扶持贫困大学生，设立奖学金、助学金、特种教育基金。这可以获国家、政府和广大民众的肯定。

（4）赞助社会福利事业，包括残疾人事业、老年康复保健事业、社会保险事业、对贫困职工和贫困地区居民的救助等。这可以使企业树立良好的形象。

（5）赞助展览和竞赛活动，包括赞助产品展览、贸易展销、书画摄影展览、藏物展览、风情展览、史料展览、地区成就展览、爱国主义教育展览；赞助各类选拔人才的竞赛活动，可以扩大影响。

（6）赞助学术活动，包括赞助各类学会、协会、研究会的活动，赞助专门项目的研究，赞助中外学术交流，赞助学术著作的出版，以密切和社会名流、专家学者的关系，提高组织的层次和社会影响力。

任务实训 7.1

庆典与社会赞助活动讨论

实训目的：

加深学生对庆典与社会赞助活动的认识。

实训安排：

1. 学生收集并讲解一些庆典与社会赞助活动故事或案例；

2. 分析庆典与社会赞助活动对公共关系管理活动的影响，讨论庆典与社会赞助活动的公共关系意义；

3. 将讨论分析成果做成 PPT，分小组演示分享。

教师注意事项：

1. 由生活事例、企业经营事例导入对庆典与社会赞助活动的介绍；

2. 提供一些简单的庆典与社会赞助活动案例，引导学生讨论；

3．分组点评，并将学生的表现计入平时成绩。

评价标准

表现要求	是否适用	已达要求	未达要求
小组活动中，外在表现（参与度、讨论发言积极程度）			
小组活动中，对概念的认识与把握的准确程度			
小组活动中，角色扮演的精准度			
小组活动中，PPT、文案制作的完整与适用程度			

7.2 展会与新闻发布会

任务提示：这是公共关系初学者学习公共关系专题的第二步，即认识公共关系专题活动中展会与新闻发布会的含义，把握展会与新闻发布会活动的准备工作和具体要求，并能够在此基础上组织展会与新闻发布会。

7.2.1 组织展会

重要术语 7-4

展会

展（览/销）会是通过实物、文字、图表、模型、示范，以及电影、电视、计算机网络等现代多媒体技术和手段，来展现组织的成果、风貌、特征的一种公共关系专题活动。

公共关系活动中，展会是一种很好的形式，它能直观、形象地传递各类信息，易给参观者留下深刻的印象，有助于组织新产品的介绍推广和组织形象的树立。展会信息传播具有直观性、双向性、综合性、高效性、新闻性等特征。

1．展会策划

（1）确定展会的目的和主题。展会的主题是展会的中心思想，内容是主题的具体体现。内容要围绕主题来充实。只有主题确定，内容明确，展会才能更加有针对性，才能使图、文、物展示活动的整体效果得以体现。展会主题要写进展示计划，这也是评价展会效果的依据。

（2）确定参展单位和参展项目。有的展会是综合若干单位的成果而举办的，这就要明确哪些单位参加，展出的项目和内容。确定以后要向有关单位发出邀请，并说明展会的具体情况，供潜在的参展单位做决策。

（3）明确目标公众。参观展会的观众就是目标公众，是组织准备影响的对象。要明确参观者的范围、类型和构成，以选择信息传播的手段和方式。如参观者是展出内容的行家里手或本企业的同行，展览就要有一定深度，讲解人员必须有相当程度的专业知识；

如参观者是一般的公众，则力求通俗易懂，浅显生动，进行直观、普及性的宣传。

（4）确定展会的地点和时间。展会的地点要选择交通方便的地方，周围的环境尽量与展览内容相配合，各种设施能满足展览的需要，举办展会的时间除了因展览内容有特殊要求以外，尽量选择节假日，以让更多的观众有时间参观。带有纪念性的展会应当在纪念日展出。

（5）确定展会预算。展会的费用通常包括场地租用费、规划设计费、制作装修费、交通运输费、广告宣传费、交际联络费、水电费、通信费、劳务费、保险费、运输费、印刷费及其他不可预见的费用。展会经费的使用、管理应该以预算为标准，严格执行财务纪律和管理制度。

2．展会组织

（1）确定人员。建立展会组织机构，确定人员负责管理和落实。人员包括组织机构的领导、管理人员、设计与制作人员、讲解人员、接待与服务人员、后勤供给和保安人员等。

（2）邀请参展单位。给有可能参展的组织发邀请信，采用重点单位上门联系等方法吸引有关组织参展。邀请信要写清楚展会的宗旨、展出项目类型、对参观者人数和类型的预测、展会的要求和费用等，应给潜在的参展单位提供决策所需的资料。要尽快确定参展单位、参展项目和展位需求情况。

（3）确定总体布局和规划。根据展会主题要求和展出的具体项目，进行整体的规划和构思，确定总体设计图。根据总体设计图，设计与制作各展区的展品、展板布置小样，待确定后再做成实样。同时精心制作展会的会标、主题画、海报和说明书，准备各种辅助宣传材料，如拍摄幻灯和录像，以及撰写解说词。注意，说明书内容要全面、易懂，解说词要具体、精练，以有利于解说员正确、流利地讲解。

（4）培训工作人员。为了提升工作人员的展会技能和服务意识，可对展会的解说员、接待员、服务员和保安人员等进行公共关系训练，并根据每次展出的项目对相关人员进行基本专业知识培训，以满足展会对人员素质的要求。

（5）邀请媒体与嘉宾。成立专门对外发布新闻的机构，负责与各大新闻媒体保持友好的联系。邀请与展会主题相关组织的负责人、社会知名人士和专家学者等作为展会开幕式的嘉宾。

（6）组织开幕。开幕式一定要隆重、热烈和喜庆。开幕式程序包括主办者致辞、来宾代表讲话、剪彩、开展等。

重要信息 7-3

展会特点

（1）展会是一种复合型的传播方式。展会中可以使用多种媒介，包括声音媒介，如讲解、交谈和现场广播；文字媒介，如印刷的宣传手册、产品介绍、组织概况；图像媒介，如照片、幻灯、录像等。这种复合型的传播方式综合了多种传播媒介的特点，具有较好的沟通效果。

（2）展会是直观、形象、生动的传播方式。展会以展出实物为主，图片资料为辅。有些展会在展出实物的同时还有专人讲解和示范产品的使用方法，或播放录像加以介绍。展品一般都会给参观者留下较为深刻的印象。

（3）展会可以为组织提供与公众直接沟通的机会。展会一般都会配备专人回答参观者提出的问题。参展单位可以将公众反馈的信息作为决策的参考。这种直接的双向沟通能就某一具体问题相互展开讨论和交换意见，针对性强，收效甚好。

（4）展会是一种集中、高效的沟通方式。展会，特别是展销会，对参展单位和参观者而言都是一种集中高效的沟通方式。对参展单位而言，他们可以看到同行的新产品，听到各地的新信息，各参展单位之间也可以进行沟通与交流，既节省经费又节约时间。

7.2.2 组织新闻发布会

重要术语 7-5

新闻发布会

新闻发布会又称记者招待会，是由组织举办邀请记者参加的会议。一般是由组织的发言人直接向与会记者发布有关本组织的重要信息，并且回答与会记者的有关提问，目的是通过与会记者把本组织的有关信息传递给公众。

新闻发布会属于人际沟通。新闻发布会之后，记者们往往要在大众传播媒介上加以报道，有时新闻发布会本身就是新闻报道的素材。新闻发布会有这样一些特点：发布信息的形式正规、严肃，具备一定权威性、可靠性；可以和记者进行广泛沟通和交流；可以消除对组织不利的谣言，以正视听。所以，新闻发布会是一种效果较好的公共关系专门活动。

1. 会前准备

（1）确定会议主题。新闻发布会要有明确的主题和比较强的针对性。主题要围绕公共关系的目标而定。主题确定后，要组织专门班子起草发言提纲，并估计记者可能提出的问题，准备对应的回答。在准备提纲时，要在组织内部统一口径，对该主题的宣传统一说法。否则，组织内部说法不一，就会引起记者的混乱和猜疑，给组织造成不利影响。

（2）确定发言人。发言人是代表组织出面的，记者招待会的成败与发言人的素质密切相关。会议的发言人一般应由组织的高级领导来担任，因为高级领导清楚组织的整体情况，掌握组织的方针、政策和计划，回答问题具有权威性。

（3）确定会议时间与地点。选择新闻发布会的时间时，要考虑组织发布信息的最佳时机，如重要活动庆典之时，尽量避开节假日、重大社会活动和民俗活动日等，以免记者不能参加会议。在地点选择上，主要的考虑是要给记者的出行、采访等创造各种方便的条件。

（4）布置会场。新闻发布会会场要布置得整洁、高雅、美观，应摆放适量的绿化盆景，主持人、发言人、嘉宾、记者、特邀人士等的席位都应布置、安排合理，并按席位顺序摆放席位卡，应将准备好的文件材料袋和文书用具放于每个席位，并适量放置饮品。

（5）经费预算。新闻发布会的成本较高。费用项目一般有场租费、音响器材租用费、会场布置费、通信费、交通费、印刷费、文具用品费、茶点费、餐费和礼品费等。应在会议开始前，对整个会议经费做出预算。

2．会中组织

（1）邀请记者。首先根据邀请的范围，将请柬较早地送到被邀请的记者手中。其次临近召开日期，还应用电话联系记者，以落实到会记者情况。最后，应为交通不便的被邀记者提供交通服务。

（2）组织记者参观。在记者招待会的前后，可以配合会议主题组织记者进行参观，给记者创造实地采访、拍摄、录像等机会，增加记者对会议主题的感性认识。首先要确定参观的地点、参观的路线、参观的内容。其次要确定参观的陪同人员和被参观地方的接待人员，陪同人员应向记者介绍有关情况。

（3）安排宴请。为了使记者招待会收到最大的实效，根据组织的财力，可以安排宴会或者工作餐招待与会记者和其他来宾。这也是一种相互沟通的机会，组织可以利用这种场合增进与新闻界的关系，及时收集反馈信息，进一步联络感情。

（4）组织会议。新闻发布会应始终围绕着会议主题进行。当记者的提问离题太远时，要善于巧妙地将话题引向主题；即使记者提出片面、偏激，甚至带有挑衅性的问题，也要友好对待，即不能失控发怒或拍案而起，要以平缓的言语、确凿的理由友好地纠正或反驳。对涉及机密、不可发表的有关资料和数据，应婉转地向记者做解释。

3．会后总结

新闻发布会结束之后，要及时检验会议是否达到了预期的效果。

（1）整理新闻发布会现场记录，进行分析，看所发布消息和回答记者提问是否紧扣主题，是否准确，是否达到了本次活动的目标。

（2）搜集与会记者在各自媒体上发表的文章或报道，并对其进行归类分析。观察这些报道是否与发言人发布的信息一致，记者提问的内容是否强化了发布会的主题，有无不一致之处。分析新闻媒体的报道是否符合组织的原意，组织是否达到本次活动的目标。

（3）总结本次新闻发布会的工作，检查准备工作是否充分，主持人和发言人有无失误，接待工作有无疏漏，会场布置是否合理，组织工作有哪些不足等，并把这些情况整理成文字材料存档备查。

（4）对各位记者提问时的倾向性及他们在公开、私下所表露的看法进行分析，了解记者所代表的新闻单位对本组织的看法和态度，以便为处理新闻界关系提供参考。

任务实训 7.2

展会与新闻发布会讨论

实训目的：

加深学生对展会与新闻发布会的认识。

实训安排：

1. 学生收集并讲解一些展会与新闻发布会举办的故事或案例；

2. 分析展会与新闻发布会对公共关系管理活动的影响，讨论展会与新闻发布会的公共关系意义；

3. 将分析讨论成果做成 PPT，分小组演示分享。

教师注意事项：

1. 由生活事例、企业经营事例导入对展会与新闻发布会的介绍；

2. 提供一些展会与新闻发布会的简单案例，引导学生讨论；

3. 分组点评，并将学生的表现计入平时成绩。

评价标准

表现要求	是否适用	已达要求	未达要求
小组活动中，外在表现（参与度、讨论发言积极程度）			
小组活动中，对概念的认识与把握的准确程度			
小组活动中，角色扮演的精准度			
小组活动中，PPT、文案制作的完整与适用程度			

7.3 联谊与参观活动

任务提示：这是公共关系初学者学习公共关系专题的第三步，即认识公共关系专题活动中联谊与参观活动的含义，把握联谊与参观活动的准备工作和具体要求，并能够在此基础上组织联谊活动与参观活动。

7.3.1 组织联谊活动

重要术语 7-6

联谊活动

联谊活动是以情感交流为手段组织的较为松散的群体活动。联谊活动的组织者一般具有隐含的某种目的，但是情感交流是联谊会成员参与活动的主要动机。

联谊活动参与者可以是同学、同事、同乡或有过较密切交往的人员，也可以是同行、朋友。联谊活动大致有演出会、舞会、节日聚会、参观活动等。通过这些活动，成员可以增进相互间的了解、增进友谊，同时也为社会进步与发展做出一定的贡献。

下面我们以比较常见的联欢会为例，来说明联谊活动的组织工作及程序。

1. 联谊活动准备

联欢会包括各种组织举办的节假日联欢会（如新年联欢会、春节联欢会），各种文艺晚会（如歌舞晚会、电影晚会、戏曲晚会、相声小品晚会），游艺晚会等。联欢会对于提高组织凝聚力、向心力，丰富员工的文化生活，加强组织与外部公众的沟通，提升组织形象都有着积极作用。

（1）确定主题。一般要精心确定联欢会的主题，使其有明确的指导思想和预期目标，然后在此基础上选择联欢会的形式。适宜的形式对联欢会的成功意义重大，联欢会的形式可以不拘一格，可以不断创新。

（2）确定时间、场地。联欢会的时间一般应选在晚上，有时也可根据情况选择在白天，一般以两小时左右为宜。联欢会场地的选择非常重要，最好选择宽敞、明亮，有舞台、灯光、音响的场地。场地应加以布置，给人以温馨、和谐、喜庆、热烈之感。联欢会的座次要事先安排好，一般应将领导安排在醒目位置，其他公众最好穿插安排，以便交流、沟通。

（3）确定节目。要从主题出发来选定节目，尤其是开场和结尾的节目一定要精彩、有吸引力。节目应多种多样，生动形象，各种形式穿插安排，不可头重尾轻，更不可千篇一律。在正式的联欢会上，应把选定的节目整理编印成节目单，在开始前发给观众，为观众提供方便。

（4）确定主持人。主持人是联欢会的关键人物，应选择仪表端庄，表达能力强，有一定的组织能力、应变能力的熟悉各项事物的人。一场联欢会的主持人最好不少于两人（通常为一男一女）。主持人也不可过多，以免给人凌乱无序之感。

（5）彩排。正式的联欢会一定要事先彩排。这样有助于控制时间、找出不足之处，增强演职人员的信心。非正式的联欢会也要对具体事宜逐项落实，做到万无一失。

2. 联谊活动组织

（1）引领观众提前入场。一般情况下，在演出正式开始之前十五分钟左右，观众即应进入演出现场，注意提醒观众不要迟到。观众入场后要对号入座，就座时，要悄无声息，坐姿要优雅。切勿发出噪声，或坐姿不端。

（2）提醒观众专心观看。参加联欢会观看节目时，提醒观众注意会场秩序：不要交头接耳，窃窃私语；不要进行通信联络，要自觉关闭手机等移动通信设备，或将手机设为静音状态；不要吃东西，不要吸烟，更不能随意走动或大声讲话、起哄等。总之，要自觉维护全场的秩序，保持安静，使联欢会顺利进行。

（3）引领观众适时鼓掌。当主要领导、嘉宾入场或退场时，全场应有礼貌地鼓掌。演出至精彩处时也应鼓掌，但时间不宜太长，演出结束时可鼓掌以示感谢。对表演不佳的演员，要予以谅解，不要喝倒彩，更不能吹口哨、扔东西等，因为这些做法是非常没有修养的表现。演出结束，全体演员登台谢幕时，观众应起立鼓掌，再次感谢演员的表演，不能熟视无睹，扬长而去。

7.3.2 组织参观活动

重要术语 7-7

参观活动

参观活动是指组织为了让公众更好地了解自己或为消除公众对本组织的某些误解，通常由公共关系部门负责组织和邀请有关公众来本组织参观的活动。参观活动有时会起到意想不到的效果。

任何一次参观活动都应有明确的目的。公共关系人员要搞清楚通过参观活动可以达到怎样的效果，让观众留下怎样的印象，是否有真正值得报道的材料。参观活动不仅是提高组织知名度、美誉度，以及争取社会各界理解与合作的重要手段，而且是激发本组织成员的自豪感与凝聚力的有效措施。因此，许多组织在进行公共关系策划时经常选择这类活动。

重要信息 7-4

参观活动的类型

（1）专题性参观和常规性参观。专题性参观是有特定的目的、围绕一个专门确定的主题而进行的。常规性参观一般没有特定的主题，是组织常规工作的一项内容。

（2）特殊参观和一般参观。特殊参观就是对特定公众对象开放的参观，如上级部门领导的视察、组织学生来单位参观等。一般参观就是对公众对象不加限制的参观。这种参观应事先通过传播手段广泛宣传参观活动的目的、时间及参观须知，以争取尽可能多的参观者。

1. 参观活动准备

要使参观活动取得良好效果，需把握以下环节。

（1）确定主题。举办参观活动首先一定要明确活动的目的是什么，想解决组织的什么问题，想达到什么样的目标和效果，只有在此基础上，才有可能进一步策划和组织好参观活动，使整个活动有的放矢地进行。参观活动的目的主要有以下四个：①扩大组织的知名度，提高美誉度；②促进组织的业务拓展；③使组织与社区的关系更和谐；④增强员工或家属的自豪感。

（2）划定参观内容。根据主题来划定参观内容，参观内容一般包括以下几个方面。①情况介绍。事先准备好简明生动、印刷精良的宣传小册子。②现场观摩。让参观者参观现场，如参观生产经营设备和工艺流程，厂区环境或营业大厅，员工的教育和培训设施，组织的科技开发（实验）中心，组织的娱乐设施等。③实物展览。参观组织的成果展览室，在成果展览室中可以陈列资料、模型、样品等实物。此外，参观活动内容的确定还要考虑到参观者的需要和兴趣。

（3）选择参观时间。参观活动时间应尽可能安排在一些具体有特殊意义的日子，如周年纪念日、开业庆典活动等，使参观者有充足的时间来参观，同时要避开一些节假日。此外还要考虑季节和气候因素，太热、太冷都不宜安排参观活动。

（4）安排参观路线。参观活动的线路由参观的内容来确定，组织是全局开放还是局部开放，由组织的决策部门审定。在此基础上再确定参观活动的路线，并在参观活动路线的拐角处设置路标，这有利于参观者按路线有顺序地进行参观。参观活动不是一种自由、随便的活动，不能任由参观者随意参观，要提前拟好参观路线，制作向导图及标志，标明办公室、餐厅、休息室、医务室、卫生间等。如有保密和安全需要，应注意防止参观者越过所限范围，以免影响正常的工作程序。

公关实务 7-3

2016年"中国航海日"上海专题活动

围绕"建安全高效绿色航运，助海上丝路创新发展"的主题，2016年"中国航海日"上海专题活动于7月11日在上海港国际客运中心码头举行。上海港内中国籍民用船舶、中国航运企业拥有或经营的非中国籍船舶挂满旗帜，并于上午9时统一鸣笛1分钟以示庆祝；业内中国航海博物馆、打捞救助展览馆对社会观众免费开放。

本次活动还重点推出五项特色主题活动。一是围绕"航海文化进地铁"，轨道交通12号线"航海号"列车已于7月1日首发开进北外滩航运服务集聚区。二是在7月1日至18日，在轨道交通人民广场站中央展台区域，举办奥运冠军徐莉佳夺冠帆船展览。三是推动设立全国首个航海邮局，在北外滩航运服务集聚区内的提篮桥邮局开设"航海邮局"。四是在7月11日下午以"新航程新动力"为主题，举办首届"海上丝绸之路"建设高峰论坛。五是在上述高峰论坛上，还举行了由上海市航海学会编辑的国际航运中心建设丛书——海洋文化系列之《上海船长》首发仪式。

经国务院批准，自2005年起，每年7月11日为"中国航海日"。2012年"中国航海日"上海专题活动由上海市城乡建设和交通委员会、上海市交通运输和港口管理局、上海海事局主办，东海救助局、中国航海博物馆、上海国际港务（集团）股份有限公司协办，上海市航海学会承办。

评析：本次活动增强了上海市民的航海和海洋意识，提升了上海航运文化软实力，扩大了上海国际航运中心参与"海上丝绸之路"建设的影响力。

2. 参观活动组织

（1）邀请参观者。组织应根据参观活动的目的和主题选择相应公众。可以通过广告发布信息以邀请参观公众，还可以向有关公众发出邀请信（函）。邀请既要重视目标公众，又要充分考虑一般社会公众，尽可能邀请一些知名人士来参观，以制造新闻点。同时还要考虑组织的接待能力，邀请参观的时间不要太集中，应分期分批安排。要编制来宾名册，让参观者签到、留言，以便为事后统计提供依据。

（2）培训工作人员。参观活动中要由具有一定素质的接待人员从事接待组织工作。要组织专门的接待人员和导游接受培训，使他们不但充分了解组织的情况，具有一定的专业知识，还具有一定的公共关系素质，特别是演讲口才、接待礼仪等，这样才能使参观活动开展得生动、活泼，有声有色，给参观者留下深刻的印象，为组织树立良好的形象。

（3）创设活动条件。安排辅助设施，如停车场、休息场所、会议室等。参观场所应有路标，对于特殊参观者还应进行特别的准备，如用餐、用车等。另外还要准备好象征组织的产品，代表组织形象的纪念品。如果是外宾，应多选择一些有地方或民族特色的产品作为礼物。

（4）加强宣传工作。为了使参观活动有效进行，要积极做好传播、宣传工作，尽可能邀请新闻记者参加，为他们的采访报道提供便利。此外，还应准备有关的宣传材料，如广告、关于组织和产品的说明书、画册、纪念册，并配备有关的视听材料供参观者播放。

（5）做好接待工作。参观活动的接待工作是针对接待任务进行总体安排并予以执行实施的过程，一般包含以下几项内容。首先是为参观活动所做的安排、协调、引领、衔接工作，包括：①制定总体接待方案；②联系协调相关部门，下达和分配具体接待任务；③按照方案调度车辆，搞好宣传讲解，确保参观活动高效、有序运转。其次是礼仪工作，包括：①迎送；②陪同；③会见；④纪念性礼品赠送，通过礼仪表达尊重和友好。最后是生活安排及其他有关服务，包括：①住宿与餐饮的安排；②返程票务订购；③物品托运等。通过生活服务，方便参观者活动，进一步体现对参观者的关心。

（6）结束参观活动。参观活动结束以后，还需要开展一系列的公共关系活动，如致函向来宾道谢、登报向各界鸣谢、召开参观者代表座谈会等。其目的是听取各方意见和建议，以便组织改进日后管理。

重要信息 7-5
组织参观活动注意事项

参观活动虽然是很繁杂的工作，但也是一项很好的公共关系活动。为了使参观活动收到应有的公共关系效果，组织在举办参观活动时，必须注意以下事项。①要结合参观者的要求和组织的自身情况，组织参观活动，活动既要有针对性又要符合参观者的兴趣爱好。②要恰如其分地介绍组织情况，在不泄露机密的前提下，使参观者对组织有较为深入的了解。③要妥善安排参观活动的每一个细节，防止出现失误。④要虚心征求参观者的意见和建议，积累经验，使参观活动产生更好的效果。⑤在参观过程中，如果参观者提出特殊要求，工作人员要注意先与有关管理人员或负责人商讨后再做答复，以免妨碍正常工作或发生意外。⑥做好食宿、交通等后勤保障工作。如果参观活动的时间较长，注意中间要安排适当的休息时间。

任务实训 7.3

联谊与参观活动讨论

实训目的：

加深学生对联谊与参观活动组织工作的认识。

实训安排：

1．学生收集并讲解一些联谊与参观活动举办的故事或案例；

2．分析联谊与参观活动对公共关系管理活动的影响，讨论联谊与参观活动的公共关系意义；

3．将分析讨论成果做成 PPT，分小组演示分享。

教师注意事项：

1．由生活事例、企业经营事例导入对联谊与参观活动的介绍；

2．提供一些联谊与参观活动的简单案例，引导学生讨论；

3．分组点评，并将学生的表现计入平时成绩。

评价标准

表现要求	是否适用	已达要求	未达要求
小组活动中，外在表现（参与度、讨论发言积极程度）			
小组活动中，对概念的认识与把握的准确程度			
小组活动中，角色扮演的精准度			
小组活动中，PPT、文案制作的完整与适用程度			

任务 7 小结

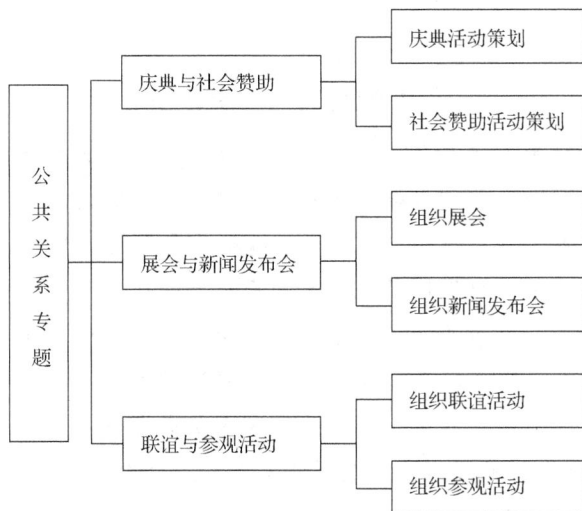

知识与技能检测

一、课堂讨论

（1）讨论公共关系专题活动的时机要求。

（2）庆典活动是否具有系统性？

（3）讨论企业社会赞助与经济效益之间的关系。

（4）展会是否具有直观性？

（5）新闻发布会是否具有互动性？

（6）联谊活动的公共关系范围是有限的吗？

（7）参观活动的公共关系效果如何？

二、课后自测

1．选择题

（1）公共关系专题活动的主要类型有（　　　）。

　　A．庆典　　　　　　　　　　　B．社会赞助

　　C．展会　　　　　　　　　　　D．新闻发布会

　　E．联谊、参观

（2）举办庆典活动要（　　　）。

　　A．精心策划

　　B．既热烈隆重，又高效节约

　　C．对内能增强凝聚力

　　D．对外能协调关系，扩大宣传，塑造形象

（3）社会赞助的目的有（　　　）。

　　A．配合广告宣传，增强广告影响力，提高经济效益

　　B．承担必要的社会责任，树立良好的组织形象

　　C．联络公众情感，改善社会关系，扩大影响

　　D．完全替代广告

（4）展会信息传播具有（　　　）等特征。

　　A．直观性　　　　　　　　　　B．双向性

　　C．综合性　　　　　　　　　　D．高效性

　　E．新闻性

（5）新闻发布会的特点有（　　　）。

　　A．发布信息形式正规、严肃，具备一定权威性、可靠性

　　B．可以和记者进行广泛沟通和交流

　　C．可以消除对组织不利的谣言，以正视听

　　D．可以替代广告

（6）联谊活动中（　　　）。

    A. 参与者可以是同学、同事、同乡或有过较密切交往的人员

    B. 参与者可以是同行、朋友

    C. 通过这些活动，成员可以增进相互间的了解，增进友谊

    D. 也可以为社会进步与发展做出一定的贡献

（7）参观活动的目的主要有（　　　）。

    A. 扩大组织的知名度，提高美誉度　　B. 促进组织的业务拓展

    C. 使组织与社区的关系更和谐　　　　D. 增强员工或家属的自豪感

2．判断题

（1）公共关系专题活动也称公共关系的"特殊事件"。（　　　）

（2）公共关系专题活动可以联络组织与公众的情感。（　　　）

（3）庆典活动就是渲染气氛，使参加者情绪受到感染，从而提升传播效果。（　　　）

（4）社会赞助活动没有固定主题，就是公益活动。（　　　）

（5）展会的信息传播比较间接。（　　　）

（6）新闻发布会主要用来消除对组织的负面影响。（　　　）

（7）联谊活动参加者都是熟人。（　　　）

（8）参观活动不用明确目的。（　　　）

3．简答题

（1）公共关系专题策划与组织的要求有哪些？

（2）社会赞助的内容有哪些？

（3）展会的特点有哪些？

（4）参观活动的类型有哪些？

（5）组织参观活动的注意事项有哪些？

4．案例分析题

第二十九届奥运会会徽发布会

项目主题：中国印·舞动的北京。

项目主体：第二十九届奥林匹克运动会组织委员会。

项目执行：第二十九届奥林匹克运动会组织委员会。

项目背景：奥运会会徽是奥运会形象景观的核心元素，是具有高价值的无形资产，因而构成奥运会市场开发和奥运会形象宣传的重要载体。因此，此次北京奥运会会徽发布活动是奥运筹备阶段具有里程碑意义的重大事件。

项目策划：聘请国内外大型活动和奥林匹克策划专家，组成核心创意国际团队。严格保密，保证会徽发布前的悬念。消息披露层层递进，以预热宣传营造强大新闻悬念。整合政府、社会各方有利资源，组成活动实施团队。聘请专业制作公司制作实施。充分做好各项预案，如天气变化预案，并反复演练，确保电视直播成功。聘请国际专业公关

公司，确保进行充分的境外宣传。

一、现场发布

1．发布会的地点选定在中华古老文明的象征性建筑——天坛祈年殿，为会徽发布搭建了一个充满东方文明的平台。

2．会徽从世纪坛经长安街运送到天坛，由邓亚萍、成龙护送会徽入场，其间通过电视直播，向全世界展示了现代化北京的风采，为发布活动做了精彩铺垫。

3．全国人民代表大会常委会委员长和国际奥委会协调委员会主席为会徽揭幕，将活动提升到了国家庆典的水平。

4．播出国际奥委会主席罗格的电视致辞和张艺谋执导的宣传片。

5．举行诠释会徽元素和理念的文艺表演。

6．中央电视台和北京电视台对发布仪式进行互动式现场直播，奥组委官方网站进行网上直播。

7．仪式后，现场举行简短新闻发布会，邀请会徽设计者、评审等相关人员会见媒体。

二、后续宣传

1．中央电视台、北京电视台各套频道在黄金时间、重点栏目于会徽发布当晚和之后一周全面推出有关会徽的专访、专题节目。

2．组织平面媒体和电台进行后续新闻报道和专访，深度挖掘会徽诞生的故事。

3．在首届奥林匹克文化节期间，在世纪坛举行会徽展，推出会徽专题论坛，加深公众对会徽的了解。

4．在青岛、沈阳、天津、上海等奥运会协办城市举办会徽巡展，继续扩大会徽在全国范围的影响力。

5．借举办一系列文化活动公开宣传会徽，推广会徽。

6．开展严密的媒体监控，针对一些不属实报道（如专利注册问题）及时展开纠正性报道。

三、项目评估

2008 年奥运会会徽发布仪式取得圆满成功，隆重、典雅、富有中国文化特色的会徽发布仪式得到社会各界一致好评。

国际奥委会官员在发布会后举行的媒体见面会上称，北京奥运会会徽发布仪式是奥运会百年历史上最出色的会徽发布仪式。"中国印·舞动的北京"一夜之间深入人心。

各大媒体在头版或重点时段刊发、播出大量全面、强势的新闻报道，使会徽形象深入人心。境外媒体报道充分、全面，且基本上为正面或中性报道。来自 35 个驻京境外新闻机构的 100 多名记者出席了会徽发布仪式，全球共产生了 635 篇次的平面和电视报道，全球各大主要电视台和广播电台反复播放现场发布的壮观场景，共实现了 37 亿人次的媒体印象。

阅读以上材料，回答问题：

（1）发布会的主题是什么？

（2）发布会地点的选择与主题的关系是什么？

（3）针对这一活动，你有何改进建议？

实践活动：参与企业实际公共关系专题活动

活动目的：

完成较复杂情况下的公共关系专题活动的策划与组织。

活动安排：

1. 教师与校外基地接洽，带领学生参与企业实际项目；

2. 学生分组，参与公共关系专题活动策划，讨论并写出报告。

教师注意事项：

1. 引导学生参与公共关系专题活动项目；

2. 学生分组讨论并制定公共关系专题活动方案；

3. 分组点评，并将学生的表现计入平时成绩。

评价标准

表现要求	已达要求	未达要求
小组活动中的工作表现（参与度、讨论发言积极程度）		
整个工作过程的表现（六步骤）		
对职业整体的认识与把握		
工作过程中知识与经验的运用		

课程思政园地

进博会专访纪实

2018年11月5日至10日，以"新时代，共享未来"为主题，首届中国国际进口博览会（以下简称"进博会"）吸引了172个国家、地区和国际组织参会，3 600多家企业参展，超过40万名境内外采购商到会洽谈采购，展览总面积达30万平方米。本届进博会有哪些特点和亮点？主要取得了哪些成果？本报记者专访了商务部部长钟山。

问：习近平主席在首届进博会开幕式上发表了主旨演讲，引发国际社会热烈反响。习近平主席的主旨演讲有哪些亮点？将对中国对外开放和共建开放型世界经济产生怎样的重要影响？

钟山：习近平主席在进博会开幕式上的主旨演讲，立意高远，气势磅礴，以52次提及的"开放"为主线，与在达沃斯世界经济论坛、"一带一路"国际合作高峰论坛、博鳌亚洲论坛年会、中非合作论坛北京峰会等重要演讲的思想一脉相承。这一主旨演讲既有深邃的思考，又有务实的举措，彰显了中国推动更高水平开放、推动建设开放型世界经济、推动构建人类命运共同体的信心和决心、责任和担当。

强调了全球开放合作的重要性。习近平主席从历史规律的高度和人类共同命运的广度出发，指出经济全球化是不可逆转的历史大势，不以人的意志为转移，必将浩荡前行。习近平主席强调经济全球化的重要性，开放合作对世界各国的积极意义，呼吁各国要坚定开放合作信心，共同应对风险挑战，拿出更大勇气共同建设一个更加美好的世界。

指出了开放型世界经济的前进方向。习近平主席指出，开放带来进步，封闭必然落后。习近平主席倡议各国应该坚持开放融通，拓展互利合作空间；坚持创新引领，加快新旧动能转换；坚持包容普惠，推动各国共同发展。充分表明新时代中国建设开放型世界经济、支持经济全球化的一贯立场，旗帜鲜明地反对保护主义、单边主义。

宣示了我国扩大开放的坚定决心。习近平主席用三个掷地有声的"不会停滞"，表明新时代中国改革不停顿、开放不止步的坚定决心。习近平主席提出激发进口潜力、持续放宽市场准入、营造国际一流营商环境、打造对外开放新高地、推动多边和双边深入发展等五方面扩大开放务实举措，以及支持上海等地区扩大开放的三项措施，再次以实际行动向世界宣布，中国开放的大门不会关闭，只会越开越大。

阐明了中国经济发展的光明前景。习近平主席以三个"没有改变"正面回应"中国经济向何处去"的世界之问，极大鼓舞了国内外对中国发展前景的信心。习近平主席用"大海"的妙喻，向世界表明中国经济是壮阔之海，无惧任何狂风骤雨，始终引领潮流，奔涌不息；中国经济也是开放之海，真诚向世界敞开胸怀，寻求与各国合作共赢。

习近平主席的主旨演讲引起强烈共鸣，会场多次响起热烈掌声。各方嘉宾高度评价、深度认同习近平主席的主旨演讲，普遍表示主旨演讲释放出中国坚持推动开放合作、愿与各国共同发展的积极信号。各方看好中国发展前景，愿以进博会为契机扩大同中国的经贸合作，共同维护自由贸易和多边贸易体制，共同构建开放型世界经济。（资料来源：人民日报海外版 2018 年 11 月 19 日）

问题：

1. 进博会的举办有哪些重大意义？

2. 从公共关系的角度看，举办进博会的必要性有哪些？

公共关系专题
课程思政

自我学习总结

通过完成任务 7，我能够做如下总结。

一、主要知识

概括本任务的主要知识点：

1.

2.

二、主要技能

概括本任务的主要技能：

1.

2.

三、主要原理

你认为，公共关系专题活动的基本形式有：

1.

2.

四、相关知识与技能

你在完成本任务过程中，学到了：

1. 公共关系专题活动的意义有：

2. 公共关系专题活动的技术要领有：

3. 公共关系专题活动的操作环节有：

五、成果检验

你完成本任务的成果：

1. 完成本任务的意义有：

2. 学到的知识或技能有：

3. 自悟的知识或技能有：

4. 你对国家级展会的看法是：

任务 8

组织形象塑造

📖 **学习目标**

1. 知识目标

能认识组织形象的内涵。

能认识组织形象定位的内容。

能认识组织形象推广的方法与要求。

2. 技能目标

能说明组织形象塑造的意义。

能编写组织形象推广计划。

能对组织形象塑造工作有整体认识。

3. 课程思政目标

理解国家形象的意义。

体会国家形象的变化。

增强"四个自信"。

任务解析

根据公共关系职业工作活动顺序和职业教育学习规律，"组织形象塑造"任务可以分解为以下子任务。

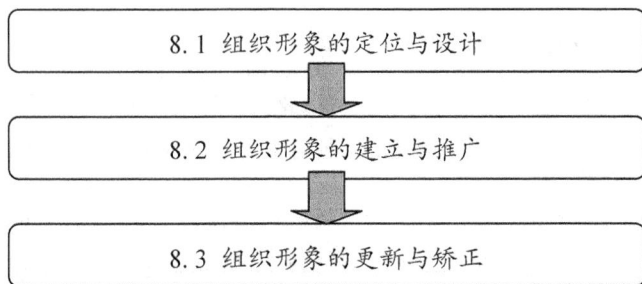

8.1 组织形象的定位与设计

8.2 组织形象的建立与推广

8.3 组织形象的更新与矫正

公关故事

我们的第八个故事要从加多宝的品牌重塑讲起。俗话说"拿得起，放得下"，这句话放在加多宝身上非常合适。当法律裁决加多宝不能再使用"王老吉"这个商标时，加多宝马上放弃"王老吉"，转入重新塑造凉茶品牌的运作之中。加多宝整个运作的核心就是重新塑造一个凉茶品牌——加多宝。乍一看，加多宝似乎一切都从零开始，可是其很巧妙地利用各种各样的营销策略，展开了精彩绝伦的商战，将原来十余年红罐凉茶王老吉宝贵的"怕上火"的心智资源，转移到改后的新品牌名称"加多宝"的身上，从而抢占凉茶品牌的领导地位。

第一，改名的广告宣传。广告宣传最终的目的是告诉消费者，现在企业有什么行动。加多宝想转移王老吉"怕上火"的心智资源到加多宝这个改名后的品牌上，广告宣传的策略非常讲究技巧。之前加多宝的广告宣传也出现过一些策略错位的小问题，但是加多宝调整比较及时，形成现在比较明确的广告宣传策略。

首先，广告宣传告诉消费者"怕上火，现在喝加多宝"。先将十多年建立在王老吉身上的心智资源转移到新品牌名称加多宝身上。

其次，传递"全国销量第一的红罐凉茶，现改名加多宝"。利用原来的销量领先（红罐凉茶确实连续销量在全国第一，消费者比较认可）树立领导地位，告诉消费者原来红罐凉茶改名加多宝的信息，从而印证前面讲到的"现在喝加多宝"。

最后，在消费者接受改名的事实后，消费者可能担心凉茶的配方与口味有改变，加多宝马上在广告宣传中消除消费者的疑虑："还是原来的配方，还是熟悉的味道。"达到"名改质不改"的目标，让原来支持王老吉的消费者一样支持加多宝。

第二，渗透的终端执行。终端执行力的强弱，关系到重新塑造品牌的成败。虽然终端不为加多宝所控制，但是其通过渗透的终端执行，打赢了凉茶终端争夺战。加多宝基本上控制了 KA 卖场、批发、学校等渠道终端，并选择重点的餐馆终端，特别是火锅店、湘菜馆、烧烤店等，加强渗透性，做到短时间内铺货改名的红罐包装产品，以及改名加多宝的品牌形象，配合广告宣传的改名，达到"步调"一致。

第三，正确的公关活动。加多宝选择赞助"中国好声音"便是一次经典的公关活动，因为"中国好声音"与加多宝推行的"正宗凉茶"战略相关联。针对我国中小企业打造强势品牌的《中小企业如何建品牌》这本书中谈道：公关活动必须指向品类，与品类形成响应。"中国好声音"演绎了一场场"原创"的声音，而加多宝想抢占"正宗凉茶"的品类，相互之间形成了呼应，从战略上实现了加多宝重新塑造凉茶品类领导品牌的目标。

读后问题：

1. 加多宝为什么要重新塑造品牌？

2. 加多宝采取了哪些措施？

3. 你觉得哪些企业在你心目中树立了非常正面的形象？

组织形象塑造
课前阅读

8.1　组织形象的定位与设计

任务提示：这是公共关系初学者学习组织形象塑造的第一步，即认识组织形象塑造的含义，把握组织形象的定位、组织形象的设计工作和具体要求，并能够在此基础上初步进行组织形象设计。

组织形象是社会公众对一个组织的印象和评价。在现代社会中，组织的形象会直接影响组织的生存和发展。因此，树立良好的组织形象是组织至关重要的任务，也是公共关系工作的重要目的。但不同的组织应有不同的形象定位与设计，同时还应努力推广形象并适时更新和矫正。

对企业来讲，组织总体形象包括实力形象、文化形象、人才形象、品牌形象等。

重要术语 8-1

组织形象

组织形象是指一个社会组织的内部或外部公众对该组织综合认识后形成的全部看法、认识和综合评价。组织形象一般可以用知名度和美誉度两项指标来反映。某种程度上，公共关系的工作就是塑造组织形象。

8.1.1　组织形象定位

定位的说法最早出现在 1972 年美国很有影响的《广告年代》杂志上。当时突出强调的是通过大量广告攻心，使企业产品定位在顾客的心中潜移默化，而不改变产品的本身。到 20 世纪 80 年代，美国营销专家菲力普·科特勒开始把定位理论与实践系统化、规范化。他指出：定位就是树立企业形象，设计有价值的产品，以便使细分市场的顾客了解和理解企业与竞争者的差异。可见，要想组织在公众心目中留下清晰、深刻的印象，就必须有准确的形象定位。

重要术语 8-2

组织形象定位

组织形象定位是指组织根据环境变化的要求、本组织的情况和竞争对手的实力，选择自己的经营目标及领域、经营理念，为自己设计出一个理想的、独具个性的形象。

1. 组织形象定位要素分析

一般来讲，组织形象定位的要素包括主体个性、传达方式和公众认知。组织形象定位工作应从这三个要素的定位做起。主体是指组织主体，个性包括品质个性、价值个性两个方面；传达方式是指把主体个性信息有效、准确地传递到公众的渠道和措施；公众认知是真正完成形象定位的标志。

（1）主体个性。主体个性是组织在其品质和价值方面的独特风格。组织形象定位必须以主体存在的特性作为基础，否则定位是虚假的。主体有些共性，比如都有较高的质量，都需要精良的售前、售中、售后服务，都要适销对路的产品等。但更值得思考的是个性特点，如组织目标定位、组织精神定位、组织风格定位等。

组织形象定位必须与组织所具有的个性匹配，既不能夸张，也不能生硬编造，否则一定会被公众遗弃。例如，劳斯莱斯是以"不求廉价便利，只求高档豪华"作为形象定位的，这种定位背后是过硬的产品及服务。如果一家品质、服务平平的组织也提出高档、豪华的形象定位，其结果只能让公众感到"盛名之下，其实难副"，只能事与愿违。

公关实务 8-1

华为的企业精神

华为非常崇尚"狼"，认为狼是企业学习的榜样，要向狼学习"狼性"，狼性文化永远不会过时。任正非说：发展中的企业犹如一只饥饿的野狼。狼有最显著的三大特性：一是敏锐的嗅觉，二是不屈不挠、奋不顾身、永不疲倦的进攻精神，三是群体奋斗的意识。同样，一个企业要想扩张，也必须具备狼的这三个特性。

评析：作为最重要的团队精神之一，华为的"狼性文化"可以用这样的几个词语来概括——学习、创新、获益、团结。用狼性文化来说，学习和创新代表敏锐的嗅觉，获益代表进攻精神，而团结就代表群体奋斗意识。

（2）传达方式。主体个性信息如果不能有效传达，公众根本无法了解组织。传达方式主要指营销方式和广告与公关等宣传方式。良好的组织形象不见得在主体个性上有过多的优势，但其传达到位是不容怀疑的。例如，IBM并不是计算机的发明人，从这一点来讲，IBM在计算机方面的主体个性方面不具备太多优势。但是IBM确实运用有效的传达方式使人们将计算机与IBM联系起来，并以优良的服务建立起"IBM，意味着最佳服务"的形象定位。

（3）公众认知。主体个性确定并真正达到形象定位的目的后，公众对主体便有了明确的认知，这就是公众认知。公众在获得组织提供的物质、服务的同时，也要能获得精神上、感受上的满足，这样才能使组织形象更易、更深地被公众认知、接受。

上述三个要素分别从主体、通道、客体三个方面构成了完整的组织形象定位，使得组织形象的功能和效应得以发挥。

2．组织形象定位方法选择

组织形象定位的方法有多种，但目的只有一个，即在公众心目中形成深刻、清晰的组织形象。

（1）个性张扬定位法。个性张扬定位主要指充分表现组织独特的信仰、精神、目标与价值观等。这些东西不易被人模仿，是自我个性的具体表现，既是组织形象区别于他人的根本点，又是公众认知的辨识点。例如，麦当劳以"优质、服务、清洁、价值"为经营理念，IBM 以"科学、进取、卓越"的独特定位来表现组织经营理念。这种个性形象可以是整体的，也可以是局部的，如组织的人员个性、产品个性、外观个性、规范个性等。

（2）优势表现定位法。公众对组织形象的认识实质上是对其优势性的个性形象的认识。组织以自身优势做形象定位，才能赢得公众的好感与信赖，因为公众会不同程度地得益于这种形象定位。当然，组织也同样会因这种定位而获得更高的经济效益与社会效益。不同的组织有不同特色的优势，只要抓住其优势特色进行定位，就可以很好地发挥作用。例如，可口可乐公司曾宣称："只有可口可乐，才是真正的可乐！"这是可口可乐公司在软饮料市场上确立其领导地位的根本。这一概念最先进入人们的思想，加深了可口可乐在人们心目中的印象。

（3）公众引导定位法。这是组织通过对公众从感性方面、理性方面、感性与理性相结合方面的引导来树立组织形象的定位方法。①感性引导定位法，是指组织对公众采取情感性的引导方法，以求获得理性共识。例如，海尔集团的"真诚到永远"以打动人心的感性形象扎根于公众心目中。②理性引导定位法，针对消费者采取理性的说服方式，让其做出判断进而获得理性的共识。例如，苹果公司被挖掉了一块的苹果的标志，承认自己并非完美，有利于培养公众的信任。③感性与理性相结合的引导定位，综合了感性与理性的双重优势，在对公众晓之以理、动之以情的过程中完成形象定位。麦当劳以其干净、快捷、热情、优质而组成的"开心无价，麦当劳"为其组织形象定位。

（4）形象层次定位法。形象层次定位法是根据组织形象表现为表层形象与深层形象来进行定位的。表层形象定位，如可口可乐鲜红底色上潇洒、动感的白色文字就体现出了可口可乐的大家风范；深层形象定位，如索尼公司提出制造能够"触动消费者心弦"的产品。

（5）对象分类定位法。对象分类定位法主要是针对内部形象定位和外部形象定位而言。内部形象定位主要指企业家、管理人员、科技人员及全体员工的管理水平、管理风格的定位。例如，三星公司的"质量是三星人的尊严"是其管理风格的真实写照。外部形象定位是指组织外部的经营决策、经营战略策略、经营方式与方法等方面的特点与风格的定位。例如，迪士尼乐园所提倡的"爱心、友谊、善良、真诚"，就属于外部形象定位的方式。

重要信息 8-1

组织形象的特征

（1）整体性。组织形象是一个有机的整体，形象是由组织内部诸多因素共同作用的结果。以企业为例，企业形象包括企业历史、地位、员工的思想、文化、技术、产品质量等因素。完整的企业形象就是各个形象要素所构成的具体要素的总和。

（2）主观性。组织形象是公众对组织的意见或看法，因而具有主观性。因为社会公众本身具有差异性，他们观察组织的角度、审视组织的维度也不相同，这样社会公众对同一企业及其行为的认识和评价就必定有所不同。此外，在形象塑造和传播过程中，必然要发挥组织员工的主观能动性，使其自觉推广组织形象。

（3）客观性。组织形象所赖以形成的物质载体都是客观的，建筑物是实实在在的，产品是实实在在的，组织的员工也是具体的，组织的各种活动也是实实在在的。所以，组织形象作为客观事物的反映，是不以人的意志为转移的，不能在虚幻的基础上构筑组织形象。

（4）相对稳定性。社会公众对组织产生的一定认识和看法，一般会保持一段时间，而不会轻易改变，这就是组织形象的相对稳定性。组织形象的这种相对稳定性可能会产生两种结果，其一是组织因良好形象被维持而受益，其二是组织因不良形象难以改变而受损。当然形象不是一成不变的，但要改变一种形象总是不容易的。

8.1.2 组织形象设计

重要术语 8-3

组织形象设计

组织形象设计就是根据组织形象定位的指导思想把重要的形象要素视觉化、符号化，或者说进行系统的形式化形象要素设计。

形象设计应该包括形象内涵的设计与形象外延的设计两大部分。形象内涵主要涉及企业整体，特别是企业主要产品品牌的定位问题，缺乏形象内涵的形象塑造、视觉设计和形象推广就缺乏依据和内容；形象内涵应该通过一些可以观察到的形式体现出来，这就是形象外延的设计。

1. 确立组织形象设计基础

组织形象设计必须首先从其内在基础开始，这是组织形象相互有所区别的根本。其中主要包括组织事业领域的确定、组织目标的确定和组织理念的确定。

（1）确定组织事业领域。对于企业来讲，生产领域是其生存的基础，事业领域则是其面向未来的总体方面，是发展的长远打算。一般而言，组织事业领域包括核心产品或服务、基本市场、主要技术、组织性质四个要素；组织在确定事业领域时，必须充分考虑技术发展的未来趋势，使组织的形象定位能为组织的发展提供相当大的空间；同时组织的定位还要充分考虑消费者形态的变化趋势，既要谨慎，保持经营内容的连续性，又不可过于死板，丧失了灵活性和可变性。

（2）确定组织目标。组织的事业领域只是组织的发展前景、希望，还必须设定相应的目标。没有组织目标，组织就没有发展方向。组织目标分为总目标和阶段目标。组织目标的确立必须遵循：与事业领域相一致的原则、可行性原则、可衡量原则、重要目标优先原则。

（3）确定组织理念。组织理念特指带有个性的组织经营活动的思想或观念。组织理念是组织生命力和创造力的整体反映，是一切组织形象的出发点和归宿。例如，中国国际航空公司的核心理念就是"服务至高境界"。

2. 分析组织形象设计条件

组织形象的设计除了注重内在基础的建立之外，还需要与外在条件相配合，才能使组织形象在市场竞争中保持优胜的状态。组织形象的外在条件可分为现实市场环境和未来发展的条件。

（1）现实市场环境分析。在当今消费者需求多样化、多变化的成熟消费时代，组织只有通过具有个性化的形象策略，赋予组织独特的魅力，才能满足消费者的需求。此外，组织形象必须与同行组织之间保持有差异性，才能在复杂的市场中独树一帜。因此，在设计组织形象时必须重视其形象的差异性。

（2）未来发展条件分析。组织形象设计不仅要考虑现在的定位，而且要考虑未来如何在公众心目中继续保持、提升形象，如何继续发展组织形象的问题。注意组织形象的统一性和动态性，这对组织形象在未来的发展起着重要的作用。

重要信息 8-2

组织形象设计的原则

（1）实用性。实用性指形象设计的根本还在于形象是否实用，缺乏实用性的设计不会给组织带来好处。

（2）创新性。创新性指要给公众留下一种不同凡响又有特色的形象。

（3）一致性。一致性指无论何时、何地面对任何公众，形象都应该是始终如一的，不能变幻莫测。

（4）易行性。易行性指形象设计要易操作，设计出的形象易被接受。

3．进行组织形象设计

组织形象设计是一项周密、复杂、系统的长期发展规划。作为一项系统工程，组织形象设计必须要按照一定的规则循序渐进地展开，才能达到预期的目标，大致包括制订设计计划、选定设计人员、收集相关信息、形成初步设计、组织验证测试、组织形象推行。

重要信息 8-3

组织形象的分类

（1）按组织形象的内容，组织形象可分为特殊形象和总体形象。特殊形象是某一或少数几个方面给公众留下的印象，或者组织在某些特殊公众心中的形象。比如，企业的良好服务在某些顾客心中形成了组织"优质服务企业"的形象。特殊形象对企业很重要，因为公众是不可能全方位、全面地了解组织的。总体形象就是企业各种形象因素所形成的形象的总和，也是各种特殊形象的总和，但两者又不是简单的总和。

（2）按照组织形象的真实程度，组织形象可分为真实形象和虚拟形象。真实形象是指组织留给公众的符合组织实际情况的形象，虚拟形象则是组织留给公众的不符合企业实际情况的形象。虚拟形象形成的原因是多方面的，既有传播信息过程中的失真，也可能有公众评价的主观性、偏向性原因。需要说明的是，真实形象不一定就是好形象，而虚拟形象也未必等于坏形象。

（3）按照组织形象的可见性，组织形象可分为有形形象和无形形象。有形形象是指可以通过感觉器官直接感觉到的组织对象，包括产品形象（如产品的质量、性能、外观、包装、商标、价格等）、建筑物形象、员工精神面貌、实体形象（如市场形象、技术形象、社会形象等）。无形形象包括企业经营宗旨、经营方针、企业经营哲学、企业价值观、企业精神，企业信誉、企业风格、企业文化等。这些无形形象往往比有形形象有价值，如对麦当劳、可口可乐、索尼、劳斯莱斯等企业而言，企业信誉等无形资产比机器设备和厂房要重要得多。

此外，还可以按形象的现实性，把组织形象分为实际形象和期望形象。

任务实训 8.1

组织形象定位活动讨论

实训目的：
加深学生对组织形象定位与设计工作的认识。

实训安排：
1. 学生收集并讲解一些组织形象定位与设计的故事或案例；
2. 分析收集的故事或案例的特点，讨论组织形象定位与设计工作的重要性；
3. 将分析讨论成果做成PPT，分小组演示分享。

教师注意事项：

1. 由生活事例、企业经营事例导入对组织形象定位与设计的介绍；
2. 提供一些简单的组织形象设计案例，引导学生讨论；
3. 分组点评，并将学生的表现计入平时成绩。

评价标准

表现要求	是否适用	已达要求	未达要求
小组活动中，外在表现（参与度、讨论发言积极程度）			
小组活动中，对概念的认识与把握的准确程度			
小组活动中，角色扮演的精准度			
小组活动中，PPT、文案制作的完整与适用程度			

8.2 组织形象的建立与推广

任务提示：这是公共关系初学者学习组织形象塑造的第二步，即把握组织形象的建立、组织形象的推广工作和具体要求，并能够在此基础上初步进行组织形象推广。

8.2.1 组织形象建立

组织形象的建立一般包括以下几个方面的工作。

1. 组织现有形象的调查

组织现有形象调查是建立组织形象的依据，对组织现有形象的调查可以通过内部调查、外部调查和组织综合指数调查进行。

（1）内部调查。内部调查主要通过对组织的经营理念、行为准则、营运机制、生产管理水平、技术及人才储备、产品结构、员工状况、产品开发策略、财务状况、信息传达方式、现存组织形象等方面的内部研究和分析，整理出组织形象的问题点。内部调查可以采取与高层主管交流、与员工交流、文案调查、情报视觉审查等方法。

（2）外部调查。外部调查可分为两个层面：一是宏观的层面，包括对经济、政治、社会、科研等的调查；二是微观的层面，包括对竞争对手、市场等的调查。

（3）组织综合指数调查。组织综合指数调查主要调查公众对本组织的认识、态度和印象，组织综合指数是受综合因素作用的结果。其中主要包括对组织文化、组织精神、组织产品质量、服务态度等的调查，对组织认知度、美誉度、和谐度这三个指标的调查。

2. 组织形象框架的设定

应以组织形象的调查为基础，为组织未来形象确立组织理念、行为规范并建立识别系统，提出具体可行的形象塑造方案，并对其进行论证。组织形象能否扩大、是否良好，与这一阶段的工作成果有很大的联系。组织形象的框架设定主要是从以下几个方面来进行。

（1）确立组织理念。组织理念主要包括组织使命、组织精神、组织的价值观和组织目标。其具体的表现形式为口号、标语、守则、歌曲、警语、座右铭，以及组织高层人员精神讲话。通过确立组织理念，把价值观念、最高追求连为一体，为组织的发展指明方向。

（2）确立行为规范。组织形象最终必须落实到行动上，组织的行为主要包括五个方面的规范化管理，即组织领导的规范化、组织决策的规范化、产品流转的规范化、专业工作的规范化、部门工作与岗位工作的规范化。

公关实务 8-2

麦当劳员工行为规范

麦当劳为了保证组织行为达到高度的统一，针对全体员工专门制定了一本厚达385页的行为规程。其主要包括以下几种。

（1）营业的训练手册。该手册详细说明了麦当劳的各项规定，包括餐厅各项程序、步骤和方法，是指导麦当劳运营的准则。

（2）岗位检查表。麦当劳把餐厅服务工作分为20多个工作段，每个工作段都有岗位检查表，上面详细说明在该工作段中应事先检查的项目、步骤和岗位责任。

（3）品质导正手册。管理人员人手一册品质导正手册，它详细说明了各种半成品的接货温度、储存温度等各种与质量有关的数据。

（4）管理人员训练。麦当劳的训练系统很完善，所有的经理从员工做起，一方面要学习经理发展手册，共四级四本；另一方面要学习一整套课程，循序渐进。学完第四册，升到第一副经理后就要送到芝加哥汉堡包大学学习高级课程。对麦当劳经理实行的是一带一的训练，即一个经理训练一个经理，其训练的经理合格后，才有晋升机会。

评析：组织形象中，行为规范也是一个重要的载体。

（3）建立识别系统。识别系统是组织形象外在的主要表现。这一系统的内容必须清晰可见，非常明确，具有极强的感染力和传播力。识别系统的设计必须在遵守法律的前提下，遵循以组织理念为核心的原则、美学原则、习惯原则、个性设计原则，化繁为简、化具体为抽象、化静为动的设计原则，才能使其具有很强的感觉冲击力、辨识度。

重要信息 8-4

组织形象识别系统

一个完整的识别系统包括如下内容。

（1）基本要素。组织标志/产品标志；组织名称；标准字（中、英文）；应用标准字；标准色；组织造型/吉祥图案；组织辅助图案。

（2）应用要素。办公事务用品；产品包装；广告传播；建筑环境；车辆标志；服装制式；展示规划；接待用品；环境标志；规范手册。

（3）基本要素组合规范。基本要素组合规定；基本要素组合系统的变体设计；禁止组合规范。

（4）组织形象方案论证。组织形象框架确立之后，必须经过反复的论证，才能得出切实可行的行动方案。论证的主体是专家，因此，组织在选择专家时不仅要注意选择本部门、同行中造诣高的专家，而且还要注意选择各门学科，如社会学、心理学、经济学、管理学、文化学、传播学等方面的专家共同对组织形象的可行性进行论证，才能保证方案的全面、合理。

8.2.2 组织形象推广

公共关系人员进行组织形象推广，应该经过周密的策划，拟订详尽计划，通过对内宣传和对外推广，崭新的组织形象能够尽快得到社会公众的认同，完成组织形象建立的目的。组织形象的推广一般包括以下几个方面的工作。

1. 组织形象对内宣传

对内的宣传是组织形象推广的第一步。这是因为组织形象的建立是靠全体员工共同努力得到的。内部员工不仅是组织形象的传播者，更是组织形象的缔造者，他们的言行和对组织的态度直接影响组织的形象。所以，组织在向外推广形象之前，一般都要对组织的员工进行培训，使他们成为向外推广组织形象的主力军。

（1）确定宣传内容。对内宣传主要就是向员工传递两个最为关键的信息：一是组织的前景如何；二是组织目前的处境，以及我们应采取何种行动。

（2）选择宣传方式。第一，自上而下的宣传，即先对高层主管进行培训，再依靠组织内的等级结构，向下通知、指派和解释；第二，自下而上的反馈，如通过员工意向调查、演讲、征文比赛、征求宣传标语等，收集自下而上的信息反馈；第三，横向沟通，即通过组织内部召开的各种会议来进行横向交流、沟通。

公关实务 8-3

北京王府井百货股份公司前景宣言

走过 38 年，辉煌已就，功业已就……风雨我们同舟，兴荣我们与共，在"一团火"企业精神的凝聚下，广大职工无私奉献、团结友爱、艰苦奋斗、开拓进取，用我们的光和热温暖每一个人，每一颗心。

随着股份有限公司的改组，历史将我们再一次放到了起跑线。这是机遇，这更是挑战。再度的辉煌需要我们去攀登，崭新的形象需要我们去塑造。为此，我们要营造一种充满友爱、亲情、温馨、祥和家庭般的宽松气氛，造就一个海阔凭鱼跃、天高任鸟飞的大舞台，营造一种得俱得、失俱失、全身心投入、充满归属感的氛围，我们更要在全社会，以至在全世界打造一个全新、鲜明、温馨、祥和、永远向前的北京王府井百货大楼

（集团）股份有限公司的新形象。

任重而道远，增强现代经营理念，现代管理意识，使全体"大楼人"的爱业、兴业、敬业精神再一次得到升华，使外部公众对公司形象在更高层次上进一步给予美誉，是我们实施企业形象系统工程的明确主旨。它将对我们接入国际惯例管理体系，进一步光大我们的整体形象起到重要的推动作用。

再腾飞，咫尺可见，再辉煌，曙光已现，愿每一位"大楼人"真诚投入，全心参与，殚精竭虑，积极进取。让我们共同创造更加美好的未来，与公司共享辉煌。

评析：这样一份"前景宣言"在组织形象的推广中可以反复使用，以此来提醒员工，牢牢记住组织的目标，并用来激励员工不断奋进。

2. 组织形象对外推广

在对外推广组织形象时，必须针对不同的公众，选择与之相适应的传播媒体和手段。

（1）人际传播。人际传播是指人与人、人与群体之间的直接传播。人际传播是人们进行交流和传递信息的一种普遍、常用、直接的传播方式，对于组织形象的推广，特别是对提升组织美誉度、和谐度具有极大的作用。

（2）大众传播。大众传播是通过一定的传播媒介，向公众进行的组织形象的宣传。在现代社会，对于组织形象的推广，大众传播是最快捷、最有利的手段。大众传播主要有两种方式，即广告和形象推广活动。

重要信息 8-5

组织形象塑造的意义

塑造组织形象具有以下意义。

（1）组织形象是无形资产的重要组成部分。无形资产是组织资产的重要组成部分，它是不具有实物形态而以知识形态存在的重要经济资源。因此，一个组织要不断地发展、维系自己的无形资产，就必须充分重视组织形象。

（2）组织形象是组织生存发展的精神资源。组织形象之所以能以精神资源作用于组织的生存发展，是因为组织形象具有以下功能。①规范与导向功能。组织形象是组织树立的一面旗帜，是向全体职工发出的一种号召。②凝聚与整合功能。组织确立的共同价值观和信念，就像一种黏合剂，将组织全体员工紧紧地凝聚在一起。③激励功能。良好的组织形象可以使组织内部的员工产生一种骄傲与自豪之感。这种感觉可以让员工保持一种士气高昂、奋发进取的态度。④辐射作用。组织形象的建立，不仅对内有着极大的凝聚、规范、号召、激励作用，而且能对外辐射、扩散，在一定范围内对其他组织乃至整个社会产生重大影响。

（3）组织形象是组织向外扩张的铺垫。在现代社会，优良的组织形象，是公众选择其产品或服务的重要依据。良好的组织形象会使公众对产品产生"信得过"的购买心理，使公众能够在纷繁复杂、令人眼花缭乱的商品世界中培养起对组织的忠诚度，从而达到使组织争夺更大的市场份额、进行扩张的目的。

任务实训 8.2

组织形象建立与推广活动讨论

实训目的：

加深学生对组织形象建立与推广工作的认识。

实训安排：

1. 学生收集并讲解一些自己熟悉的组织形象案例；

2. 分析收集的案例的特点，讨论组织形象建立与推广工作的重要性；

3. 将分析讨论成果做成 PPT，分小组演示分享。

教师注意事项：

1. 由生活事例、企业经营事例导入对组织形象建立与推广的介绍；

2. 提供一些简单的组织形象推广案例，引导学生讨论；

3. 分组点评，并将学生的表现计入平时成绩。

评价标准

表现要求	是否适用	已达要求	未达要求
小组活动中，外在表现（参与度、讨论发言积极程度）			
小组活动中，对概念的认识与把握的准确程度			
小组活动中，角色扮演的精准度			
小组活动中，PPT、文案制作的完整与适用程度			

8.3 组织形象的更新与矫正

任务提示：这是公共关系初学者学习组织形象塑造的第三步，即认识组织形象更新与矫正的含义，把握组织形象的更新、组织形象的矫正的具体内容，并能够在此基础上初步进行组织形象的更新与矫正。

8.3.1 组织形象更新

通过对内宣传得到了员工的理解和支持，通过对外推广得到了公众的认同和拥护，组织形象的建立和推广工作就取得了较大的成绩。要使组织在公众心目中一直保持良好的形象，就需要不断地对组织形象加以强化和修正。

1. 组织形象的内涵更新

组织形象的内涵更新是通过组织理念、领导者观念的更新，以及员工素质提升、产品质量水平提高来完成的。

（1）组织理念更新。组织形象是以组织理念为内涵而建立的。组织理念要随着组织的发展、进步而不断地加以调整、修正，以创造出最能体现组织精神、组织价值观、组织目标的组织观念，以及最能吸引公众的组织形象。因此，组织理念的丰富是组织形象更新的基础。

（2）领导者观念更新。领导者是组织形象更新的核心主宰，他们决定着组织形象更新的方向。因此，他们是否具有新的观念直接影响着组织形象是否能更新。

（3）员工素质提升。一方面要注重引导员工更新思想观念，另一方面要注重提升员工的专业素质。只有良好的专业素质，才能保证形象的质量。许多国际知名的大企业就十分重视人才的培养，把良好的员工素质看作企业发展、文化延伸的保障。

（4）产品质量水平提高。对企业来讲，组织形象的巩固、更新以企业名牌产品不断推陈出新，质量水平不断提高为基本前提和必要保障。如果产品质量上不去，技术不更新，组织形象的巩固、更新也就是一句空话。所以，组织形象的更新必须包括产品质量水平的提高。

2．组织形象的外观更新

组织形象的外观更新主要包括产品的外观更新和传播内涵的更新。

（1）产品的外观更新。组织形象外观的更新也就是从包装到品位的更新。墨守成规只能让消费者对其形象产生厌倦感，这是组织形象更新中的大忌。因此，更新形象是组织得以持久发展的关键，而形象更新主要是创意的更新。形象、创意的更新是否成功，主要取决于消费者的认同度，即公众对形象的态度。只有符合了公众的需求，才能得到公众的认同，才会拥有市场，组织形象更新也才能为企业带来光明的前程。

（2）传播内涵的更新。组织形象的外观改良使其外观更具个性、更有特色、更富内涵，也更能适应消费者的各种需求。满足了这些需求就等于开发了新市场，等于为组织的发展壮大铺平了前进的道路，为组织形象的传播、名牌产品的创立提供了广阔的天地。许多知名的企业正是在不断调整、充实自己产品的文化内涵前提下，创造了企业的辉煌。

8.3.2 组织形象矫正

组织形象在发展中常常会遇到因组织的失误损害了公众利益，导致公众不满，或由于公众对组织的认识不够全面而对组织有所误解，从而影响组织的认知度和美誉度，影响组织的形象。此时就必须对组织形象加以矫正。

组织的形象与声誉遭受损害的情况有两种：一种是由于外界的某种误解，甚至是人为的破坏；另一种是由于组织内部不完善或有过失。对前者，公共关系部门应迅速查清原因，公布真相，澄清事实，采取措施来消除损害组织形象的因素。对后者，公共关系部门应迅速采取行动，与新闻界联系，控制影响面，平息风波。只有内部及时纠正、弥补，才能尽快恢复公众的信任，重新树立良好形象。

为了校正歪曲的个人形象或组织形象，解除公众的误解，公共关系人员就要开展矫正型公共关系活动，实事求是，以诚待人，不隐瞒、不欺骗，努力在组织和公众之间架起信任的桥梁。

1. 开诚布公，说明真相

出现了形象受损的情况后，组织或个人要开诚布公地向公众说明真相，甚至可以敞开大门让公众走进企业，认识和了解个人或组织，充分沟通和交流，以建立信任和消除误解。

2. 权威传播，重树形象

公共关系人员要和新闻媒体取得联系，通过召开记者招待会取得新闻媒体的理解，而后利用新闻媒体来传播正确的信息，以树立组织应有的形象。

重要信息 8-6

CS 战略

1. CS 战略的概念

顾客满意（Customer Satisfaction，CS）是顾客接受企业有形产品或无形产品后，感到满足的状态。在 CS 战略中，将内部员工和外部客户都视为顾客。

（1）企业的股东和员工是企业的基本顾客，即企业将投资机会出售给股东，股东出钱购买投资机会；企业将就业机会出售给员工，员工以付出智慧和劳动购买就业机会。

（2）企业生产部是采购部的顾客，销售部又是生产部的顾客。三个部门表面上是货物转移关系，但这种关系实质上也是一种交易关系，只是这种交易以工资、资金、营业额等形式来体现。

（3）企业各职能部门之间通过提供服务完成内部协作，"提供"与"被提供"，即构成顾客关系。

（4）在生产环节中，下一道工序是上一道工序的顾客。只有当第一道工序的半成品被第二道工序完全接受之后才实现第一道工序员工的劳动价值，或实现报酬。

2. CS 战略的构成

（1）理念满意系统（Mind Satisfaction，MS），指企业理念带给顾客的心理满足状态。它包括顾客对企业的经营宗旨、管理理念、企业精神和经营价值等的满意情况。

（2）行为满意系统（Behavior Satisfaction，BS），指企业全部运行状况带给顾客的心理满足状态。它包括顾客对企业的投资、经营、管理等行为机制、行为规则和行为模式等的满意情况。

（3）视听满意系统（Visual Satisfaction，VS），指企业所具有的各种可视性的外在形象带给顾客的心理满足状态。它包括顾客对企业的名称、标志、标准字体、标准色和宣传口号等要素的认同、满意情况。

（4）产品满意系统（Product Satisfaction，PS）。产品满意是 CS 的核心内容，是指企业产品带给顾客的心理满足状态。它包括顾客对企业的产品质量、产品功能、产品包装、产品价格和产品品牌等的满意情况。

（5）服务满意系统（Service Satisfaction，SS），指企业提供的服务带给顾客的心理满足状态。它包括树立顾客至上的服务观念、建立完整的服务目标、服务满意度考查和强化服务满意的行为机制等内容。

3. CS 战略的实现途径

（1）识别顾客。识别顾客即识别本企业的顾客有哪些、处于什么档次，以确定在目标市场中如何满足顾客及市场的需求。

（2）调查顾客的要求。必须根据不同的顾客需求确定相应的服务标准。

（3）满足顾客要求。不断开发产品，做好顾客服务。

（4）测评顾客满意度。具体指标包括顾客期望、顾客对产品质量的感知、顾客对服务的感知、顾客对价值的感知、顾客抱怨、顾客忠诚度等。通过测评，查找不足，改进经营管理，不断提高顾客满意度。

4. 与 CIS 战略的比较

CS 战略与 CIS 战略的比较如表 8-1 所示。

表 8-1　CS 战略与 CIS 战略的比较

项目	CS 战略	CIS 战略
价值观	以顾客为中心	以企业为中心
企业理念	以客为尊	以企业利益为重
战略指导思想	顾客主导，从外而内的思维方式	企业主导，从内而外的思维方式
战略目的	达到顾客满意	提高企业业绩
战略核心	高品质产品（服务）	名牌战略（产品）
战略关键	情感	识别
战略方法	CS 战略及其方法	CIS 战略及其方法

任务实训 8.3

组织形象更新与矫正活动讨论

实训目的：

加深学生对组织形象更新与矫正工作的认识。

实训安排：

1. 学生收集并讲解一些组织形象更新与矫正的故事或案例；

2. 分析收集的故事或案例的特点，讨论组织形象更新与矫正工作的重要性；

3. 将分析讨论成果做成 PPT，分小组演示分享。

教师注意事项:

1. 由生活事例、企业经营事例导入对组织形象更新与矫正的介绍;

2. 提供一些简单的组织形象更新与矫正案例,引导学生讨论;

3. 分组点评,并将学生的表现计入平时成绩。

评价标准

表现要求	是否适用	已达要求	未达要求
小组活动中,外在表现(参与度、讨论发言积极程度)			
小组活动中,对概念的认识与把握的准确程度			
小组活动中,角色扮演的精准度			
小组活动中,PPT、文案制作的完整与适用程度			

任务 8 小结

```
                          ┌──────────────┐
                   ┌──────│  组织形象定位  │
                   │      └──────────────┘
          ┌────────────────┐
          │ 组织形象的定位与设计 │
          └────────────────┘
                   │      ┌──────────────┐
                   └──────│  组织形象设计  │
                          └──────────────┘

                          ┌──────────────┐
                   ┌──────│  组织形象建立  │
  组                │      └──────────────┘
  织       ┌────────────────┐
  形       │ 组织形象的建立与推广 │
  象       └────────────────┘
  塑                │      ┌──────────────┐
  造                └──────│  组织形象推广  │
                          └──────────────┘

                          ┌──────────────┐
                   ┌──────│  组织形象更新  │
                   │      └──────────────┘
          ┌────────────────┐
          │ 组织形象的更新与矫正 │
          └────────────────┘
                   │      ┌──────────────┐
                   └──────│  组织形象矫正  │
                          └──────────────┘
```

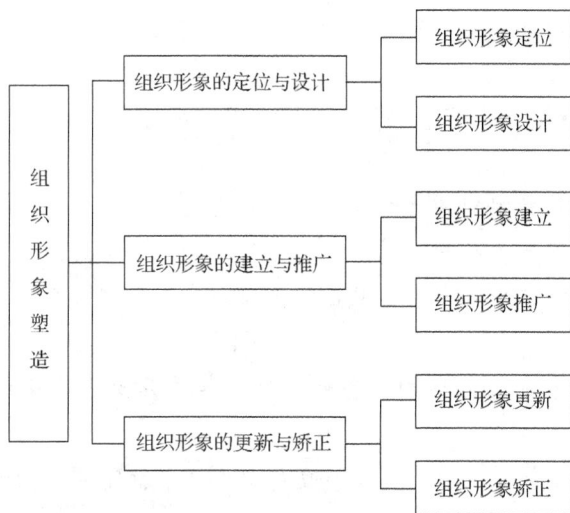

知识与技能检测

一、课堂讨论

(1)组织形象代言人的选择。

(2)组织形象中的个性的含义是什么?

(3)组织形象中的共同点有哪些?

(4)组织形象中识别系统的重要性体现在哪些方面?

(5)组织形象框架的搭建主要从哪些方面进行?

(6)CIS 战略的理念是什么?

二、课后自测

1. 选择题

（1）对企业来讲，组织总体形象包括（　　　）。

　　A. 实力形象　　　B. 文化形象　　　　C. 人才形象　　　　D. 品牌形象

（2）一般来讲，组织形象定位的要素包括（　　　）。

　　A. 主体个性　　　B. 传达方式　　　　C. 公众认知　　　　D. 塑造形象

（3）公众引导定位法包括（　　　）。

　　A. 感性引导定位法　　　　　　　　B. 理性引导定位法

　　C. 感性与理性相结合的引导定位　　D. 广告定位法

（4）组织形象的框架设定主要是从（　　　）几个方面来进行。

　　A. 确立组织理念　　　　　　　　　B. 确立组织行为规范

　　C. 建立组织识别系统　　　　　　　D. 组织形象论证

（5）组织形象的内涵更新是通过（　　　）等方面的更新、提高来完成的。

　　A. 组织理念　　　B. 领导者观念　　　C. 员工素质　　　　D. 产品质量水平

（6）对组织现有形象的调查可以通过（　　　）进行。

　　A. 内部调查　　　　　　　　　　　B. 外部调查

　　C. 组织综合指数调查　　　　　　　D. 环境调查

2. 判断题

（1）组织形象就是指组织内部人员对组织的总体看法。（　　　）

（2）组织形象可以自行随意创造。（　　　）

（3）组织形象定位方法有多种，但目的只有一个，即在公众心目中形成深刻、清晰的组织形象。（　　　）

（4）注意组织形象的统一性和动态性，这对组织形象在未来的发展起着重要的作用。（　　　）

（5）要使组织在公众心目中一直保持良好的形象，就需要不断地对组织形象加以强化和修正。（　　　）

（6）大众传播主要有两种方式，即广告和形象推广活动。（　　　）

3. 简答题

（1）组织形象有哪些特征？

（2）组织形象设计有哪些原则？

（3）组织形象识别系统包括哪些内容？

（4）组织形象的分类有哪些？

（5）组织形象塑造的意义？

4. 案例分析题

央视《朗读者》的形象定位

《朗读者》是中央电视台推出的文化情感类节目，由节目主持人董卿首次担当制作人，央视创造传媒有限公司承担制作，于中央电视台综合频道与综艺频道黄金时间联合播出。以个人成长、情感体验、背景故事与传世佳作相结合的方式，选用精美的文字，用最平实的情感读出文字背后的价值。节目旨在传导文化感染人、鼓舞人、教育人的作用，展现有血有肉的真实人物情感。

《朗读者》以"朗读打动人心"为口号，每期邀请一位富有经历的家喻户晓的名人或普通人，通过朗读的方式分享自己的心得和故事，展现了丰富多彩的人文生活，描绘出中国几代人具有时代特征的生活画卷。除此之外，节目还会在网络平台同步播放，吸引了大批热爱文学、热爱朗读的观众。

《朗读者》邀请各个领域具有影响力的嘉宾来到现场，分享自己的人生故事并倾情演绎来自朗读者文学顾问团的文学家、出版人、专家、学者精心挑选的经典美文，节目呈现出生命之美、文学之美和情感之美。

《朗读者》是著名节目主持人董卿20多年电视经验的一次全情绽放，她不仅担纲节目的主持工作，还首次以制作人的身份转型大型电视节目的幕后制作，呈现出不同于以往主持人的另一面。董卿表示《朗读者》中的"朗读"二字重文字，"者"字重人。我们要展现有血有肉的真实人物情感，并感动于他们让观众遇见了大千世界。

阅读以上材料，回答问题：

（1）《朗读者》的形象定位是什么？

（2）《朗读者》的受众有哪些人？

实践活动：参与企业实际形象塑造工作

活动目的：

完成较复杂情况下的企业形象塑造工作。

活动安排：

1. 教师与校外基地接洽，带领学生参与企业实际项目；

2. 学生分组，参与企业形象塑造，讨论并写出行动方案。

教师注意事项：

1. 引导学生参与公共关系活动项目；

2. 学生分组讨论并制定企业形象塑造活动方案；

3. 提供相应学习资源。

评价标准

表现要求	已达要求	未达要求
小组活动中的工作表现（参与度、讨论发言积极程度）		
整个工作过程的表现（六步骤）		
对职业整体的认识与把握		
工作过程中知识与经验的运用		

课程思政园地

庆典活动中的上海彩车

2019 年，在中华人民共和国成立 70 周年庆典活动上，除了精彩的阅兵，五彩斑斓的彩车也非常吸引人。上海彩车以"开拓创新、奋进上海"为主题，彰显了"改革开放排头兵、创新发展先行者"的宏图大志。

上海彩车是对上海地方特色和发展成就的视觉化提炼。市委、市政府要求彩车围绕党的十八大以来五大文明建设成果，突出"上海设计、上海制造"特色，充分展现上海排头兵精神、先行者风采。就此，市发改委向项目组提供了上海改革发展的 10 个成就亮点，市科委协助提供了多项上海重大科技成果。

面对这串长长的亮点、成果清单，最需要突出的是什么？眼前这两张设计草图就让他们左右为难。

左边一张图上，彩车是 C919 大飞机造型。C919 于 2017 年 5 月成功首飞，它的生产商——中国商飞坐落在上海浦东。应该说，飞机造型非常能体现上海现代制造业的发展成就。

右边一张图上，彩车是轮船造型。上海正在推进包括航运中心在内的"五个中心"建设，应该说，轮船造型也符合上海的城市特征。

飞机还是轮船？两者实在是各有优劣。

赞成飞机的设计者认为，C919 更独特，也更有时代感。但问题是，飞机形象原本轻盈，如果在机身顶上堆叠彩饰，会不会显得沉重而不协调？

赞成轮船的设计者认为，轮船象征着上海破浪向前，这个意象更有冲击力。但项目负责人却有顾忌：10 年前他设计的上海彩车就是轮船造型，难道 10 年后不做些改变吗？

4 月底，经上海市委主要领导修改、审定，结合专家组评审意见，上海彩车确定采用轮船造型。

轮船如何避免与 10 年前雷同？其实说难也不难，10 年前彩车使用了普通轮船造型，而这次，设计师改用万吨巨轮形象。万吨巨轮寓意上海乘着党的十八大东风劈波斩浪，在新时代的新征程上持续远航。

以中国美术家协会主席、中央美术学院院长范迪安为组长的专家组认为，万吨巨轮的主体造型在视觉上很舒适，也非常贴合上海的城市特征和内涵气质。

大方向定了，后续设计也就有章可循了。

毛体"上海"二字鼎立车头，与前甲板上的中共一大会址遥相呼应，寓意上海由红色起点出发。车体前部，一架 C919 大飞机在船头上方腾空而起，代表着上海在新时代的新发展与新动能。

车体中部，海燕形的上海自贸区门头及后方圆拱状的车身载体构成了一条写意的能量隧道，表达了上海在 10 年间的能量迸发犹如行进在快车道上。隧道上方，巍然耸立的城市天际线与一大会址共同展示了这座城市的历史高度与现实高度。

船尾处，一根飘带串联起世博中国馆、上海光源和国展中心（四叶草）等三大元素，它们在彩车行进中会匀速地自转及公转，展示了上海"以开放促合作、以创新求发展"的城市建设理念，凝练地表达了"从世博会到进博会"的 10 年间城市发展的巨大成就。

北京指挥部的相关负责人审查了上海彩车模型后说："一看就是上海出品，做得非常精致。"

10 月 1 日上午，庆祝中华人民共和国成立 70 周年大会在北京天安门广场举行。在群众游行环节中，70 辆彩车依次沿长安街由东向西驶过。为这一刻，倪军和他的队员们准备了半年多。

"上海，上海。"凭着城市天际线造型，很多观众认出了上海彩车。摄像机镜头推近了，人们看到了中共一大会址，看到了白玉兰花，看到了笑靥如花的模特，看到了一座浓缩的上海。

问题：

1. 上海彩车包含了哪些设计元素？

2. 上海彩车展示了哪些上海形象？

组织形塑造
课程思政

自我学习总结

通过完成任务 8，我能够做如下总结。

一、主要知识

概括本任务的主要知识点：

1.

2.

二、主要技能

概括本任务的主要技能：

1.

2.

三、主要原理

你认为，组织形象塑造工作的基本原理是：

1.

2.

四、相关知识与技能

你在完成本任务过程中，了解了：

1. 组织形象塑造的意义有：

2. 组织形象塑造的操作环节有：

3. 组织形象塑造的技术有：

五、成果检验

你完成本任务的成果：

1. 完成本任务的意义有：

2. 学到的知识或技能有：

3. 自悟的知识或技能有：

4. 你对上海彩车形象塑造的看法是：

任务 9
公共关系危机管理

学习目标

1. **知识目标**
能认识公共关系危机的内涵。
能认识公共关系危机发生的原因。
能认识公共关系危机出现的情形。

2. **技能目标**
能说明公共关系危机预防的意义。
能编写公共关系危机处理方案。
能对网络舆情管理有整体认识。

3. **课程思政目标**
理解企业家责任。
增强民族自豪感。
增强"四个自信"。

任务解析

根据公共关系职业工作活动顺序和职业教育学习规律，"公共关系危机管理"任务可以分解为以下子任务。

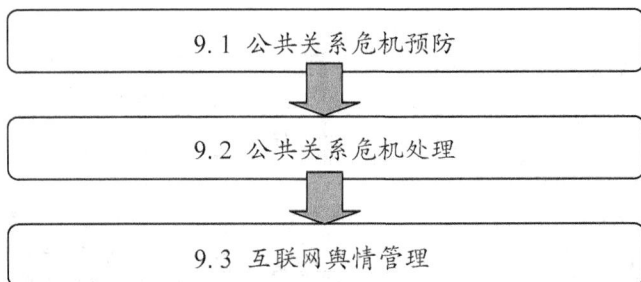

```
┌─────────────────────────────┐
│   9.1 公共关系危机预防        │
└─────────────────────────────┘
              ↓
┌─────────────────────────────┐
│   9.2 公共关系危机处理        │
└─────────────────────────────┘
              ↓
┌─────────────────────────────┐
│   9.3 互联网舆情管理          │
└─────────────────────────────┘
```

公关故事

我们的第九个故事要从大家比较熟悉的某品牌手机讲起。北京时间2016年8月2日晚间，某品牌手机正式发布，对于这款旗舰手机，公司领导层对它信心满满。然而，2016年8月24日到31日，韩国、美国消费者连续爆出五六起该品牌手机的电池爆炸事故，中国市场也在9月18日出现了首例同类事故，且在不到24小时之内出现了第二例。对此，该品牌方面一直强调9月1日后在中国售出的产品没有电池质量问题，而以上两例事故中的手机均是9月1日后售出的国行正品。

此前，由于发生多起爆炸事故，该公司宣布将在全球召回250万部存在电池安全隐患的该型号手机，不过在中国市场销售的同款手机并不在召回之列。此举引发中国消费者的强烈不满，"使用不同电池"的说法也难以令人信服。随后，由于国家质检总局的介入，该品牌启动了在中国市场的召回计划，宣布召回通过该品牌官网等渠道销售的1858台该型号手机。这安慰性的补救措施自然无法平息众怒，歧视性的"双重标准"引发的争议仍在继续，两起手机爆炸事故的发生，再一次将该品牌置于舆论的风口浪尖。

然而，相比于该品牌手机的安全问题，该公司的危机公关更加令人担忧。"炸机门"发生后，该公司及其电池供应商于19日发表声明称，爆炸原因与电池并无直接关系，"推测发热源来自电池本体之外，很大可能存在其他外在因素引起发热问题"。20日，事件再次发生反转，有韩媒报道称，18日在中国市场出现2次该型号手机爆炸事件是为得到赔偿金的炒作。该公司宣布，正在讨论对主张虚假爆炸的2名中国消费者进行刑事起诉等法律应对。

可以看出，该公司的公关策略是这样的：不惜一切代价，动用包括媒体在内的一切可以动用的资源和力量，先撇清自身责任，转移话题和公众视线，无论如何，安全度过这一波来势汹汹的信任危机再说。用我国的一个成语来形容就是：浑水摸鱼。

很多时候，小算盘打得越精，越是缺乏大智慧。该公司越是急不可耐地证明自己的无辜，越是让人对其产品安全疑窦丛生。理论上说，国内这两起手机爆炸案并不能绝对排除炒作的可能性，但问题是，这样的结论由利益相关方——该公司及其手机电池供应商做出，而非独立第三方做出，有多少公信力可言？换言之，在权威结论尚未出台之前，该公司及电池供应商就大肆进行责任归属和有罪推定，"既当运动员又当裁判员"，是否有扰乱视线、引导舆论的嫌疑？

读后问题：

1. 你听说过该品牌手机爆炸事件吗？

2. 这一事件中，该公司可以进行自我辩护吗？为什么？

3. 如果让你给该公司一些帮助，你会提出哪些建议？

公共关系危机
管理课前阅读

9.1 公共关系危机预防

任务提示：这是公共关系初学者学习公共关系危机管理的第一步，即认识公共关系危机管理的含义，把握公共关系危机出现的情形、公共关系危机预防的工作内容和具体要求，并能够在此基础上初步进行公共关系危机预防方案的制定。

公共关系危机是指由于主观或客观的原因，组织与公众的关系处于极度紧张的状态，组织面临十分困难的处境。危机公共关系则是指组织对危机事件进行预测与防范、发现与处理，以及修复与完善组织形象的一系列活动过程。公共关系危机是一种状态，是对所出现的问题的描述，而危机公共关系则强调的是一种行动过程，即解决问题，重塑组织形象的过程。

公共关系危机对现代组织来说是随时都可能爆发的，公共关系危机管理是现代管理领域的一个新的研究课题。公共关系人员必须了解公共关系危机产生的原因，树立公共关系危机意识，做好公共关系危机的预防工作。

重要术语 9-1

公共关系危机

公共关系危机是指由于组织自身或者外部社会环境中某些事情的突然发生，组织的处理不当而引起的对组织有负面影响甚至带来灾难的事件，对组织声誉及其相关产品、服务声誉产生不良影响，导致组织在公众心目中的形象受到严重破坏的现象。

9.1.1 公共关系危机原因分析

以企业为例，经营管理不善、市场信息不足、同行竞争、遭到恶意破坏等，或自然灾害、事故，都可能使其处于危机之中。引发公共关系危机的原因很多，大体可以分为企业自身原因和企业外部原因。通过原因分析，公共关系人员可以有针对性地进行危机预防或处理。

1. 企业自身原因

引发企业公共关系危机的内部原因主要有以下几个。

（1）企业素质低下，缺乏危机意识。企业素质包括企业领导素质和职工队伍素质，特别是企业领导人员，如果不能正确处理企业长远利益与近期利益的关系，往往会出现管理的短期行为，这将扩大组织素质与现代生产经营活动客观要求之间的差距，如领导人与员工言行不当，将破坏企业形象。很多企业在取得一定成绩时往往沾沾自喜，缺乏危机意识，对危机丧失了警惕，最终引发危机。

（2）经营决策失误，法制观念淡薄。这是造成经营性危机的重要原因。企业不能根据内外部条件的现状及变动趋势正确制定经营战略和公共关系战略，使企业生产经营活动得不到公众的支持，导致经营困难，甚至使企业走向绝路。同时，企业具有较强的法律意识，知法、守法，将企业的经营活动置于法律的监督、保护之下，这对于正确开展经营活动，规范企业管理行为，树立良好的企业形象有十分重要的意义。然而，有的企业法律观念淡薄，置国家法律于脑后，随意践踏公众的基本权利，最终酿成危机。

（3）公共关系决策失误，活动组织不力。在市场竞争中，企业公共关系活动如果不能发挥应有的作用，本身就暗藏着危机。企业要想取得公共关系活动的成功，就得做好公共关系活动的组织工作，准备工作做得越充分、越扎实，公共关系活动的成功率就越高。特别是在与外部公众的交往过程中，在与消费者的交易过程中，由于各自利益的不同有可能引起摩擦和纠纷；企业如果反应得当，就能使摩擦和纠纷消于无形，反之就可能引发危机。

2. 企业外部原因

引发企业公共关系危机的外部原因主要有以下几个。

（1）不可抗力。不可抗力原因可以分为自然灾害和建设性破坏两个方面。自然灾害是不以人的意志为转移的，它往往给组织带来意想不到的打击。建设性破坏是一种人为的灾害，它是指人类出于短视、疏忽、决策失当等原因，没按客观规律办事所酿成的灾害。

（2）体制和政策因素。国家的经济管理体制和经济政策是企业难以控制的外部因素，它对企业的经营和发展产生着重大影响和制约作用。一般来讲，任何企业都希望国家经济管理体制和经济政策有利于本企业的生存和发展，如果政策对企业发展不利，那么企业就可能在经营活动中遭遇很大风险，出现严重问题，甚至陷入一种欲进不能、欲退不忍、欲止不利的困境。在这种情况下，极有可能出现公共关系危机。

（3）恶性竞争。恶性竞争作为引发企业公共关系危机的一个外部因素，是指本企业遭遇不正当竞争，使本企业面临严重的经营危机和信用危机，从而发展为企业公共关系危机。在现实生活中，一些不正当竞争者或者同行散布谣言、恣意损害竞争对手的形象，可能导致企业出现严重的公共关系危机。

（4）社会公众误解。有的公众会因获得的信息片面对企业产生误解。尤其是当企业在产品质量、原料配方、生产工艺、营销方式、竞争策略等方面有了新的进步、新的发展、新的探索，但公众一时还不能适应或一时认识跟不上时，他们可能会主观判断，匆忙下结论，易引发公共关系危机。这包括几个方面：一是服务对象对企业的误解；二是内部员工对企业的误解；三是媒体对企业的误解；四是权威性机构对企业的误解。无论哪一类公众对企业的误解，都有可能引发企业的危机。特别是媒体和权威性机构的误解，更可能使误解范围扩大，程度加深，形成极为不利的舆论环境。

重要信息 9-1
公共关系危机的特征

（1）偶然性与必然性。危机的偶然性是指危机的爆发往往是由偶然因素促成的。危机的必然性是指危机不可避免，即只要有公共关系就会有公共关系危机，必然性是公共关系作为开放的、复杂的系统的结果。

（2）突发性与渐进性。酿成危机是一个渐进的过程，危机因素通过一定的潜伏期的隐藏后，如果未能得到有效控制，就会引发公共关系危机，并迅速蔓延，产生连锁反应，使公众与组织关系突然恶化。这时，大量的顺意公众变成逆意公众，并产生强烈不满。

（3）破坏性与建设性。危机会破坏组织的形象，影响组织的经营，给组织带来严重的形象危机和巨大的经济损失，导致社会处于一定的无序状态和混乱状态。同时，危机又有建设性特征。只有认识到危机的建设性，组织才会主动，沉着冷静而满怀信心地面对危机，为组织建立富有竞争力的声誉，树立组织的形象和为组织解决重大问题创造机会。

（4）急迫性与关注性。组织公共关系危机总是在短时间内猛然爆发，具有紧迫性，一旦爆发会造成巨大影响，又令人瞩目。它常常会成为社会和舆论关注的焦点和讨论的话题，成为新闻界报道的内容，成为竞争对手发现破绽的线索，成为主管部门检查批评的对象。所以必须牢记"兵贵神速"这一兵法格言，强调危机公共关系管理方案的时效性。

9.1.2 公共关系危机预防的方法

公关危机事件虽然因其突发性而很难准确预测，但公共关系人员如果能够以积极的态度加以防范，就可以把损失减到最低，甚至可能从根本上杜绝某些危机事件的发生。

1. 公共关系危机的识别

识别公共关系危机是指公共关系工作者在日常的公共关系工作中，通过一些事物的现象和长期的工作经验，及时发现和判断危机事件。识别公共关系危机的能力相当重要，它可以使组织的损失在及早发现的情况下得到降低。公共关系危机的识别包括两种，一种是潜伏性危机的识别，另一种是外显性危机的发现。

（1）识别潜伏性危机。当组织出现潜伏状态下的公共关系危机时，公共关系工作还处在表面正常的状态，但是隐患已经在某些因素和环节中存在。

（2）发现外显性危机。比起潜伏状态下的公共关系危机，显性状态下的公共关系危机比较容易被发现。稍有一些公共关系经验便可以判断显性公共关系危机。因为它是既成事实，而且多是影响较大的突发性危机，常常会给组织带来重大的损失，容易为人所重视，但是对于重大的显性危机的危害程度的认识和判断却需要很多的公共关系经验和很高的判断水平，因为它涉及危机处理决策和手段的制定与采用，以及处理措施的实施。

2. 公共关系危机的预防

要做好公共关系危机的预防，组织及公共关系人员必须做好以下几个方面的工作。

（1）树立危机意识。组织的全体成员在日常工作中都应该有危机意识，尤其是组织的领导者、高层管理人员和公共关系人员。这样可以把工作做在前头，把矛盾消灭在萌芽状态。特别是公共关系人员，其在日常工作中应保持与内部公众和外部公众的协调和沟通，在公众中树立组织的良好形象，某些原本可能发生的危机事件就可化解于无形之中。

（2）建立专门机构。组织在设置机构时，有必要组建一个有权威性的、有效率的公共关系危机处理机构，或设公共关系危机处理小组，由组织的领导人担任组长，公共关系人员和部门经理作为小组成员。这些成员分工明确、责任分明，一旦发生危机事件，小组立即投入工作。只要各司其职，很快就能摸清危机事件的实质，工作也能井然有序地开展，必然会呈现虽紧张但不慌乱的局面。

（3）强化危机预警。预警的主要任务是加强信息的搜集、分析、整理工作，随时把有价值的信息提供给公共关系危机处理小组。加强与组织内部成员和组织外部公众的沟通，以便获得更多更有价值的信息，及时掌握情况、发现问题，力争把矛盾消灭在萌芽状态。有重点、有目的地选择社会公众作为沟通对象，扩大企业的正面影响。要经常性地进行市场调查和预测，分析自身的市场竞争力，了解竞争对手的情况，以便调整经营管理方式，时常预测市场前景，寻找可能产生危机的因素，尽量把这些可能引发危机事件的因素化解掉。

（4）制定危机预警方案。公共关系危机预警方案是组织在全面分析预测的基础上，针对危机事件出现的概率而制定的有关工作程序、施救方法、应对策略措施等。完整的公共关系预警方案一般包括危机处理的对策、具体运作方式和注意事项等，并以书面的形式表现。其侧重点在于具体危机出现后如何施救处理。

（5）组织危机预演。为了提高危机出现时有关人员的危机实战能力，检测危机处理协调程度，完善并修正危机应急预案，组织有必要定期对危机应急方案进行模拟演练，让有关人员对危机爆发后的应对措施有一个大体的了解，积累一定的危机处理经验。危机预演的形式很多，可采用录像观摩、案例学习、计算机模拟危机训练、实战性小组演习等。

（6）做好危机预控。公共关系部门根据在日常管理中搜集到的相关信息，预感到可能有危机事件发生时，就应立即启动危机预警机制，积极做好防范，包括舆论宣传、信息沟通、内部动员、全面部署，力争在危机发生后把损失降到最小。同时还应该认识到，由于危机事件具有突发性，在平时就应该强化危机预测，并且与处理危机的相关单位建立良好的合作关系，一旦危机发生，能够立即启动这个合作网络。平时应与相关单位加强沟通、增进了解，建立起相互信赖、相互支持的友好合作关系，危机发生时，就能相互支援、并肩战斗，共同化解危机。

重要信息 9-2

公共关系危机的类型

根据公共关系危机产生的不同原因，组织所面临的公共关系危机事件主要有以下三种。

（1）组织自身行为不当引起的危机事件。组织自身行为不当引起的危机事件主要指组织自身因管理不善，存在产品的质量问题及内部员工的行为不当等问题而损害公众利益，从而引起公众的不满，使组织形象和产品形象受损的危机事件。对于组织而言，这类危机事件所占比例最大。

（2）组织外部突发事件引发的危机事件。组织外部突发事件引发的危机事件主要指因公众使用组织产品的不当、因竞争对手或个别敌对公众故意破坏等而引起的使组织形象受到损害，名誉受到损失的事件，以及自然灾害、火灾蔓延、疾病传播等不可控因素引发的危机事件。

这类突发危机虽然不是由组织的过失导致，但涉及的范围广、破坏性大，因此往往会给组织带来巨大的人、财、物方面的损失。因其存在不可预测性，事发突然，令组织措手不及而损害了公众利益，极易引发公众的不满情绪。如果处理不当，更是会严重冲击组织形象。

（3）媒体失实报道引发的危机事件。媒体失实报道引发的危机事件既不是组织自身行为过错引起的，也不是组织外部突发事件引起的，是由新闻媒体报道的内容失实造成的。但因新闻媒体对公众舆论的导向作用，极易引起公众对组织的误解与反感，因此容易损害组织在公众心目中的良好形象。

任务实训 9.1

公共关系危机预防措施讨论

实训目的：

加深学生对公共关系危机预防的认识。

实训安排：

1. 学生收集并讲解一些公共关系危机预防的故事或案例；

2. 分析收集的故事或案例的特点，讨论公共关系危机预防工作的重要性。

教师注意事项：

1. 由生活事例、企业经营事例导入对公共关系危机预防的介绍；

2. 提供一些公共关系危机预防的简单案例，供学生讨论；

3. 提供相应学习资源。

评价标准

表现要求	是否适用	已达要求	未达要求
小组活动中，外在表现（参与度、讨论发言积极程度）			
小组活动中，对概念的认识与把握的准确程度			
小组活动中，角色扮演的精准度			
小组活动中，PPT、文案制作的完整与适用程度			

9.2 公共关系危机处理

任务提示：这是公共关系初学者学习公共关系危机管理的第二步，即认识公共关系危机处理准备的工作内容，把握公共关系危机处理的程序、工作内容和具体方法要求，并能够在此基础上初步进行公共关系危机处理方案的制定。

9.2.1 公共关系危机处理的准备

以企业为例，公共关系危机是一种客观存在的现象，它会不定时地出现。公共关系危机处理的准备工作一般有下面两个方面。

1. 危机应急准备

公共关系危机一旦出现，企业就应对其做出反应。具体的准备工作内容如下。

（1）了解危机事件。当危机事件发生时，企业负责人便要召集企业高层听取关于危机事件的报告。报告应由一线员工或亲历员工汇报，力求准确、全面、详尽、客观，以便对危机事件进行全面、正确的评估。高层人员听完汇报之后，必须在最短的时间内对危机事件的发展趋势、可能带来的影响和后果、企业能够和可以采取的应对措施及对危机事件的处理方针等重大事情做出初步的评估和决策。

（2）成立临时机构。当企业负责人对危机事件做出了初步的评估和决策之后，紧接着应立即成立临时的公共关系危机处理机构。其主要作用是：内外通知和联络、为媒体准备材料、成立公共信息中心，加强与外界公众的沟通。临时的公共关系危机处理机构是危机处理的领导部门和办事机构，一般由企业的主要领导负责，公共关系人员和有关部门负责人参加。成立这样一个机构，对于顺利和有效地处理危机事件是十分必要的。

（3）制订危机处理计划。公共关系危机处理机构首要的工作便是根据现有的资料和情报，以及企业拥有或可支配的资源来制订危机处理计划。计划必须体现出危机处理目标、程序、组织、人员及分工、后勤保障和行动时间表以及各个阶段要实现的目标。其中还须包括社会资源的调动和支配，费用控制和实施责任人及其目标。计划制订完成并获通过后，策应小组成员便立即开始进行物资调配和准备，而核心小组成员则要立即奔赴危机事件现场，展开全面的危机处理行动。

2. 危机处置准备

经过第一环节采取应急准备行动之后，企业要从危机反应状态进入积极处理状态。这一环节的关键是要遵循正确的工作程序，融积极性与规范性于一体，确保有效地处理危机。

（1）积极主动，勇于担责。危机发生后，企业应主动承担义务，积极处理，以消费者利益为重，赢得公众的理解和支持。

公关实务 9-1
海底捞的道歉信

2020 年 4 月，一位北京的消费者在微博上晒出海底捞菜单引发众多网友关注。菜单显示：人均消费超 220 元，半份血旺从 16 元涨到 23 元；半份土豆片 13 元，自助调料 10 元一位；米饭 7 元一碗……对此，海底捞回应称，受疫情和成本上涨因素的影响，海底捞确实调整了部分菜品价格，整体价格上涨幅度控制在 6%。面对消费者的谴责和不满，在公开承认菜品价格调整的 5 天后，4 月 10 日下午，海底捞官方微博发布致歉信，称此次涨价是公司管理层的错误决策，即日起所有门店菜品价格恢复到 2020 年 1 月 26 日门店停业前的标准。

评析：涨价一事虽然引起热议，但舆论并不是负面的，海底捞果断采取行动，重新赢回了大众的信任。相关部门借势进行公共关系处理，变相为自提业务打广告，话题不但冲上微博热搜，且赢得不少网友的好评。

（2）迅速隔离危机险境。在公共关系工作中，应重点做好公众的隔离和财产的隔离，对于伤员更是要进行无条件的隔离救治，这也有助于危机过后迅速恢复企业形象。

（3）控制危机蔓延态势。在严重的恶性事件爆发后的一段时间内，危机不会自行消失，还可能进一步恶化并迅速蔓延开来，甚至还会引起其他危机。因此企业必须采取措施，避免危机范围的扩大，使其不致影响别的事物。

（4）查明危机事件真相。危机发生后，如果没有人能站出来说些什么，那么谣言听多了，也就成了真的。因此，企业出现危机事件后，应及时组织人员深入公众，了解危机事件的各个方面，收集关于危机事件的综合信息，并形成基本的调查报告，为处理危机提供基本依据。

（5）制定危机处理对策。企业危机处理人员提交危机事件的专题调查报告之后，应及时会同有关职能部门进行分析、决策，针对不同对象确立相应的对策，制定消除危机事件影响的公共关系方案。

（6）联系信息发布媒体。公共关系人员应及时与媒体联系，以便通过媒体及时向外界发布危机事件的相关信息，如危机事件的基本情况、企业所采取的措施等，以此来赢得公众的信任。

公关实务 9-2

老字号的危机公关

新浪微博上的一位博主用体验的方式实拍了某老字号餐厅的情况。视频在 2020 年 9 月 10 日被某博主转发。事情随后发生了戏剧性的变化。就在 9 月 10 日当晚，该老字号王府井店在网上发布声明，声称视频恶语中伤的言论均为不实信息，发布者侵犯了餐厅名誉权，餐厅将依法追究相关人员和网络媒体的法律责任，并且表示已经报警。该老字号王府井餐厅的报警成功引起了舆情危机，长期负面情绪的累积一触即发。在"难吃"和"倚老卖老"的批判声中，大家等到的不是该店的认错和道歉，而是一纸反击的声明。

评析：除了该店本身引发众怒的系列公共关系动作，本次视频的传播扩散、舆论早期立场与情绪，也暴露出该品牌长期存在口碑维护不当、疏于品牌形象管理的问题。

9.2.2 公共关系危机处理的方法

公共关系人员在做好危机处理的准备工作的基础上，必须立即着手开展对危机的调查、了解等预处理工作，并在全面掌握情况以后，针对不同对象尽快实施危机处理的不同对策。

1. 组织内部公众的沟通

（1）在危机初期，及时向内部员工宣布危机处理小组成员、宣布本组织对待危机的态度，并且对员工提出一些应对危机的要求。

（2）在危机稳定期，及时向内部公众通报危机事件的发生时间、地点、有无伤亡，以及本组织处理危机事件的基本原则、方针、具体的程序与对策，将制定的危机处理方案通告各部门及全体员工，以便统一口径、统一思想、协同行动。

（3）在危机抢救期，及时向内部员工通报造成危机的原因、给直接受害者造成的损失，以及受到波及的公众范围有多大、影响有多深、事态发展趋势、事态是否得到有效控制等情况。

（4）在危机处理末期，一方面对危机处理工作进行评估，总结经验、找出不足、奖励在危机事件处理中表现突出的有功人员，处罚危机事件的责任者，并通告有关情况；另一方面通过危机事件教育员工，齐心协力共渡难关。

2. 受害者的沟通协调

（1）组织要全面了解危机，以及危机所造成的有关损失情况，并主动承担相应的责任，给公众留下一个责任感强的组织形象。同时，组织要提供善后服务，以维护此时可能已经岌岌可危的公众形象。

（2）危机事件若造成伤亡，一方面要立即进行救护工作或进行善后处理；另一方面应立即通知家属，并尽可能提供一切条件，满足家属的探视要求。

（3）企业要积极倾听各方公众的意见，并合理赔偿损失。对于受害者家属的过分要求，公共关系人员应冷静处理，坚决避免在事故现场与受害者发生争辩与冲突。另外，在合适场合与相关公众研究处理问题时，也要做到有分寸地让步，应该注意拒绝的方法与技巧。

3．新闻媒体的沟通协调

（1）在危机发生时，企业或组织内部一定要就如何向新闻媒体公布事故，以及公布时如何措辞等有关事项在内部统一认识和统一口径。

（2）由权威人士发言，提供准确信息。一般来说，最好由总负责人公布本企业或组织出现的事故，以示企业或组织对危机的重视程度，这样也会给公众和媒体留下较好的印象。

（3）对于企业或组织来说，在事实还没有完全弄清楚之前，不要轻易对事件做出评论，也不要对危机发生的原因、损失及一些其他方面的可能性进行揣测。

（4）危机发生后，企业或组织要主动向新闻媒体提供真实、准确的消息，公开表明组织的立场和态度，帮助新闻媒体做出正确的报道。对新闻媒体不可采取隐瞒、搪塞、对抗的态度。

4．上级部门的沟通协调

危机发生之后应及时、主动地向上级组织进行实事求是的报告，不要文过饰非，更不要歪曲事实真相。在处理危机的过程中，公共关系人员应该定期汇报事态发展的状况，争取上级领导部门的指导、援助和支持。危机事件处理完毕，应向上级领导部门详细报告处理的经过、解决的方法、事情发生的原因等情况，并提出今后的预防计划和措施。

5．业务往来单位的沟通协调

危机发生后，应尽快如实地向有业务往来的单位通报事故发生的消息，表明组织对该事件的坦诚态度，并以书面的形式通报正在或将要采取的对策和措施。如有必要，还可派人直接去各个单位面对面地进行沟通与解释。一旦处理完毕，应用书面形式表示歉意，并向给予理解、援助的单位表示诚挚的谢意。

6．消费者的沟通协调

设立专线电话，以应付危机期间消费者打来的大量电话，要让训练有素的人员接听专线电话。以尊重消费者权益为前提，制定处理危机事件的对策和措施。迅速查明和判断受到危机事件影响的消费者的类型、特征、数量、分布区域等情况，并通过不同的传播渠道，向消费者提供说明事件梗概的书面材料，公布事故处理意见。

重要信息 9-3

公共关系危机处理新闻发布会

通过新闻发布会向社会告知真相、表明态度，要掌握报道的主动权，控制事态的发展。召开新闻发布会要注意以下几点。

（1）及时召开新闻发布会，向新闻媒体提供信息。如果组织反应太慢，会让人感觉组织的态度傲慢，而且也会给谣言以可乘之机。

（2）选择合适的新闻发言人。一般应是企业公共关系部门的负责人，由新闻发言人向媒体公布组织的解释。

（3）做好新闻发布会的策划、准备工作。尤其是做好发布内容的准备工作，对于公众比较关心的问题要考虑周全，并提供合理的解释和令人满意的答复。

（4）统一口径，确保对外发布的信息一致，提供完整的信息和背景资料。

（5）撰写新闻稿。在撰写新闻稿时要做到：标题要表明立场、旗帜鲜明；内容应完整、清晰；注意多用事实说话；避免使用行话或专业术语；给出新闻发言人的联系方式。

（6）当重大危机发生后，组织最高领导应该在新闻发布会中出面，以表明对事件的重视态度。

（7）邀请政府主管部门或其他具有公信力的第三方参加，以提高新闻发布会的权威性。

（8）在现场尽力配合记者，向记者提供现场传真、电话、网络等通讯办公设备，以消除敌对情绪。

9.2.3 公共关系危机处理的善后

公共关系危机处理的善后是危机管理循环周期中最后的一个环节，对危机管理循环周期中的其他环节起到反馈作用，在危机管理中具有重要意义。一方面，对危机的事前、事中管理工作进行总结分析和有效反馈，提出有针对性的改进措施，进行危机管理体系的修复，实现组织变革，提高组织应对危机的能力，防范类似危机发生。另一方面，通过对已发生的危机事件和处理过程进行调查和评估，认知危机的本质与影响，对危机后期组织形象的恢复与重建进行有效指导，防范次生危机发生。

危机后应注意重塑组织形象。可充分运用传播工具进行连续性的正面报道，将组织在危机后所采取的一系列修正措施及服务方针告知公众，使公众真正了解组织及其采取的措施，并逐步对组织重新产生信任感。此外，组织还应增加在承担社会责任方面的投入，通过积极参与社会活动向公众展示组织回报社会的良好形象。同时还要进一步密切与政府部门、权威机构和著名人士、意见领袖的关系，积极参与地方建设，充分重视权威部门的监督、检查并争创优秀，邀请著名人士和意见领袖为组织出谋划策，以充分利用他们的影响力，帮助组织重塑形象。

重要信息 9-4

公共关系危机处理的原则

（1）勇于承担原则。危机发生后，公众会关心两方面的问题。一方面是利益的问题，利益是公众关注的焦点，因此无论谁对谁错，企业应该承担责任，即使受害者在事故发生中有一定责任，企业也不应首先追究其责任，否则只会加深矛盾，引起公众的反感，不利于问题的解决。另一方面是感情问题，公众很在意企业是否在意自己的感受，因此企业应该站在受害者的立场上表示同情和安慰，并通过新闻媒体向公众致歉，解决深层次的心理、情感关系问题，从而赢得公众的理解和支持。

（2）迅速反应原则。危机处理的目的在于尽最大努力控制事态的恶化和蔓延，把危机事件造成的损失减少到最低限度，在最短的时间内重塑或挽回企业原有的良好形象和声誉。为此，危机一旦发生，不只是公共关系危机管理小组的成员，企业的所有成员都应立即投入紧张的处理工作——赢得时间就等于赢得了形象，高效率是做到快速反应不可缺少的条件。

（3）真诚坦率原则。通常情况下，任何危机的发生都会使公众产生种种猜测和怀疑，有时新闻媒体也会有夸大的报道。因此，组织要想取得公众和新闻媒体的信任，必须遵循真诚坦率的原则。小心使用"无可奉告""不发表评论"这样的话。

（4）系统运行原则。处理危机时，必须冷静、有序、果断、指挥协调统一、宣传解释统一、行动步骤统一，而不可失控、失序、失真，在重视一种危机时，不要忽视另一种危机，在进行危机管理时必须系统运作，绝不可顾此失彼，否则只能造成更大的混乱，使局势恶化。

（5）灵活创新原则。公共关系工作中出现的危机事件是多种多样的，因此面对不同的公共关系危机，处理手段也不尽相同。针对不同的危机情况要具体问题具体分析，只有根据具体情况，才能进行有针对性、灵活性的处理。由于危机多属于突发性的，不可能有既成的措施和手段，因此，根据实际情况进行灵活处理，这很重要，也很关键。同时处理危机既要充分借鉴成功的处理经验，也要根据危机的实际情况，尤其要借助新技术、新信息和新思维，进行大胆创新。

任务实训 9.2

公共关系危机处理措施讨论

实训目的：

加深学生对公共关系危机处理程序的认识。

实训安排：

1．学生收集并讲解一些公共关系危机处理的故事或案例；

2．分析收集的故事或案例的特点，讨论公共关系危机处理工作的重要性。

教师注意事项：

1．由生活事例、企业经营事例导入对公共关系危机处理的介绍；

2．提供一些简单的公共关系危机处理案例，供学生讨论；

3．提供相应学习资源。

评价标准

表现要求	是否适用	已达要求	未达要求
小组活动中，外在表现（参与度、讨论发言积极程度）			
小组活动中，对概念的认识与把握的准确程度			
小组活动中，角色扮演的精准度			
小组活动中，PPT、文案制作的完整与适用程度			

9.3 互联网舆情管理

任务提示：这是公共关系初学者学习公共关系危机管理的第三步，即认识互联网舆情的含义，把握互联网舆情监测、处置的具体工作内容，并能够在此基础上初步进行网络舆情监测、处置等工作。

9.3.1 互联网舆情原因分析

随着网络媒体、手机媒体、数字电视的普及，人们的生活迅速进入了以数字技术为基础的新媒体时代。新媒体的出现给政府、企业及社会组织提供了一个新平台的同时，也为企业舆情监控带来了巨大的挑战。新媒体不仅改变了大众传播路径和媒体生态圈，而且也深刻地改变了大众使用媒介的习惯：大众不再仅仅是受众，而是成为传播链条中的参与者。

网络新媒体的应用加速了传播的速度，助推了舆情的出现。任何人有意或者无意的一篇博客、一条微博、一条短视频都有可能给企业带来严重后果。互联网时代，传播方式变了，公众社会参与的方式变了，公共关系危机管理的方式也面临着巨大的挑战。也正是新媒体的这种传播特点，为公共关系危机的产生提供了平台。为此，许多组织都纷纷成立了新媒体时代的舆情应对部门，以应对突发的网络舆情。

重要术语 9-2

互联网舆情

互联网舆情是以网络平台为载体，以热点事件为核心，广大网民情感、态度、意见、观点的表达、传播与互动，以及后续影响力的集合。

互联网舆情是在网络环境下产生的，一般来说，互联网舆情产生的原因有以下几种。

1. 互联网的高自由度

由于法律、法规的限制及传播范围的约束，传统媒体发布的信息一般来源于官方，故可信度较高，可以有效限制谣言及一般性事件的升级和扩大。而在互联网上，由于论坛（BBS）、博客（BLOG）、微信（WeChat）朋友圈、聚合新闻（RSS）、新闻跟帖及转帖和网络社区的存在，以及网络发言的匿名性，信息的来源复杂，审查也较传统媒体宽松，因此，网络诽谤和传递谣言比以前更加容易；而对网络谣言的受害企业而言，与传统谣言和诽谤相比，网络谣言的影响力更大。

2．互联网传播的快速性

在互联网上，大量的中小网站基本采用转贴、复制或者直接引用的方式传播信息，使得同一信息在短时间内充斥各个网站和社区。这种信息传播方式的速度比传统媒体那种采访、撰写、审查、刊登或者获得授权转载、引用的典型方式要迅速得多，成本也低得多，从而导致企业面对网络危机的反应时间大大缩短。一些小事件可以演变为难以控制的危机，一些原本站不住脚的谣言经过添油加醋般的改编会影响广大受众的判断。

3．互联网信息的碎片化

互联网时代，人们阅读文字的习惯改变了，部分观众观看电视的习惯也已经被下载或者在线观看网络电影、电视节目的方式取代。很多人的阅读耐心已经减弱，而这与搜索引擎的搜索方式不无关联。当受众输入关键词搜索时，他们搜索到的是大量的通过网页链接的信息，快速地浏览信息才能更好地、有选择性地阅读下一个信息。当信息铺天盖地像雪花一般从天而降，人们的思维也逐渐由线性的、逻辑的、追寻深度意义的方式向碎片化的、非逻辑的、追求表层信息转变。

4．新媒体的互动性

新媒体的出现极大地提升了广大公众参与社会事务的积极性。许多人通过网络平台，参与讨论，发布作品，发表见解，这些人来自各行各业。相对于传统媒体来说，新媒体进入门槛低，操作、运作简单，覆盖面更广，传播更快捷。一些普通事件和纠纷会升级为对整个品牌和企业的攻击；一些孤立的经济事件容易上升到政治和民族感情的高度，产生超越产品和服务本身的危机。

公关实务 9-3

5A 景区还美丽吗

2017 年春节期间，一位在某 5A 景区旅游的女子被打的遭遇在网络不断发酵。该女子在微博发布消息称，其在某 5A 景区旅游时，在一饭店内被几名男性暴打导致严重受伤并被恶意毁容。紧接着，春节期间又有游客在当地某餐厅内遭遇殴打。根据当地警方的通报，前起案件中的施暴者已被采取刑事拘留强制措施，而后起事件中的打人者也已被行政拘留并处以罚款。

原以为"负面新闻"频至后，当地应该有所警醒，结果"官方发布"又反击网友，宣布"事情还没结束"。在否认回复网友"你最好永远别来！"的不当言论是内部人所为之后，该景区区委对区宣传负责人采取停职检查处理措施，并进行党纪立案。

评析：网络新媒体传播渐成主流，一旦发生负面事件，特别是触及大众痛点的安全或服务事件，消极信息将呈病毒式扩散，严重损害和影响涉事地区的公共形象，会出现"知名度越来越高，美誉度越来越低"的情况。

9.3.2 互联网舆情监测

互联网是把双刃剑，由于其传播方式的特殊性，一些舆情给社会组织造成的负面影响也极易扩散，造成严重后果。因此，互联网舆情监测工作必不可少。

互联网舆情监测工作可以由社会组织的公共关系人员或媒体运营人员通过技术手段，对网络舆情信息进行深度挖掘与分析，以快速汇总，为组织的舆情管理提供科学的决策。

1．加强互联网舆情采集

互联网舆情主要通过新闻、论坛、博客、微博、微信、头条、聚合新闻、新闻跟帖及转帖即时通信软件等渠道形成和传播，这些通道的载体主要为动态网页。舆情管理人员可以借助全自动生成网页信息抽取技术，实现动态网页数据的抽取与集成，保证舆情信息收集的准确率。

2．处理互联网舆情数据

对舆情监测中收集到的信息进行预处理，如格式转换、数据清理和数据统计。对于新闻评论，需要滤除无关信息，保存新闻的标题、出处、发布时间、内容、点击次数、评论人、评论内容、评论数量等。对于论坛，需要记录帖子的标题、发言人、发布时间、内容、回帖内容、回帖数量等，最后形成格式化信息。条件允许时，可直接针对服务器的数据库进行操作。

3．捕捉互联网舆情话题

互联网网民讨论的话题繁多，涵盖社会方方面面，如何从海量信息中找到热点、敏感话题，并对其变化趋势进行追踪成为研究热点。舆情管理人员可以借助文本关键词搜索，捕捉热点话题，实现话题发现与追踪。

4．分析互联网舆情倾向

通过互联网舆情倾向性分析，可以明确网络传播者的感情、态度、观点、立场、意图等。比如，新浪网的"新闻心情排行"将用户阅读新闻评论时的心情划分为八个层次。对舆情文本进行倾向性分析，实际上就是试图用计算机实现根据文本的内容提炼出文本作者的情感方向的目标。

9.3.3 互联网舆情处置

企业在日常运营中应加强互联网舆情管理工作，使得这项工作日常化、制度化，力求从机制上减少或者快速发现舆情。为此，社会组织应该从以下几个方面入手。

1．设立舆情管理专员

企业有必要在公共关系部门或者网络部门下设舆情管理专员，其负责统筹企业日常的舆情防范工作，以及舆情发生时的企业公共关系策略安排和资源配置。由于互联网舆情发生的根源可能存在于企业生产经营的各个过程而且可能牵扯到多个部门，舆情发生时很有可能出现职责不清的情况。训练有素的舆情管理专员可以统筹规划，以标准的程序处理舆情，而不会出现部门相互推脱责任的现象。

2. 建立舆情监测体系

企业要建立完善的互联网舆情监测体系，把这项工作纳入正常的经营活动中，防微杜渐，尽最大可能在舆情没有扩散的时候就消灭它。监测工作包括定期浏览各大门户网站、各大传统媒体的网络版和有较大影响的网络论坛、社区等，识别和分辨出可能的舆情苗头，查看相关的新闻和评论，发现问题及时上报解决，杜绝不良信息上升为舆情的可能。

3. 建立舆情应急预案

企业应在专门人员的指导下，于舆情来临前就建立和健全互联网舆情处理应急预案，充分考虑舆情发生时可能出现的状况，提前做好舆情发生时企业将要采取的措施、步骤和人员安排。这样可以规范舆情发生时的应急管理和应急响应程序，明确各部门的职责，以有效提高企业抵御舆情危害的能力。

4. 加强全员舆情管理培训

互联网舆情涉及企业的方方面面，和企业的每一个人都息息相关，不只是舆情管理专员、网络部门或者是公共关系部门的事情。企业定期进行全员的舆情管理培训可以增强员工的公共关系危机防范意识，使员工熟悉舆情应急的步骤和任务，在舆情发生时员工可以更好地配合舆情管理专员的工作。

任务实训 9.3

互联网舆情处置讨论

实训目的：
加深学生对互联网舆情处置的认识。

实训安排：
1. 学生收集并讲解一些组织舆情处置的故事或案例；
2. 分析收集的故事或案例的特点，讨论舆情处置工作的重要性；
3. 将分析讨论成果做成 PPT，分小组演示分享。

教师注意事项：
1. 由生活事例、企业经营事例导入对互联网舆情处置的介绍；
2. 提供一些简单的互联网舆情处置案例，供学生讨论；
3. 分组点评，并将学生的表现计入平时成绩。

评价标准

表现要求	是否适用	已达要求	未达要求
小组活动中，外在表现（参与度、讨论发言积极程度）			
小组活动中，对概念的认识与把握的准确程度			
小组活动中，角色扮演的精准度			
小组活动中，PPT、文案制作的完整与适用程度			

任务9 小结

```
                                    ┌─ 公共关系危机原因分析
                    公共关系危机预防 ─┤
                                    └─ 公共关系危机预防的方法

                                    ┌─ 公共关系危机处理的准备
公
共                 公共关系危机处理 ─┼─ 公共关系危机处理的方法
关
系                                  └─ 公共关系危机处理的善后
危
机                                  ┌─ 互联网舆情原因分析
管
理                 互联网舆情管理  ─┼─ 互联网舆情监测

                                    └─ 互联网舆情处置
```

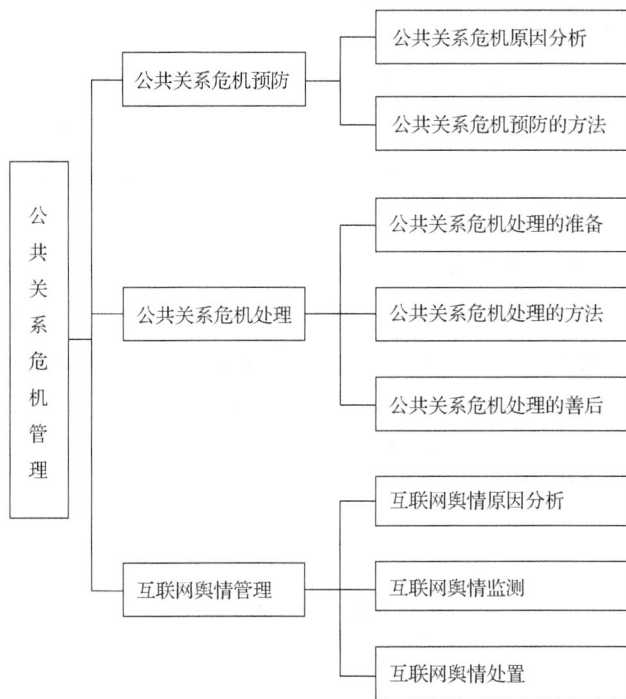

知识与技能检测

一、课堂讨论

（1）引发公共关系危机的因素有哪些？

（2）公共关系危机表现为一种事件？

（3）公共关系危机偶然中的必然体现在哪里？

（4）公共关系危机的可预测性体现在哪里？

（5）组织处理公共关系危机应有何种态度？

（6）互联网舆情的传播途径有哪些？

二、课后自测

1. 选择题

（1）引发企业公共关系危机的内部环境原因主要有（　　　）。

A. 组织自身素质低下 B. 经营决策失误

C. 法制观念淡薄 D. 公共关系行为失当

（2）社会公众误解包括（　　　）。

A. 服务对象对企业的误解 B. 内部员工对企业的误解

C. 媒体对企业的误解 D. 权威性机构对企业的误解

（3）公共关系危机的识别包括（　　　）。

A. 潜伏性危机的识别 B. 外显性危机的发现

C. 感性与理性相结合识别 D. 广告测试

（4）公共关系危机处理计划内容包括（　　　）。

A. 危机处理目标、程序、组织、人员 B. 人员分工

C. 后勤保障和行动时间表 D. 各个阶段要实现的目标

（5）互联网舆情监测中，企业可以采取的措施包括（　　　）。

A. 加强舆情信息收集 B. 分析舆情信息数据

C. 捕捉舆情话题 D. 分析舆情倾向

2. 判断题

（1）危害性是公共关系危机的最基本特征。（　　　）

（2）公共关系危机事件一般不会造成社会影响。（　　　）

（3）公共关系危机的潜伏性决定了公共关系危机的不可防范性，因而不必预防。

（　　　）

（4）公共关系危机的预防是公共关系专业人员的任务。（　　　）

（5）互联网舆情常常会对组织形象造成重大损害。（　　　）

3. 简答题

（1）公共关系危机有哪些特征？

（2）公共关系危机有哪些类型？

（3）召开公共关系危机新闻发布会时，注意事项有哪些？

（4）公共关系危机处理的原则有哪些？

4. 案例分析题

"大白兔"成功突围"甲醛门"

2007 年 7 月 20 日，原国家质检总局局长李长江在国新办举办的新闻发布会上说："中国上海冠生园食品有限公司的大白兔奶糖在生产过程中没有添加甲醛，质量是安全有保证的。"

随着李长江掷地有声的"新闻发布"和权威检测报告的公布，海外经销商对"大白

兔"的疑虑消除，纷纷来电要货，在经过 4 天的滞销后，十个货柜的大白兔奶糖迅速售空，其中七个货柜的大白兔奶糖发往新加坡、哥斯达黎加、马来西亚、印度、尼泊尔、美国等。

此前，上海冠生园集团国际贸易公司（以下简称"冠生园集团"）接到菲律宾经销商来电称，菲律宾食品药品局对从中国进口的部分食品进行检验，被检大白兔奶糖含有福尔马林（甲醛）。随后，菲律宾方面将大白兔奶糖从超市下架，并劝市民不要购买，同时要求出口商召回相关产品。

让我们来看看"大白兔"是如何化解此次危机的。

1. 快速主动：3 日内完成沟通、检测、媒体公关

"甲醛事件"曝出后，冠生园集团自己主动停止了"大白兔"产品的出口，并在 3 天内完成了三件重要的事情：给菲律宾方面发函沟通；请权威检测机构 SGS（通标标准技术服务有限公司上海分公司）对生产线的产品进行检测，并得出没有甲醛的结论；召开中外媒体见面会宣布检测结果。不仅如此，冠生园集团还对菲律宾食品药品机构在既未公布相关检测报告又未得到生产企业确认的情况下，贸然通过媒体发布消息，给"大白兔"品牌造成损害的极不负责行为，理直气壮地声明：保留诉讼法律的权利。

2. 及时：权威机关及时发声，快速消除公众疑虑

获知大白兔奶糖被禁售的消息后，上海市质监部门和国家质检总局及时派工作人员在第一时间介入，出具了权威检测报告。特别是原国家质检总局局长李长江在 7 月 20 日举办的新闻发布会上的权威发言更是让海内外消费者疑虑顿消。

3. 统一：媒体报道客观公正，化危机为商机

这次大白兔奶糖"甲醛门"事件，国内媒体在对待这一民族品牌上，汲取了以往"见风就是雨"的教训，在报道时不是盲目跟风、夸大其词，而是冷静、客观地在第一时间传递最新的来自权威管理部门和权威检测机构的消息，这也为"大白兔"这一国内糖果品牌树立了正面的形象。

4. 侧面突围，第三方鉴定功不可没

由第三方权威部门发布的、具有普遍公信力的数据，以及对数据的客观解释性分析是应对国际危机事件中非常重要的一步棋。7 月 18 日，新加坡政府的检验机构从冠生园集团新加坡经销商福南公司仓库中对大白兔奶糖进行抽样检验，检测结果：大白兔奶糖不含甲醛，符合世界卫生组织的安全标准。7 月 19 日，国际公认的权威检测机构 SGS 对大白兔奶糖检测得出结果：未检出甲醛；7 月 20 日，文莱卫生部发表声明，宣布经过该部检测表明，中国产的"大白兔奶糖"不含甲醛，完全可以放心食用……这些完全一致的检测结果，让中国产的"大白兔奶糖"含甲醛这一不实说法不攻自破。

阅读以上材料，回答问题：

（1）冠生园集团的公共关系活动过程是怎样的？

（2）冠生园集团的公共关系活动有何优点与不足？

（3）你有何改进建议？

实践活动：参与企业实际危机管理工作

活动目的：

完成较复杂情况下的公共关系危机处理工作。

活动安排：

1. 教师与校外基地接洽，带领学生参与企业实际项目；

2. 学生分组，参与企业公共关系危机管理，讨论并写出行动方案。

教师注意事项：

1. 引导学生参与公共关系活动项目；

2. 学生分组讨论并制定危机管理活动方案；

3. 分组点评，并将学生的表现计入平时成绩。

评价标准

表现要求	已达要求	未达要求
小组活动中的工作表现（参与度、讨论发言积极程度）		
整个工作过程的表现（六步骤）		
对职业整体的认识与把握		
工作过程中知识与经验的运用		

课程思政园地

华为式危机公关：以客户为中心

2010 年 4 月 10 日，大批网友在微博反馈，华为云崩了，出现登录异常、管理后台无法访问等情况。显然，这是一场危机。

华为成立三十多年来，遇到了太多的危机。针对种种前所未有的危机，华为及其创始人任正非展示了一种非常独特的危机公关方式。

首先，危机公关的核心是以客户为中心，聚焦解决客户的问题。

大多数公司陷入公共关系危机时，最可能的选项就是立即思考如何应对及如何撰写声明。众所周知，公共关系声明的编写与发布速度快捷与否并不是重点，重点在于立即解决客户的问题，最大限度地减少客户的损失。

面对危机，如何做公共关系是一项"技术"，以客户为中心，尽快解决问题，换句话说，就是防止问题再次发生。

该技术很容易，但是"道"要难得多，因为"道"来自公司的价值观。任正非和华为这样做的原因是，以客户为中心的价值观已经渗透到"骨髓"中。曾经有人问任正非，华为的管理模式是什么？任正非回答道："没有规律。有人问我们，华为的业务方式是什么？我们没有商业方式，我们以客户为中心，我们必须让客户满意。"

其次，避免危机的方法就是不回避危机。

许多公司遇到负面舆情时，潜意识地选择了回避或沉默。他们经常抱有侥幸心理，并认为自己将能够渡过难关。但是，众所周知，这种行为无异于掩耳盗铃。越努力回避，往往越会引起公众的口诛笔伐，这将使情况变得更糟，甚至无法结束。

在危机发生时，任正非没有选择回避，而是完全公开透明，主动向媒体发出公开信，邀请他们来看看华为。华为所有高管都可以回答问题，华为的研发实验室和技术会议也向他们开放。一直低调的任正非忙碌起来，接受了来自世界各国媒体不间断的采访，他没有回避任何敏感问题。真诚、坦率的态度，使客户和世界各地的公众重新认可了华为。

因此，综上所述，任正非和华为的危机公关方法实际上很简单，就是不使用公关"技巧"来进行危机公关，一切都回到商业本质上。始终以客户为中心，在遇到问题时，要做的第一件事就是解决问题，最大限度地减少客户的损失。始终保持透明，在遇到问题时，不逃避、不隐瞒，而是积极面对问题，做到公开透明。

问题：

1. 面对危机，华为采取了哪些强有力的措施？

2. 从危机公关的角度看，值得总结的经验有哪些？

公共关系危机
管理课程思政

自我学习总结

通过完成任务9，我能够做如下总结。

一、主要知识

概括本任务的主要知识点：

1.

2.

二、主要技能

概括本任务的主要技能：

1.

2.

三、主要原理

你认为公共关系危机管理的意义有：

1.

2.

四、相关知识与技能

你在完成本任务过程中，学到了：

1. 公共关系危机出现的原因有：

2. 公共关系危机预防的方式有：

3. 公共关系危机处理的方式有：

五、成果检验

你完成本任务的成果包括：

1. 完成本任务的意义有：

2. 学到的知识或技能有：

3. 自悟的知识或技能有：

4. 你对华为危机公关方法的看法是：

任务 10

公共关系活动技巧

学习目标

1. 知识目标

能认识公共关系人际交往技巧。

能认识公共关系活动礼仪。

能认识不同的公共关系礼仪类文书。

2. 技能目标

能运用公共关系人际交往技巧。

能正确运用公共关系活动礼仪。

能进行公共关系文书写作。

3. 课程思政目标

具备诚实、敬业品德。

理解大国责任。

坚定"四个自信",增强战略定力。

任务解析

根据公共关系管理工作活动顺序和职业教育学习规律，"公共关系活动技巧"任务可以分解为以下子任务。

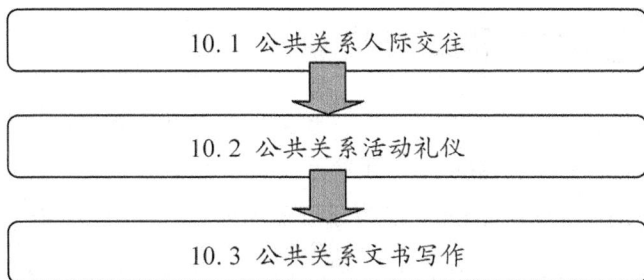

```
┌─────────────────────────────┐
│   10.1 公共关系人际交往      │
└─────────────────────────────┘
              ↓
┌─────────────────────────────┐
│   10.2 公共关系活动礼仪      │
└─────────────────────────────┘
              ↓
┌─────────────────────────────┐
│   10.3 公共关系文书写作      │
└─────────────────────────────┘
```

公关故事

我们的第十个故事要从孟浩然的公关故事讲起。唐朝大诗人孟浩然是著名的山水田园派诗人，但他骨子里还是想做官。40多岁时，因为"身在江湖，心存魏阙"，孟浩然来到京城，寻求通往仕途的机会。

唐朝的科举非常难，有人引荐会好一些。在长安，孟浩然与诗人王维惺惺相惜。当时，王维深受唐玄宗宠信。一天，孟浩然应王维之邀进入府署，两人尽情以文会友，谈兴正浓时，忽然听到皇上驾到，吓得孟浩然赶紧躲到了床底。来人正是唐玄宗，进入屋子发现有点异样。王维只得一五一十地向皇上汇报了实情，皇上很早就听说孟浩然的大名，只是无缘相见，今日非要见见这位著名的江湖诗人。于是，孟浩然顶着一脑袋土爬出来拜见了皇上，这本是一个绝佳的自我表现的公关时机。唐玄宗要他作诗一首，孟浩然一激动，随口就来：

北阙休上书，南山归敝庐。

不才明主弃，多病故人疏。

白发催年老，青阳逼岁除。

永怀愁不寐，松月夜窗虚。

诗写得很含蓄，起初的时候，皇上比较欣赏，等到了"不才明主弃，多病故人疏"一句时，唐玄宗脸上由晴转阴，顿时龙颜大怒：是你自己不想来做官，怎么能说是我抛弃你呢？于是拂袖而去。由于惹怒了皇帝，孟浩然想在京城做官的愿望也就化成了泡影。原来，他的这首《正岁暮归南山》中的"不才明主弃"本意是说自己没有什么才能，所以被英明的皇上抛弃在一边，一句自谦的诗，想不到被唐玄宗给理解反了：你这不是发牢骚吗？

其实，孟浩然的诗堪称"超然独妙"，刚到长安，随意一句"微云淡河汉，疏雨滴梧桐"就把满座诗人都震住了；他也不是运气差，有机会在皇帝面前献诗的人能有几个？偏偏孟浩然面对皇帝太紧张，被当作发牢骚，最后只得去当了真的隐士。

读后问题：

1. 孟浩然需要打动的对象是谁？对外传播的信息主要是什么？
2. 孟浩然为什么没有抓住这次机会？
3. 请你综合评价孟浩然见皇帝的表现。

公共关系活动
技巧课前阅读

10.1 公共关系人际交往

任务提示：这是公共关系初学者认知公共关系活动技巧的第一步，即认识公共关系人际交往的含义，认识公共关系人际交往艺术及其特征，并能够在此基础上准确把握公共关系人际交往的技巧与规范，为后续的学习做准备。

公共关系活动中，大量的工作是通过组织的公共关系人员与公众的交往完成的。因此，公共关系人员必须掌握人际交往的技巧。

10.1.1 公共关系人际交往解读

在现代社会中，人际交往是人们生活的一部分，贯穿生命始终。人际交往具有信息交流、交往双方心理上的接触和相互作用等特点。通过人际交往，双方能够实现观念、思想、兴趣、心境、情感、性格特征等的相互交流，从而相互影响。

1. 人际交往的功能

人际交往具有以下一些功能。

（1）满足心理需要。人是社会人，人与人的交往就像人的生理需求一样，必不可少。人与人的交往能令交往双方产生一种愉快的心情和极大的满足感，同时个体在与他人交往的过程中探索了自我和肯定了自我。如果阻断同一切人交往的可能性，人就会产生孤独和恐惧，感到似乎被这个世界遗弃，非常痛苦。

（2）获得多种信息。人与人之间的交往就是信息交流的过程。第一，在群体内部的交往，可以使人获得更多的信息，促进人们之间的了解。第二，与群体外的交往可以获得大量外界信息，上至政府政策法令，下至市场行情，这是个体适应外界、生存和发展不可缺少的条件。在信息社会条件下，信息不灵就会被淘汰。

（3）协调人际关系。人际交往是群体生活中不可缺少的调节工具。为了使群体内部各个体之间保持行动上的协调和默契及行动步伐和节奏的统一，为了使群体活动与外界环境之间保持协调，取得活动的效益，都需要依靠人际交往这一手段来不断取得外界环境变化的情报。

（4）调节自我意识。人的个性是在一定社会条件下与人接触、参与社会实践活动，通过交往逐渐形成和发展的。正是交往才使人获得社会经验，掌握社会行为规范，不断进行自我调节，以适应社会生活的要求。

2．人际交往的类型

在现实生活中，人际交往可以进行如下分类。

（1）根据人际交往双方的紧密程度，人际交往可以分为直接的人际交往与间接的人际交往。直接的人际交往是指运用交际手段，如生动的语言、面部表情或体态进行面对面的交往；间接的人际交往是指借助书信、大众传播媒介或技术设备所形成的交往。直接交往具有迅速而又清楚的反馈联系系统，间接交往的反馈联系在时间上比较延缓。

（2）根据交往双方不同的人际关系特征，人际交往可以分为血缘关系的交往、地缘关系的交往、业缘关系的交往等。

（3）根据交往的方向，人际交往可以分为上行交往、平行交往和下行交往三类。上行交往指交往一方为领导、家长、老师及长辈等的交往；平行交往指交往一方为同龄人、同辈人、同学、同事的交往；下行交往指交往一方为下级、年龄较小的同事、亲属等的交往。

10.1.2 公共关系人际交往艺术

对于公共关系人员来讲，掌握人际交往的原则与艺术是非常有必要的。

1．人际交往的原则

（1）平等尊重。平等尊重是人们进行交往的基本前提，在人际交往中应尊重别人的个性和兴趣爱好，尊重别人的人格。一个人如果不尊重别人，就不可能得到别人的尊重。

（2）互利互惠。人们在交往中之所以要互利互惠，这是与人们的交往动机和交往目的分不开的。人们交往的动机在于使社会了解自己、承认自己，同时获得所需要的利益，交往所追求的就是维持一种"我为人人，人人为我"的互利关系。

（3）诚实守信。诚实是最受人们欢迎的美德之一。在人际交往中，只有诚恳待人，才能赢得别人的信任和尊敬，才有可能与别人建立和维持良好的关系。

（4）理解相容。理解相容原则是指在人际交往中对于非原则性的问题，对于遇到的冲突、矛盾要有耐心，持宽容、忍让态度，以豁达、宽容的胸怀来容纳别人的缺点。

2．人际交往的艺术

怎样才能让别人喜欢自己？哪些因素能促进良好人际关系的建立和维持呢？

（1）接近且相悦。时空的接近有利于双方建立良好的人际关系，尤其在交往的初级阶段更是如此。彼此在一起相处的时间越久，交往的机会就越多。研究证明，人们居住越接近，成为朋友的概率越大。心理学的一些研究显示，见面的机会越多、彼此越熟悉，越容易相互喜欢。

（2）个人特性相似。在个人特性方面，双方若能意识到彼此的相似性，则容易相互吸引，这种相似性越多、越接近，双方越能产生好感、相互吸引。正所谓"物以类聚、人以群分"。相似性主要表现在社会性和心理特性上，如职业、籍贯、学历、年龄、性别、兴趣、爱好、态度等。

（3）心理特性的互补。互补是指双方在交往过程中获得互相满足的心理状态。比如，有强烈支配性格的人不容易与同样性格的人相处，但是他可能与具有顺从性格的人和睦相处，甚至建立密切的友谊关系。

（4）令人喜欢的个人特质。在影响人际关系的各种因素中，个人特质也是一个重要因素。在日常生活中，有的人受人欢迎，而有的人则遭人厌弃。个人特质在造成这种现象的过程中常常扮演着重要角色。

10.1.3 公共关系人际交往技巧

人际交往大体上可分为语言交往和非语言交往。这两种交往都可以发挥各自达意传情的功能，由此，可以将公共关系人际交往技巧概括为人际交往的语言技巧与非语言技巧。

1. 语言交往技巧

语言交往技巧包括听和说两个方面。

（1）听的艺术。在公共关系活动中，仅仅做到洗耳恭听，对人抱有尊敬之心还不够——不光要用耳朵听，还要用心。切忌在听人讲话时心不在焉，或左顾右盼，或处理他事，或摆弄东西，或不时走动。这种方式易伤人自尊心，使说者不愿再讲，更不愿讲心里话。用这种方式去听，既无法收到较好的沟通效果，还会影响双方的关系。也有的人，听时虽然很认真，但却挑其毛病，或者频加批判，或速下判断，或发出争论，这种方式使人讲话时不得不十分小心，字斟句酌，同时也担惊受怕，不敢吐露真情，从而影响正常而深入的交谈。这两种听的方式都不利于交谈的进行，进而会影响整个沟通、交流的效果。

最好的听的方式是站在对方的立场去听，这样能较好地理解说话者的原意，使对方感觉受到尊重和鼓舞，愿意讲真话、说实话，并发展彼此友好的往来关系。此外，在听对方谈话时还要注意环境、说话者的神态及表情等非语言传播手段，并及时调整自己的身体语言，如用表情、声音、动作去呼应，使对方感受到无声的鼓励或赞许，可以赢得其好感。

（2）说的艺术。说是一门综合艺术，与人的知识修养、道德修养、审美修养、礼仪修养，以及社会阅历、气质风度等因素有直接关系。一般情况下，交谈主要是在两个人间进行，必须顾及对方的情感和情绪，防止祸从口出，引起不必要的麻烦和矛盾。说话者应该谦虚慎言、自我克制，切忌说话时把话说得太满、太绝、太俗、太硬、太横。说话时应注意避开个人隐私和一些不宜在友好交谈中出现的事情，话题应尽量符合交谈双方的年龄、职业、思想、性格、心理等特点，尽量寻找双方都感兴趣的话题，使谈话富有创新性和吸引力，始终在趣味盎然的氛围中进行。此外，还应在控制声调、表情等因素的同时，表现出适度的幽默感，使交谈过程轻松、活泼。

公关实务 10-1

纪晓岚妙语解围

电视剧中，纪晓岚才思过人、办事练达却不修边幅，大热天里办公时常常衣冠不整。一日，纪晓岚正在军机处里光着膀子办公，忽听手下人通报"皇上驾到"。纪晓岚唯恐光着膀子有亵渎皇上之罪，可要穿衣服又来不及了，情急之中，只得钻到桌子底下。

乾隆皇帝早将一切看在眼里。他不动声色，故意在椅子上坐了下来。纪晓岚躲在桌子底下，气喘吁吁，大汗淋漓。过了一个时辰，他听见没什么动静了，才壮起胆子问："老头子走了没有？"乾隆皇帝一听此话，板起面孔厉声问道："好你个纪晓岚，你不接驾，还叫我老头子，是何用意？"

纪晓岚连忙叩头解释："万寿无疆称为老，顶天立地称为头，至于子嘛，皇上为紫微星，天之子也，这就是老头子的意思。"

乾隆皇帝转怒为喜，得意地笑了，赦纪晓岚无罪。

评析：在公共关系活动中，一定要注意语言的魅力。妙语连珠往往能够收到事半功倍的效果。

2. 非语言交往技巧

非语言交往是通过某些媒介而非语言或文字来传递信息，非语言交往的方式主要有以下几种。

（1）表情。在非语言交往中，表情是常用的一种非语言符号，其中眼神和微笑又是最常见的。①眼神。与人交谈时，要敢于和善于同别人进行目光接触，这既是一种礼貌，又能帮助维持一种联系，使谈话在频频的目光交流中进行。②微笑。笑容是一种令人感觉愉快的面部表情，它可以缩短人与人之间的心理距离，为深入沟通与交往创造温馨、和谐的氛围。因此有人把笑容比作人际交往的润滑剂。在笑容中，微笑自然大方，真诚友善。世界各民族普遍认同微笑是基本笑容或常规表情。

（2）身体姿势。身体姿势也是非语言交往中的一种重要手段，主要包括手势、谈话姿势、站姿、坐姿等。①手势。在交往中，手势不宜过多，动作不宜过大，切忌指手画脚和手舞足蹈。在任何情况下都不要用大拇指指自己的鼻尖和用手指指他人。②谈话姿势。要正视对方、倾听对方，不能东张西望、看书看报、面带倦容、哈欠连天，否则会给人心不在焉、傲慢无理等不礼貌的印象。③站姿。站立是基本的姿势。站立时不要歪脖、斜腰、屈腿等，在一些正式场合不宜将手插在裤袋里或交叉在胸前。④坐姿。在正式场中，入座时要轻柔、和缓，起座时要端庄、稳重，不可猛起猛坐，弄得桌椅乱响，造成尴尬气氛。不论何种坐姿，上身都要保持端正，如古人所言的"坐如钟"。

（3）空间距离。每个人都需要有属于自己的一定空间，并需要维护它，使之不受侵犯。在个体空间内，人会产生安全感、舒适感和自由感。当然，个体空间具有伸缩性，不同的人需要的个体空间的范围也不同，这与人的心理、文化程度，以及人与人之间的关系等因素有关。

（4）服饰。服饰反映了一个人的审美情趣。具体而言，服装既要自然得体、协调大方，又要遵守某种约定俗成的规范或原则。服装不但要与自己的具体条件相适应，还必须符合客观环境、场合对人的着装要求，即着装打扮要优先考虑时间、地点和目的三大要素，并努力与时间、地点、目的保持协调一致。沟通者的服饰往往也扮演着信息发送源的角色。

任务实训 10.1

公共关系人际交往讨论

实训目的：

加深学生对公共关系人际交往的认识。

实训安排：

1．教师播放一些公共关系人际交往的教学视频，学生模拟开展交往活动；

2．分析其中的艺术与要领并对照自己的言行，讨论公共关系人际交往的重要性；

3．将分析讨论成果做成 PPT，分小组演示分享。

教师注意事项：

1．由生活事例、企业经营事例导入对公共关系人际交往的介绍；

2．提供一些简单的人际交往案例，供学生讨论；

3．分小组点评，并将学生的表现计入平时成绩。

评价标准

表现要求	是否适用	已达要求	未达要求
小组活动中，外在表现（参与度、讨论发言积极程度）			
小组活动中，对概念的认识与把握的准确程度			
小组活动中，角色扮演的精准度			
小组活动中，PPT、文案制作的完整与适用程度			

10.2 公共关系活动礼仪

任务提示：这是公共关系初学者认知公共关系活动技巧的第二步，即认识公共关系活动礼仪，认识公共关系语言艺术及其特征，并能够在此基础上准确把握公共关系活动礼仪与行为规范，为后续的学习做准备。

公共关系礼仪是社会组织的有关人员为了树立和维护组织的良好形象，建构组织与内外公众的和谐关系而应该遵循的礼节与仪式。在公共关系活动中，公共关系礼仪准备主要指公共关系从业人员应注意语言艺术、礼仪规范。

10.2.1 公共关系活动礼仪认知

人们在长期的社会交往活动中，根据一定的风俗、习惯，逐渐形成了一些惯用的交往规则，这就是人们常说的礼节。礼仪是礼节的一个组成部分，是表现礼节的一种仪式、形式。由于礼仪是社会、道德、习俗等方面人们行为的规范，所以它是人们文明程度和道德修养的一种外在表现形式。那么，什么是公共关系礼仪呢？

1. 公共关系礼仪的内涵

礼仪是指人们在公众场合应该遵守的行为规范和个人的文化教养，是人们在交际中约定俗成的礼节和仪式。公共关系礼仪则是从事公共关系活动的组织和个人必须遵守的一切礼貌、礼节及礼仪的程序。

公共关系礼仪是社会组织对相关公众必须有的礼遇和尊重。在公共关系活动中，遵循礼仪，不但有利于组织与公众的沟通，而且有利于组织树立良好的形象，推动组织发展。

重要信息 10-1

公共关系礼仪的基本原则

（1）尊重公众的原则。只有尊重公众，才能很好地与公众沟通，赢得公众的理解、信任和支持，达到组织的公共关系目标。

（2）公平对等原则。在公共关系工作中平等地对待一切公众，是搞好公共关系工作的基本前提。

（3）身份差异原则。平等对待一切公众是公共关系礼仪的大原则，但在实际应用的过程中，我们还应当考虑一些差异性。

（4）从简实效原则。在公共关系活动中，要去除繁文缛节，以求达到节约时间、节约经费的目的。

（5）适中原则。这是指在公共关系交往中的各种礼节、仪式都要遵循一定的规范或约定俗成的惯例，自然得体，恰到好处。

2. 公共关系礼仪的功能

公共关系礼仪的功能主要表现在以下几个方面。

（1）形象功能。公共关系人员在处理内部与外部的诸多关系中，其言谈举止、举手投足都能把潜在的信息传递给公众。良好的礼仪表现可以为组织树立良好的社会形象；反之，会给组织带来负面效应。

（2）沟通功能。人际交往、沟通是当代社会的生活方式。带着真诚和敬意的礼仪行为是人际交往中的桥梁，它是社会中人与人之间、群体与群体之间密切联系的纽带。公共关系工作人员在日常公务活动中要接触不同类型的公众，以文明优雅的举止与公众对话，更有利于彼此的沟通和人际关系的协调发展，从而提升管理工作的质量。

（3）协调功能。礼仪作为社会交往的规范和准则，使人们相互尊重、相互理解，对人际矛盾起着"润滑剂"的作用，对人际关系发挥良好的协调功能，使人们相处友好、工作有序、有效。公共关系人员在与各方人员进行工作接触的过程中，按照礼仪规范处理方方面面的关系和应对各种各样的局面，有助于缩短人们之间的感情距离，有助于缓解或避免不必要的人际冲突，有助于与各方建立友好与合作的关系。

（4）约束功能。礼仪规范是社会文明的重要标志，是社会约定俗成的行为模式。礼仪约束、规范着人们的行为方式，协调着人与人之间的关系，维护着社会的正常秩序，在企业管理中发挥着巨大的作用。

10.2.2　公共关系活动礼仪分类与要求

针对不同场合、不同的对象，公共关系礼仪有不同的表现形式和要求。懂得各种礼仪并且能够恰当地应用，是公共关系工作者的基本素质之一。

公共关系人员在日常社交中的礼仪主要包括个人礼仪与工作礼仪。

1. 个人礼仪

良好的个人礼仪是一切公共关系活动的起点，是一切社交场所必备的"通行证"。体态是语言，服饰会"说话"，微笑是"世界通行的货币"，个性和教养具有独特的魅力。因此，丰富的礼仪知识和良好的素质是公共关系人员成功的关键，也是组织公共关系活动成功的关键。

（1）形态礼仪。形态是一个人体态与表情的综合表现，是人精神气质的外在彰显。形态礼仪包括以下内容。①站姿。站姿的基本要领是：男子站立时，应端正、庄重，具有稳定感；女子站立讲究挺直、舒展，古人常以"亭亭玉立"来形容。②坐姿。坐姿要体现端庄、大方、自然的特点，落座时要轻缓，落座后要注意上身挺直。坐姿的基本要领是：男子坐时要躯干正直，肩部平正，腰背贴椅，两腿自然弯曲，双脚并列于地面，四肢摆放不宜开太大，以形成一种端正规矩、平稳舒适的坐姿，即所谓"坐如钟"；女子落座时要从容大方、颈直目平，两手重叠静放腿上。

（2）服饰礼仪。服饰是一种文化，通过不同的服饰我们可以看到人的内在。服饰礼仪包括以下内容。①款式。服装给人的第一印象就是款式，不同的场合应穿不同的服装，表达不同的意义。服装样式众多，可简单将其分成正装（上班和参加各种会议、谈判、庆典及正式宴会时的着装）、社交装（在出席各种非正式会议、晚宴、联谊活动等场合的穿着）和便装（居家、旅行、参加家庭宴会、少数亲友聚会时穿的服装）三类。男士正装主要指西服和中山装，女士正装则以西服套装和套裙为主。②色彩。不同地区和民族的人们赋予了色彩不同的文化内涵，不注意选择服装的颜色会给公众发出不良的信息，造成恶劣的影响。此外，色彩不仅是视觉感官的享受，而且还具有影响人心理的作用。此外，服饰的选用不仅要适合自己的身份、年龄、性格和生理特点，更要注意穿着的场所。

（3）交往礼仪。公共关系人员经常与各类社会公众交往，需要时时处处注意与人交往的礼仪。交往礼仪包括见面时的握手、致敬、介绍和称呼等几个部分，我们重点介绍握手和介绍部分。①握手。握手礼是当今世界上最通行的交往礼仪，也是人们日常交往中最常使用的一种见面礼。握手礼仪的顺序，一般应遵循"尊者决定"的原则，即根据握手双方的社会地位、年龄、性别和宾主身份来确定握手有无必要。握手的次序是：上级在先，长辈在先，女士在先，主人在先，而下级、晚辈、男士、客人应先问候，见对方伸出手后，再伸手与其相握。在上级、长辈面前不可贸然先伸手。若两人之间身份、年龄、职务都相仿，则先伸手为礼貌。②介绍。公共关系人员在社会交往的过程中，总是从彼此介绍认识开始的。介绍的方式包括为他人介绍、自我介绍和名片介绍。在为他人介绍时要遵循"尊者居后"的原则，即先将职位低的人介绍给职位高的人，将男士介绍给女士，将晚辈介绍给长辈，将未婚者介绍给已婚者。自我介绍的主要内容是姓名、工作单位、职务这三要素。为了获得对方的良好印象，介绍应当尽量生动活泼，使枯燥的"三要素"内容更为丰富，也为后边的交谈留下更多的话题。交换名片是现代社交活动中常见的一种礼仪，通过交换名片，双方可以迅速了解对方的姓名、职务、地位，同时也便于将这些资料长期保留。交换名片时应双手递上，同时目光正视对方。而接受名片时也要用双手，并点头表示感谢。接到名片后应当认真地看一下，记住对方的姓名、单位和身份。把对方的名片随意放下或拿在手中玩弄，是不尊重对方的一种表现。

2．工作礼仪

公共关系活动的工作礼仪包括接待访问的礼仪、举行庆典的礼仪、主办会议的礼仪、举行宴会的礼仪、赠送礼品的礼仪等。其中，许多礼仪是通用的，可以简单将其归纳为电话、接待、宴请、交谈、赠送和信函六个方面。

（1）电话礼仪。使用电话时，如果主动打电话给别人，则称作拨打电话。拨打电话时应该注意的礼仪有：把握通话时间，一般不超过三分钟；拨打电话前，尤其是拨打重要电话前，拨打电话者应当尽量做好准备，长话短说、开宗明义；通话过程中在语言上要注意文明礼貌。接听电话通常不宜请别人代劳。因特殊原因必须这么做，或是在电话铃声响过许久才迟迟去接电话，则勿忘在通话之初向拨打电话者做出解释，并致以歉意。在拿起话筒之后，接听电话者首先应当向拨打电话者问好，并且随之自报家门。在通话过程中，应聚精会神地接听，不要三心二意。

（2）接待礼仪。在会议、谈判、庆典、展览、赞助等活动中，接待礼仪应当包括以下内容。①活动的筹备阶段，要掌握来宾的姓名、性别、年龄、国籍、民族、籍贯、职务、级别、身体状况，以及是否携带夫人、子女、随从等；了解来宾的活动计划，如来访的目的、要参加的具体活动，要见的人物，食宿方面的特别要求等；弄清来宾到达的具体时间，离去的时间，所乘交通工具的班次等，以便做出接待的具体计划。②来宾到达时，组织要按照来宾到达的日程表，安排人员到机场、车站、码头接站。到达目的地后，先请来宾在宾馆大堂稍坐，由公共关系人员与宾馆服务员确定住宿方式，然后与服务员一起引领宾客进入各自房间休息，发放活动期间的日程表、有关文件、纪念品等。

③活动进行的过程中，公共关系人员承担着介绍、引领的责任，应遵循"主左客右"的原则，以"请"的手势引领客人前进。

（3）宴请礼仪。在正式宴会上，宴请的礼节既是约定俗成的惯例，又是每个赴宴者的气质和文化修养的体现。①宴请的种类。要弄清宴请的礼仪，首先应正确区分宴会的种类，因为不同形式的宴会有不同的目的，适用不同的礼仪规范。宴请大体上可分为宴会、招待会和工作餐。其中，宴会最为正规，较重视礼仪程序，气氛隆重热烈。招待会则属于交谊性质，气氛比较随和、亲切。工作餐则是为工作方便而设的，一般比较经济实惠，简单快捷。②宴会组织。宴会组织包括以下过程：邀请宴会嘉宾、订菜、选酒、安排席位；正式宴会开始前，主人一方要按照职务高低组成迎宾线，站在宴会厅前迎接客人；客人到达后，主人上前与其——问候，由工作人员引导客人进入休息厅。等主要客人都到达后一起进入宴会厅。如无休息厅，可直接进入宴会厅，但不宜马上落座。当主人邀请大家入座时，客人要依职务高低顺序落座。

（4）交谈礼仪。交谈礼仪是指人们在交谈过程中应该遵循的礼节和应讲究的仪态等。交谈时的礼仪应注意以下几个方面。①声音与姿态，在正式的社交场合，即使是熟人，谈话的声音亦不宜过高，以免妨碍他人，引人反感。②与人交谈时，表情要自然，语言和气、亲切，表达得体，可适当做些手势，但动作不宜过大，特别是不要用手指对人指点。③谈话时与对方之间的距离要适当，距离较近时，应避免正面相对，以防唾沫相溅。④参加别人的谈话前要先打招呼，别人在个别交谈时，不要凑前旁听。若有事需与某人说话时，应待别人说完。有人主动与自己说话时，应表示乐于交谈。第三者参与谈话，应主动点头微笑或握手表示欢迎。⑤谈话中遇到急事需处理或需要离开，应向谈话对方打招呼，表示歉意。⑥交谈时，无论是坐是站，身体不要太拘谨，但也不能太放松，显得懒散松垮，对人不尊重。⑦聆听他人谈话时，眼睛应该有礼貌地注视对方，并适当地点头，以示专心。

（5）赠送礼仪。在正常的人际交往中，正当的馈赠是向他人表达友谊、感激、敬重和祝福的一种形式，且应给受赠者带来快乐与幸福，也是一种保持联系与沟通的方式。在公共关系活动中，赠送礼品也是联络组织间感情的一种很必要的公共关系手段。随着组织或企业业务的扩大，对外交往日益频繁，与外国朋友打交道的机会增多。公共关系人员有必要了解有关赠送礼品的礼仪规范，应该注意下述原则：礼物轻重得当、不违背风俗禁忌、礼品选择要有意义、送礼时机恰当。

（6）信函礼仪。信函是各社会组织用以联系工作、商洽事务所常用的媒介方式，注意它们的写作方式及礼仪礼节，有助于信函往来各方的顺利沟通。公函是社会组织间联系沟通的行政信件。公函在形式上可分为正式的公文和一般的便函两类，前者一般有发文编号，格式正规；后者则不必有上述要求。公函一般分四个部分：标题、开头、正文、结尾。基本格式与"请示""报告"相同。公函的正文要阐述清楚商洽、询问、答复、委托告知的事项，如要求对方办理某项工作、向对方叙述某件事情、回答对方提出的问题、向对方提出处理某个问题的意见等。

任务实训 10.2

公共关系活动礼仪讨论

实训目的：

加深学生对公共关系活动礼仪的认识。

实训安排：

1. 教师播放一些公共关系活动礼仪的教学视频，学生模拟开展集体活动；

2. 分析其中的艺术与要领并对照自己的言行，讨论公共关系活动礼仪的重要性；

3. 将分析讨论成果做成 PPT，分小组演示分享。

教师注意事项：

1. 由生活事例、企业经营事例导入对公共关系活动礼仪的介绍；

2. 提供一些简单的公共关系活动礼仪案例，供学生讨论；

3. 分小组点评，并将学生的表现计入平时成绩。

评价标准

表现要求	是否适用	已达要求	未达要求
小组活动中，外在表现（参与度、讨论发言积极程度）			
小组活动中，对概念的认识与把握的准确程度			
小组活动中，角色扮演的精准度			
小组活动中，PPT、文案制作的完整与适用程度			

10.3 公共关系文书写作

任务提示：这是公共关系初学者认知公共关系活动技巧的第三步，即认识公共关系活动文案，认识公共关系活动文案的种类及其特征，并能够在此基础上准确把握公共关系活动文书的制作技巧与规范，为后续的学习做准备。

公共关系文书是指为实现公共关系目标和开展公共关系活动而制作、使用的各种书面材料。公共关系文书与一般应用文书有一些共同点，如实用性、程式性、广泛性、时效性等。但由于公共关系独特的职能，公共关系文书具有不同于其他应用文书的独特之处，如目的鲜明、内容客观、主动传播、针对性强等。

10.3.1 公共关系事务文书写作

1. 公共关系企划书

公共关系企划书是企业系统、科学地策划公共关系活动的一种书面材料。公共关系企划书通常包括以下内容。①活动主题。主题的拟定应言简意赅，并易于公众理解、记忆。②活动目标。活动目标既应与企业总体目标一致，又应能够体现某次活动的具体特点。③综合分析。综合分析包括对企业概况的介绍、产品简况、市场分析、消费者分析。在单个活动的企划书中，综合分析可以省略，但企划者必须对上述企业概况、产品、市场、消费者4个方面的情况有较深入的了解，否则企划就难免不切实际。④基本活动程序。说明本次活动的基本安排，什么时间由什么人做什么。⑤传播与沟通方案。说明活动宣传通过什么样的传播媒介进行传播沟通。⑥经费预算。说明活动所需费用的预算。

2．公共关系简报

公共关系简报是组织内部交流、汇报情况的文字材料或刊物。简报具有简明扼要、传播迅速、真实新颖等特点。公共关系简报的内容包括：有关组织形象的材料、组织内部工作生产情况和员工思想状况等方面的动态、经验、趋势、公共关系部门开展的一些公共关系活动、各项工作的咨询意见和建议。

公关实务 10-2

社区公共关系简报

近日，我院响应市卫生局的号召，组成了社区卫生服务中心健康艺术团，以"创建健康城市、构建和谐商城"为主题，通过歌舞、小品、相声等群众喜闻乐见的艺术形式，在社区、农村宣传科普知识，向广大居民介绍疾病预防控制、治疗、保健等知识，将健康送进千家万户。

健康艺术团通过穿插进行舞台表演，发放农民健康体检教育读本等宣传资料、心肺复苏急救知识演示和健康知识有奖问答，台上、台下形成了良好的互动氛围，许多村民纷纷表示，医院以这样活泼的方式为农村开展卫生宣传十分深入人心，很贴近老百姓生活，既能观赏节目，又能学到健康知识。

据悉，我院所在社区（农村）群众还普遍存在着卫生知识贫乏、生活习惯不健康和自我保护意识不强等问题。接下来，我院还将通过健康教育"五进"（社区、农村、学校、机关、企业），广泛开展"相约健康农村行"活动，向居民普及基本卫生保健意识，倡导科学、健康的生活方式，提高居民自我保健技能和健康水平。

评析：简报内容符合文书类写作要求。

3．公共关系新闻稿

新闻稿是组织公共关系部门（人员）撰写的以目标公众为宣传对象的文字作品，包括提供给媒体的消息。撰写新闻稿是公共关系人员利用大众传播媒介对公众施加影响的重要手段，也有助于组织与新闻界保持密切联系。

（1）新闻稿的结构。新闻（消息）一般由标题、导语和主体组成。新闻中时常也要介绍一些背景资料，但由于它不是一个单独的组成部分，无固定地位可言，因而不能将背景材料看作新闻结构的一个独立的层次。新闻结构组成部分中还有结尾，但对多数新闻来说，结尾不是非有不可的。

（2）新闻稿的内容。一篇新闻稿通常包含 6 个基本要素，也称 5W1H，即 Who（何人）、What（何事）、When（何时）、Where（何地）、Why（何因）、How（何果）。公共关系从业人员撰写消息稿的目的是供新闻媒体刊发，所以不能仅满足于对 5W1H 的掌握，最好还要加上 2 个 W，即什么主题（What theme）和什么意义（What meaning）。

公关实务 10-3

公共关系新闻稿

7月10日上午8时，由市卫生协会主办、我校承办的"融入社区·相约健康"社区卫生基础知识竞赛决赛在市中医医院举行。经过上一轮的笔试初赛和本次的口试决赛，知识竞赛圆满结束。

本次决赛通过必答、抢答、风险题三个环节的激烈角逐，最后由胜山镇农村卫生协会代表队胜出，获得比赛的一等奖。同时，龙山镇农村卫生协会代表队、庵东镇农村卫生协会代表队、三北镇农村卫生协会代表队获得二等奖；新浦镇农村卫生协会代表队、掌起镇农村卫生协会代表队、周巷镇农村卫生协会代表队、逍林镇农村卫生协会代表队获得三等奖。

评析：新闻稿体现了应有的基本要素。

4．公共关系广告

公共关系广告是公共关系实务活动中塑造形象、传递新信息的一种宣传方式。常用的媒介有印刷媒介、电子媒介、物体媒介等。一般而言，公共关系广告侧重于介绍、宣传社会组织的情况，建设其社会形象，提高其知名度和美誉度。

（1）公共关系广告的类型。公共关系广告因具体目标不同分为不同类型。①公司（企业）广告。公司（企业）广告是以提高企业的知名度和树立良好形象为主要目标的广告形式。②响应广告。响应广告是组织对政府的某种活动或社会生活中的重大事件表示响应和支持的广告。③倡议广告。倡议广告是以企业名义，率先发起某种社会活动，或提供某种有意义的新观念的广告。④致歉广告。即表示歉意的广告。⑤公益广告。公益广告是就某些行为、观念、道德或哲理向社会公众进行告知、提示、劝导和警示的社会性广告。

（2）公共关系广告的注意事项。创作公共关系广告时考虑的因素如下。①目标。目标应明确。②事实。公共关系广告写作中要严格遵循客观事实，语言表达要精确、清晰，正确处理好艺术表现与客观真实的关系。③公众。在进行广告写作前，创作者应该对目标受众的特性有全面的了解，知道他们的欲望、需求和价值观。④媒体。在撰写公共关系广告前，必须清楚正在为哪个或哪些媒体写稿，以满足媒体的要求。

（3）公共关系广告的写作艺术。公共关系广告一般由标题、正文、广告词和随文四个部分构成。①标题。公共关系广告的主旨体现在标题上。标题应当具备"立即引起注意"和"阅读向导"功能，要能有效抓住公众心理，把广告主旨迅速传递给公众。②正文。正文应当解释公共关系广告的主旨，向公众提供企业和组织信息的细节。公共关系广告的写作文体包括说明文等。③广告词。广告词应是简明扼要、具有口号性质、表现组织精神理念或商品特性的语句。④随文。随文是广告文案的结尾部分。随文中一般标出组织的名称、地址、电话、网址、联系人员等信息。

重要信息 10-2

公共关系广告与商业广告的区别

（1）广告目标不同。商品广告的目标是有效传递商品信息，促发消费者的消费热情，实现直接经济利益。公共关系广告的目标则主要是向社会、公众介绍组织的相关情况，如组织规模、资源状况、营运情况及发展前景等，争取社会公众对组织的关心、了解、赞许和合作。公共关系广告可以形象地称为"攻心广告"。

（2）广告作用不同。商品广告的作用就是直接地、迅速地、及时地传播经济信息，而公共关系广告则体现着组织的经营管理理念，在组织的经营管理中处于全局性、战略性的地位，贯穿经营管理的全过程。社会公众通过这种广告认识组织。

（3）传播周期不同。商品具有时间性的特点，制约了商品广告的时效，故而商品广告的传播周期比较短。而公共关系广告旨在宣传、介绍组织本身，公众对组织的认识、接受需要经过一个相对漫长的时间。因此，经常地、不间断地对组织进行广告宣传是较有效的手段。

5. 公共关系危机事件处理书

公共关系危机事件处理书是企业在面对公共关系危机时所采取的应对策略的文字材料。公共关系危机事件处理书通常包括背景介绍、主要问题、公众分析、传播渠道分析、应对计划与措施等内容。

10.3.2 公共关系礼仪文书写作

公共关系礼仪类文书主要包括公共关系柬帖、发言稿、书信等。

1. 公共关系柬帖

柬帖是公共关系信件、名片的统称。公共关系柬帖是一种简便、亲切、自然的沟通形式和礼貌的传播和交际工具，是组织在公共关系活动中常用的文书。作为日常社交和公共关系活动中经常使用的沟通媒介，它可以向公众迅速、简洁地传递信息、通报事务、表达感情，因而也是一种不可或缺、十分方便的联络工具。

公共关系柬帖不同于普通信函和通知，它比普通信函更庄重、更正式，也更礼貌、亲切和尊重他人。一般来说，只有在重大活动或节庆、会议等场合才使用柬帖。公共关系柬帖常用形式有请柬、邀请函。

（1）请柬又称请帖，是邀请某人、某单位参加某项活动的专用文书，多用于重要的庆典宴请活动，或特别性的集会、聚会，多数使用统一印制、美观大方的现成式样。使用时根据需要填写：被请单位或个人的名称或姓名，与会时间、地点、会议内容、安排、敬语、发文单位、日期，用于个人活动的，可以用书信的方式邀请对方，打印或手写均可。请柬中不仅要交代各项事宜，以利于对方准时参加活动，还要表示诚意与热情，使对方乐于接受。

📝 **公关实务 10-4**

公共关系活动请柬

尊敬的×××先生/女士：

第 75 届全国电子产品展销会暨 2021 年（上海）国际消费电子展开幕仪式定于 2021 年 10 月 24 日（星期日）上午 9:30 在上海体育会展中心东馆（上海市剑侠路 65 号）举行。诚邀您届时到场指导。

第 75 届全国电子产品展销会组委会

2021 年 9 月 24 日

（敬请持本请柬的贵宾于上午 9:00 准时到会展中心贵宾休息室签到）

（2）邀请函。邀请函作为对客人发出邀请的一种专用函件，一般用 A4 纸印，可套色，也可单色，外观形式上虽不如请柬考究，但邀请函最大的优点是有足够的篇幅，可对活动的背景情况、具体内容及规模和形式等方面做较为详尽的介绍和说明，从而引起被邀请者的关注。

📝 **公关实务 10-5**

公共关系活动邀请函

尊敬的×××先生/女士：

您好！

第 75 届全国电子产品展销会暨 2021 年（上海）国际消费电子展，定于 2021 年 10 月 25 日至 28 日在上海体育会展中心举行。本届展会，展厅面积达 4 万平方米，参展的中外电子企业逾 1 000 家。从展会所展示的技术和产品中，人们可以充分感受到新千年中国电子工业进一步腾飞所展现的新成果、新面貌，以及中国电子工业跨世纪发展的新趋势。

受本届展会组委会委托，特邀请您拨冗出席 2021 年 10 月 25 日上午 9:30 在上海体育会展中心东馆（剑侠路 65 号）举行的第 75 届全国电子产品展销会暨 2021 年（上海）国际消费电子展开幕仪式，并参观指导。敬请您准时参加。

本次活动记者签到时间和地点：2021 年 10 月 25 日上午 9:15 至 9:30，上海体育会展中心东馆正门南侧签到处。

谢谢您的支持和合作。

上海××公共关系有限公司

2021年9月24日

2. 公共关系发言稿

公共关系发言稿一般可以分为公共关系致辞和公共关系演说稿。

（1）公共关系致辞。在公共关系活动中，有许多迎来送往的场合，需要有关人员致辞。常见的致辞有欢迎辞、欢送辞、祝贺辞和答谢辞等。这类致辞的结构一般由标题、称呼和正文三部分组成。

公关实务 10-6

欢迎辞

尊敬的来宾，女士们、先生们：

在我公司30周年庆之际，请允许我代表公司，并以我个人的名义向远道而来的贵宾们表示热烈的欢迎。

朋友们不顾路途遥远专程而来道贺，并进一步洽商贸易合作事宜，为我公司30周年庆更添了一份热烈祥和。相信我们的合作会顺利进行。

"有朋自远方来，不亦乐乎。"在此新朋老友相会之际，我提议：为今后我们之间的进一步合作，为我们之间日益增进的友谊，为朋友们的健康幸福，干杯！也祝各位嘉宾在京期间生活愉快。

（2）公共关系演说稿。演说稿和致辞相似的地方在于，两者都是在一定的场合、面对特定的公众所发表的讲话。但相比之下，致辞更多地用在一些礼仪场合，主要用来表达某种情感和意愿；而演说稿则较多用在展示性的场合，主要用来宣传某一观点、某一形象。

演说稿的正文分为三个部分，即开场白、主体和结尾。演说稿的开场白要求能立即吸引听众的注意。主体部分的撰写要突出演说主题，逻辑严密，结构紧凑，围绕主题层层推进，具有较强的说服力。演说稿的结尾部分要概括演说的主题，加深听众印象，或者发出倡议，激发听众的情绪。

3. 公共关系书信

公共关系书信是在公共关系活动中使用的一种书信体的礼仪类文书。

（1）贺信。贺信是表示祝贺的专用书信。贺信既可以宣读，也可以通过邮寄送达对方。贺信的写作格式与一般书信大致相同，由标题、称谓、正文、结语、落款几部分组成。写作要求内容切合具体的祝贺情境，感情真挚，喜庆色彩浓郁。贺信以书面表达为主，语言力求简练、明快、生动、流畅，恰当地使用对偶、比喻等修辞手法，使贺信显得优美、文雅。

公关实务 10-7

贺信

AB 公司：

在贵公司成立 30 周年之际，我谨代表 EF 公司全体员工，并以我个人的名义，表示热烈的祝贺！

贵公司技术力量雄厚，已建成年产×万米的×××生产线，现在生产 20 多个品种的适销对路的产品，××年被晋升为国家一级企业，可谓成绩卓越，发展迅速……

祝愿贵公司在未来取得更大的成就！

（2）感谢信。感谢信是一种礼仪文书，用于商务活动的许多非协议的合同中，一方受惠于另一方，应及时地表达谢忱，使对方在付出劳动后得到心理上的满足，它是一种不可少的公共关系手段。

公关实务 10-8

感谢信

天津××有限公司于×年×月×日在北京举行隆重开业典礼，此间收到全国各地许多同行、用户及外国公司的贺电、贺函和贺礼。行业协会及全国各地单位的领导，世界各地的贵宾，国内著名的行业专家等亲临参加庆典，寄予我公司极大希望，谨此一并致谢，并愿一如既往与各方加强联系，进行更广泛、更友好的合作。

天津××有限公司

董事长：××

×年×月×日

任务实训 10.3

公共关系文书讨论

实训目的：

加深学生对公共关系文书的认识。

实训安排：

1. 学生分组，根据不同主题，每组模拟编写一种公共关系文书；

2. 分析其中的注意事项与写作要领，做出 PPT 展示，并讨论公共关系文书的重要性；

3. 将分析讨论结果做成 PPT，分小组演示分享。

教师注意事项：

1. 由生活事例、企业经营事例导入对公共关系文书的介绍；

2. 提供一些简单的公共关系文书案例，供学生讨论；

3. 分小组点评，并将学生的表现计入平时成绩。

评价标准

表现要求	是否适用	已达要求	未达要求
小组活动中，外在表现（参与度、讨论发言积极程度）			
小组活动中，对概念的认识与把握的准确程度			
小组活动中，角色扮演的精准度			
小组活动中，PPT、文案制作的完整与适用程度			

任务 10 小结

```
                                         ┌── 公共关系人际交往解读
                         ┌── 公共关系人际交往 ──┼── 公共关系人际交往艺术
公                        │                 └── 公共关系人际交往技巧
共                        │
关                        │                 ┌── 公共关系活动礼仪认知
系 ──────────────────────┼── 公共关系活动礼仪 ──┤
活                        │                 └── 公共关系活动礼仪分类与要求
动                        │
技                        │                 ┌── 公共关系事务文书写作
巧                        └── 公共关系文书写作 ──┤
                                         └── 公共关系礼仪文书写作
```

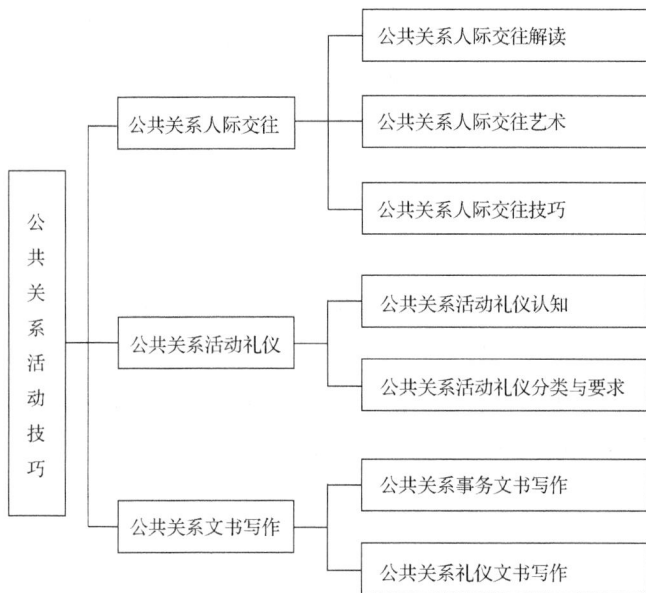

知识与技能检测

一、课堂讨论

（1）公共关系人际交往的功能有哪些？

（2）公共关系广告与商业广告的区别有哪些？

（3）公共关系礼仪与组织形象有何关系？

（4）公共关系文书的特殊性体现在何处？

（5）公共关系语言的艺术性表现在哪些方面？

二、课后自测

1．选择题

（1）根据交往的方向，人际交往可以分为（　　）。

　　A．上行交往　　　B．平行交往　　　C．下行交往　　　D．竞争关系

　　E．利益关系

（2）公共关系礼仪的功能有（　　　　）。

    A. 形象功能　　　B. 协调功能　　　　C. 沟通功能　　　　D. 传播功能

    E. 约束功能

（3）信函礼仪中的公函内容一般分（　　　　）四个部分。

    A. 标题　　　　　B. 开头　　　　　　C. 正文　　　　　　D. 结尾

    E. 公共关系传播效果

（4）公共关系礼仪的原则包括（　　　　）。

    A. 尊重公众原则　　　　　　　　　B. 公平对等原则

    C. 身份差异原则　　　　　　　　　D. 从简实效原则

    E. 适中原则

（5）公共关系文书具有不同于其他应用文书的独特之处，如（　　　　）。

    A. 目的鲜明　　　B. 内容客观　　　　C. 主动传播　　　　D. 针对性强

    E. 属于新媒体

（6）公共关系语言具有若干不同于非公共关系语言的基本特点，如（　　　　）。

    A. 功利性　　　　B. 文明礼貌性　　　C. 情感性　　　　　D. 专业性

    E. 传播性

2. 判断题

（1）礼节就是礼仪。（　　　　）

（2）身体姿态是一种语言手段。（　　　　）

（3）在社交活动中握手时，未穿制服者应该脱帽或手套。（　　　　）

（4）公共关系语言艺术中，听的艺术可以忽略。（　　　　）

（5）演说稿的收尾部分要概括演说的主题，加深听众印象，或者发出倡议，激发听众的情绪。（　　　　）

（6）公益广告是就某些行为、观念、道德或哲理向社会公众进行告知、提示、劝导和警示的社会性广告。（　　　　）

3. 简答题

（1）公共关系人际交往的功能有哪些？

（2）公共关系人际交往的原则有哪些？

（3）公共关系广告与商业广告的区别体现在哪些地方？

（4）公共关系活动中为什么要重视说的艺术？

（5）公共关系广告写作注意事项有哪些？

4. 案例分析题

（1）客人的抱怨。一次，英国一访华观光旅游团下榻北京国际会议中心大厦。一天，翻译人员陪同客人外出参观，在上电梯的时候，一位英国客人请这位翻译人员先上，可是她谦让了半天，执意要让客人先行。事后这些客人抱怨说："他们在中国展示不出绅士风度来，原因是接待他们的女士们都坚持不让他们展示。"比如，上下汽车或进餐厅时，接待他们的女士们坚持让他们先走，弄得他们很不习惯，甚至觉得受了委屈。虽然相关人员解释，中国是礼仪之邦，遵循"客人第一"的原则，对此解释他们也表示赞赏，但对自己不能展示绅士风度仍表示遗憾。

（2）女士优先。在一个秋高气爽的日子里，迎宾员小贺身着一身剪裁得体的新制衣，第一次独立地走上了迎宾员的岗位。一辆白色轿车向饭店驶来，司机熟练地将车停靠在饭店豪华大转门的雨棚下。小贺看到后排坐着两位男士、前排副驾驶座上坐着一位身材较高的外国女宾。小贺一步上前，以优雅的姿态和职业性的动作，先为后排客人打开车门，做好护顶关好车门后，小贺迅速走向前门，准备以同样的礼仪迎接那位女宾下车，但那位女宾满脸不悦，使小贺不知所措。通常后排座为上座，凡有身份者皆在此就座，优先为重要客人提供服务是饭店服务程序的常规。

阅读以上材料，回答问题：

（1）在公共关系活动中，接待礼仪的运用是否应考虑国别、习俗因素？

（2）案例（1）中的翻译人员是否应给予英国男士展示绅士风度的机会？

（3）案例（2）中的小贺的不解是怎样造成的？

实践活动：了解企业公共关系活动

活动目的：

使学生理解现实中的企业公共关系活动。

活动安排：

1. 教师与校外基地接洽，带领学生进入企业；

2. 学生分组，分赴公共关系管理岗位，实地了解其礼仪训练与文书准备工作，形成讨论成果。

教师注意事项：

1. 讲解工作要点；

2. 检查学生分组是否合理；

3. 分小组点评，并将学生的表现计入平时成绩。

评价标准

表现要求	已达要求	未达要求
小组活动中的工作表现（参与度、讨论发言积极程度）		
整个工作过程的表现（六步骤）		
对职业整体的认识与把握		
工作过程中知识与经验的运用		

课程思政园地

亚洲象群回家

据新华社 2021 年 8 月 8 日消息，记者从国家林草局北移大象工作指导组了解到，8 日 20 时许，云南北移亚洲象群 14 只大象已跨越元江，平安回归栖息地。

自 2020 年 3 月，北移亚洲象群离开原栖息地——云南西双版纳国家级自然保护区，网上点击率极高的"一路'象'北"的视频，不仅成了中国网友的快乐源泉，也成了外国网友们每日必追的微录，称得上实力圈粉。而在这个过程中，沿途的风土人情、当地人与大象的互动也将真实的中国更加生动立体地展现在世界面前。

《南华早报》在视频网站上发布的云南"出游"象群视频集，观看次数最多的高达 403 万次，是其发布的所有大象题材视频中最火的。网友纷纷留言，表达对云南大象的喜爱和祝福："谁能想到睡梦中的大象宝宝是如此可爱！祝福它们这次旅程安全顺利！"

随着媒体的一路跟拍，大象和它们迁徙途中的风景也呈现在世人面前，这群云南大象俨然成为中国的新形象大使。

为了更加近距离地"追星"、为本国观众送上第一手的"追星"资讯，日本朝日电视台、富士电视台、TBS 电视台都派出记者赶赴中国云南当地，跟踪采访报道大象北迁。为了让日本观众更好地了解象群迁徙的背景，一些日本媒体认真地介绍了一番云南当地的风土人情，以及中国对大自然、对野生动物的保护情况。

云南当地出动人力、车辆和无人机追踪和保护大象、防范人象冲突等许多做法，刷新了海外网友对中国保护野生动物的认识。

毕竟，面对意图迁徙的象群，最直接快速的解决方案是将大象麻醉后运回保护区。但中国政府并没有这么做，而是选择了更为尊重自然的方式——为了防止大象进入居民区，当地政府用渣土车封住入村道路，并组织居民撤退，同时投食吸引大象向远离居民区处行进。

看到中国官方媒体在海外平台上发布的象群迁徙的相关视频和报道，一些外国网友从中感受到了中国政府在这一过程中表现出的对自然的敬畏、对动物的保护、对百姓的关心，以及中国政府负责任的形象。

问题：

1. 向北迁徙的大象为什么成了"国际网红"？

2. 为什么说本次迁徙中的云南大象俨然成为中国的新形象大使？

3. 从公共关系角度看，这次大象保护给世界留下什么印象？

公共关系活动技巧课程思政

自我学习总结

通过完成任务 10，我能够做如下总结。

一、主要知识

概括本任务的主要知识点：

1.

2.

二、主要技能

概括本任务的主要技能：

1.

2.

三、主要原理

你认为公共关系活动技巧的主要内容有：

1.

2.

四、相关知识与技能

你认为本任务中：

1. 公共关系人际交往的特殊性有：

2. 公共关系礼仪的规范性有：

3. 公共关系文书的要求有：

五、成果检验

你完成本任务的成果包括：

1. 完成本任务的意义有：

2. 学到的知识或技能有：

3. 自悟的知识或技能有：

4. 你对动物保护中大国担当的看法是：